根据 《关于全面加强新时代大中小学劳动教育
《大中小学劳动教育指导纲要（试

学科劳动教育融合初中学段教师教学用书

中学劳动教育实践经典案例

庞孝瑾◎编著

ZHONGXUE LAODONG JIAOYU SHIJIAN
JINGDIAN ANLI

首都师范大学出版社
CAPITAL NORMAL UNIVERSITY PRESS

图书在版编目（CIP）数据

中学劳动教育实践经典案例 / 庞孝瑾编著 . — 北京：
首都师范大学出版社，2021.10
ISBN 978-7-5656-6740-4

Ⅰ . ①中… Ⅱ . ①庞… Ⅲ . ①劳动教育—案例—中学
Ⅳ . ① G633.932

中国版本图书馆 CIP 数据核字（2021）第 203351 号

ZHONGXUE LAODONG JIAOYU SHIJIAN JINGDIAN ANLI
中学劳动教育实践经典案例
庞孝瑾　编著

责任编辑　钱　浩　孟海江
首都师范大学出版社出版发行
地　　址　北京西三环北路 105 号
邮　　编　100048
电　　话　68418523（总编室）　68982468（发行部）
网　　址　http://cnupn.cnu.edu.cn
印　　刷　北京荣玉印刷有限公司
经　　销　全国新华书店
版　　次　2021 年 10 月第 1 版
印　　次　2021 年 10 月第 1 次印刷
开　　本　787mm×1092mm　1/16
印　　张　18.5
字　　数　383 千
定　　价　89.00 元

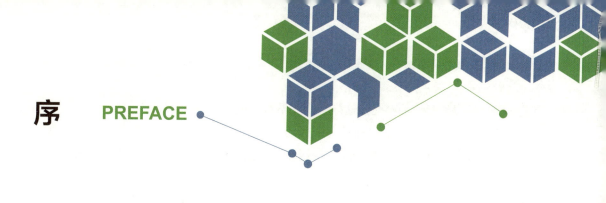

序　PREFACE

　　劳动教育是全面发展教育的有机组成部分，长期以来一直受到党和国家的高度重视。在2018年召开的全国教育大会上，习近平总书记明确提出要"培养德智体美劳全面发展的社会主义建设者与接班人""要在学生中弘扬劳动精神，教育引导学生崇尚劳动、尊重劳动"。中共中央、国务院于2020年3月印发了《关于全面加强新时代大中小学劳动教育的意见》（以下简称《意见》），教育部于同年7月印发了《大中小学劳动教育指导纲要（试行）》（以下简称《指导纲要》）。这些文件的相继出台，既表明了党和国家对劳动教育的高度重视，同时也对广大中小学劳动教育提出了诸多新的时代要求。可以说，切实推进劳动教育，是新时期各级各类学校贯彻落实党的教育方针，提升学校立德树人教育品质的关键举措。

　　劳动教育的开展有其特殊的育人规律和实践路径。为进一步指导各校做好劳动教育课程改革，提高教育教学质量，北京市朝阳区教育科学研究院科研员庞孝瑾敏锐捕捉到一线教师开展劳动教育的难点问题，带领一批优秀青年教师开展了"初中学生劳动素养评价指标体系应用研究"，组织编写了《中学劳动教育实践经典案例》一书。该书的出版对于当前切实推进劳动教育在学校中的落实，具有很好的参考价值和借鉴意义。

　　总体而言，该书具有以下几个方面的特点。

　　第一，思想导向正确。该书在广大师生实践经验的基础上，以《意见》为指导思想，以马克思劳动观为理论依据，不仅关注学生通过课程有效地学习相关的基础知识和技能，而且注重学生在劳动教育实践中劳动素养的培养和提升，引导青少年树立正确的人生观、价值观，使他们有正确的劳动价值取向，尊重劳动，珍惜劳动成果，懂得幸福从劳动中来的道理，充分体现了劳动教育的思想性、价值性的要求。

　　第二，彰显学生主体。该书十分重视理论与实践的知行合一，在注重发挥教师启发引导作用的同时，充分体现学生的主体地位，在各个具体教育环节，都强化学生的"学"与"做"。在指导教师开展劳动教育的过程中，引导学生手脑并用，注意培养学生的创新精神与实践能力，让学生在真实情境下，充分体验劳动的价值，感悟劳动的光荣，培养学生的劳动素养。

　　第三，注重学科融合。该书的突出优点就在于十分强调劳动教育的学科融合。具体而言，该书是以《指导纲要》为指导，以初中主体课程为基础，将其学科内容拓展深化到劳动教育领域，突出学科课程对学生相关动手实践能力的培养，并在此过程中引导学生将相关的学科能力具体应用于其生活、生产以及社会服务等方方面面，从而完成从学科学习到劳动素养提升这样一个完整教育链条。

第四，突出可操作性。该书具有鲜明的实用性。全书不仅仅是围绕初中生学习的主要课程而展开，而且充分考虑到了一线教师的实践应用问题。全书设计既包括活动案例，又包括具有现实操作性的教学设计。这样一种体例结构充分反映了广大教师在实践方面的现实需求，极大地减少了教师在案例学习方面的困难，对于其实际教学有着很好的参考价值。

本书是新时代劳动教育改革的一次大胆尝试，是促进劳动教育与学科融合的积极探索，相信会对学校劳动教育实效性的提高有很好的促进作用。衷心祝贺庞孝瑾老师及其研究团队所取得的劳动教育研究成果，也期待他们能够在未来的实践探索中不断总结经验、形成理论，为新时代中国劳动教育理论和实践体系的创新贡献更多的智慧。

2021 年 6 月 6 日

（班建武，教授，北京师范大学教育基本理论研究院副院长，北京师范大学公民与道德教育研究中心副主任，全国德育学术委员会秘书长。）

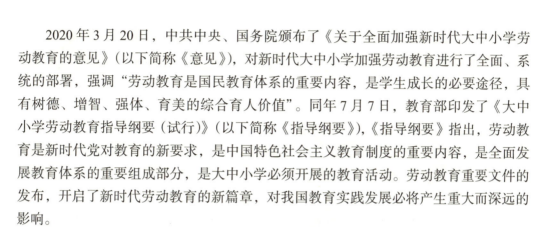

前言 FORWORD

2020 年 3 月 20 日，中共中央、国务院颁布了《关于全面加强新时代大中小学劳动教育的意见》（以下简称《意见》），对新时代大中小学加强劳动教育进行了全面、系统的部署，强调"劳动教育是国民教育体系的重要内容，是学生成长的必要途径，具有树德、增智、强体、育美的综合育人价值"。同年 7 月 7 日，教育部印发了《大中小学劳动教育指导纲要（试行）》（以下简称《指导纲要》），《指导纲要》指出，劳动教育是新时代党对教育的新要求，是中国特色社会主义教育制度的重要内容，是全面发展教育体系的重要组成部分，是大中小学必须开展的教育活动。劳动教育重要文件的发布，开启了新时代劳动教育的新篇章，对我国教育实践发展必将产生重大而深远的影响。

"当前学校中，有教育无劳动和有劳动无教育的问题同时存在。"提高劳动教育的质量水平，必须解决怎么教的问题。《指导纲要》明确了劳动教育的途径，包括独立开设劳动教育必修课、在学科专业中有机渗透劳动教育、在课外校外活动中安排劳动实践、在校园文化建设中强化劳动文化四个方面。在学科专业中有机渗透劳动教育是对中学生进行劳动教育的重要途径之一。目前，将学科教学与劳动教育融合（以下简称"学科劳动教育融合"）的课程改革也越来越受到教育工作者的重视，因其不仅可以更好地解决劳动教育课时少、缺少专业教师、教学流于形式、内容空泛、简单说教、学科教学内容与劳动教育脱节的问题，还有利于提高教学质量，更有利于培养学生的综合素质。

初中阶段是人成长中重要的发展阶段。劳动教育是基础教育阶段人才培养中的重要内容。教师不仅要向学生传授学科基本知识，更要为青少年学科素养的提升和将来的发展提供与时代进步相适应的学科基本能力和基本方法。因此，作为新时代的教师，要不断改进自己的教育观念，落实学科教学与劳动教育相融合的新课程培养目标，体现时代发展的新要求。

《指导纲要》对在学科专业中有机渗透劳动教育提出了要求，要求在中小学道德与法治（思想政治）、语文、历史、艺术等学科要有重点地纳入劳动创造人本身、劳动创造历史、劳动创造世界、劳动不分贵贱等马克思主义劳动观，纳入歌颂劳模、歌颂普通劳动者的选文选材，纳入阐释勤劳、节俭、艰苦奋斗等中华民族优良传统的内容，加强对学生辛勤劳动、诚实劳动、合法劳动等方面的教育。数学、科学、地理、信息技术、体育与健康等学科要注重培养学生劳动的科学态度、规范意识、效率观念和创新精神。就学科劳动教育融合而言，在初中阶段开展劳动教育，重在让学生在日常生活劳动、生产劳动和服务性劳动实践中进行锻炼和接受教育,初步养成认真负责、吃苦耐劳的品质和职业意识,培养学生正确的劳动价值观和良好的劳动品质。

根据初中学段的要求,我们以《意见》和《指导纲要》为依据,研究开发出以塑造正确的劳动价值观、传递劳动知识、传授劳动技能、端正劳动态度和培养劳动习惯等为目的的劳动教育资源,并梳理出来自教学一线的典型案例和鲜活经验,形成初中学段13个主要学科劳动教育融合主题实践任务活动和教学设计。在主题的确定上突显学科劳动教育融合的特点,如本书目录中每个主题的前半句体现的是与学科教材相关的内容,后半句则是对学生进行的劳动教育实践任务活动,鲜明地体现出学科劳动教育融合的特点。在13个不同学科的主题下,根据现有学科在不同年级开设课程情况,每个学科选取两到三个具体的教学内容进行实践任务活动和教学设计开发,从不同学科、不同学段及不同领域体现学科与劳动教育是如何融合的。全书共有34个劳动实践任务活动案例和34个学科劳动教育融合的教学设计案例,加之理论部分的7个劳动实践任务活动案例(特别说明,本书理论部分也通过劳动实践任务活动的形式来阐述,避免了长篇论述,便于师生理解和学习),共有75个案例构成了全书的主体部分。

关于实践任务活动案例,它是对教学设计中“劳动实践,完成任务”环节的具体操作的详细阐释,具有很强的实践性,既是嵌入教学设计中的劳动实践的内容,也可独立作为开展劳动主题教育活动的案例,是指导学生开展劳动教育实践活动的具体方案,体现了本书的创新之处在于重“做”轻“讲”,避免出现口头上喊劳动、课堂上讲劳动,“有说教、无劳动”的现象。每一个实践任务活动都采用模块化的任务驱动方式,通过“学科融合、劳动防护、任务描述与实践、任务目标、任务导引、任务口诀、任务测评、劳动素养评价、任务拓展、任务反思”等组成一个完整的实践任务活动,形成了一个个相对独立的贴近学生、贴近生活、贴近社会的劳动。这些有趣的劳动实践任务活动吸引着学生积极参加劳动,体验劳动的苦与乐,感悟劳动的辛勤与光荣,在潜移默化中形成对劳动的崇尚和尊重。每个劳动实践任务活动的框架都很简明,几个部分相互协调配合,有理论、有实践。每一个实践任务活动都有对任务的描述、劳动防护的提醒及任务导引流程,这些是学生完成劳动任务的基础。尤其在任务口诀的编写上下了很大功夫,以朗朗上口、合辙押韵的口诀,引导学生完成劳动任务,让学生边思考边劳动,在劳动中受到教育。每个任务都有任务测评和劳动素养评价表,将过程性评价和终结性评价相结合,以帮助师生对任务实施、完成情况进行评价,有利于发挥劳动素养指标的导向作用,促进劳动教育目标的达成。

关于教学设计案例,我们以劳动实践任务活动为切入点,挖掘不同学科教学内容的社会实践性,恰当地体现了学科劳动教育融合的契合点,为实施学科劳动教育融合找准适切点。结合不同学科教学内容与特点,梳理体现劳动精神、劳动价值、劳动习惯、劳动技能的学习内容,把社会生活中真实的问题引入课堂,引导学生运用所学知识去解决实际问题,将劳动教育贯穿学科教学,在学科教学中有机融入劳动教育,把培育学生正确的劳动价值观与劳动态度、劳动习惯、实践能力作为重要的教育培养目标。这些教学设计体现了学科融合劳动教育的新理念，注重学生的体验、参与和实践，改变了传统的教学方式，有效地提高了学生学习的参与度和兴趣。这样的教学设计体现了编著者对教学的深刻思考与创新，形成了新的教学模式，体现了教学的新气象，让学生利用所学知识、技能等为他人和社会服务，强化社会责任感，深化对劳动价值的理解。

本书为北京市教育科学"十三五"规划 2019 年度重点课题"初中学生劳动素养评价指标体系关键要素研究"（立项编号：CDAA19066）的子课题"初中学生劳动素养评价指标体系应用研究"的实践成果。课题围绕初中生劳动素养评价开展研究，劳动素养指标体系兼顾外部社会需要（五育并举）和内部心理品质（知情意行）两个视角，在劳动价值观、劳动能力、劳动精神、劳动习惯与品质等维度，分别融入五育并举的德性劳动、智慧劳动、健康劳动、美感劳动和创新劳动等共五个方面的要求，从而形成系统化的评价要素。本书内容的设计，将评价要素与教学内容、实践任务活动相结合，形成每个教学设计重在落实学科教学中劳动教育怎么教以及如何有机渗透劳动教育的方法，指导学生将所学知识转化为真正有用的实际本领，形成良好的劳动习惯，弘扬劳动精神，培养学生正确的劳动价值观和良好的劳动品质，实现劳动教育融入德育、智育、体育、美育之中，让学生在善于劳动、乐于劳动的同时感受劳动创造美好幸福生活的体验，认识劳动创造人、创造价值、创造财富、创造美好生活的道理，尊重劳动，尊重普通劳动者，牢固树立劳动最光荣、劳动最崇高、劳动最伟大、劳动最美丽的思想观念。

本书的实践任务活动和教学设计很多都经过了教师的课堂教学实践，有些还附上了学生的学习体会和参加劳动教育的图片。这些实践任务活动和教学设计涉及 13 个学科，覆盖面广，对各学科教师相互学习也具有重要的借鉴价值，也为教师立足于某一学科，统整各学科的教学内容，探索多学科融合劳动教育提供了思路。当然，这些劳动教育实践任务活动和教学设计还有很多尚待改进之处，怀着对学科劳动教育融合进行交流学习和共同探索的愿望，希望读者可以借鉴拓展，提出宝贵意见，与我们共同加以完善，以找到更好的学科劳动教育融合的方法。

庞孝瑾

2021 年 6 月于北京

目录
CONTENTS

1

第二章

第三章　**学科劳动教育融合教学设计案例**

第三章

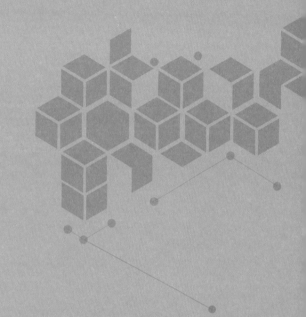

第一章

学科劳动教育融合理论

第一节　劳动促进学生全面发展

实践任务活动1
以劳树德　劳动美德促进成长

教材出处 ｜ 初中《语文》教学（或劳动教育主题班会）

学科融合

　　在当代学校教育中，智育的培养往往占据了教师、家长的绝大部分精力（图 1-1-1），"德""体""美""劳"等方面的教育往往被忽视，尤其是劳动教育，似乎更是和学生常态的学习生活离得较远。2020 年是极其不平凡的一年，因为新冠疫情，对学生而言，他们经历了有史以来最漫长的居家学习生活（图 1-1-2）。在这几个月的时间里，学生与家长朝夕相处，除了进行线上学习外，更多的时间是与家人相伴。但也因为疫情期间长期居家生活，对于家长的关心和照顾，不少学生认为是理所应当，甚至是不以为然，有的学生还因为长时间使用手机、iPad、电脑等电子产品而与家长发生矛盾冲突。作为语文老师，作为班主任，应因势利导，利用每天线上班级晨、午检时间与学生进行交流，让学生谈谈当天观察到了家人为了照顾自己做了哪些事情，当学生看到家人每天为家庭、为自己的辛苦付出时，当他们也学着和家人一起劳动、共同创建美好家庭生活时，"爱劳动，知感恩"的劳动美德教育便在"润物细无声"中实现了。让学生把这些事情和感悟作为创作的素材，用各种形式图文并茂地展示出来，既可提升学生的语文核心素养，又可培养学生良好的劳动习惯和品质，树立正确的劳动观念，形成居家学习的良好氛围，传承美好家风。

图 1-1-1　重视智育

图 1-1-2　学生居家线上学习

劳动防护

1. 在日常生活劳动中，注意操作程序，避免菜刀、剪刀、火、热油等伤到自己。
2. 制作小视频、手抄报时，避免用眼疲劳，注意保护视力。

任务描述与实践

　　疫情来临，同学们开始了居家学习，和自己的家长 24 小时相处。长时间的居家学习生活，有的同学会觉得枯燥，还有的同学会厌烦家长……抓住契机对学生进行劳动美德教育，可以为居家学习创设良好氛围，促进学生养成良好的劳动习惯。首先让学生参与居家日常生活劳动，通过教师的引导，有的学生自己收拾房间、整理书柜（图 1-1-3），有的学生给父母捶背洗脚（图 1-1-4），有的学生为家里打扫卫生，进行垃圾分类（图 1-1-5），甚至还有不少同学学到了新技能——厨艺视频的录制和剪辑。这些活动不仅让爸爸妈妈感受到养育儿女的幸福，也让学生感受到了成长的喜悦。其次让学生发现生活中的美，自己动手创造美，比如爱好绘画的同学自己在家绘画，也可以诗配画进行创作，三八妇女节制作手工作品献给母亲（图 1-1-6），通过劳动给自己美的享受，也给家人带来美的享受。再次让学生分享疫情期间进行家庭日常生活劳动的感人故事，以剪辑视频、绘画、做小报、写诗歌等多种形式，表达参加劳动教育的感受，懂得今天幸福安稳的生活是因为有人为我们负重前行，大到国家，小家亦然，激发他们的感恩之心、爱国之情，懂得是劳动创造了世间美好的一切。最后通过评选"劳动小达人"活动，在学生中树立劳动榜样。

图 1-1-3 自己整理书柜

图 1-1-4 为妈妈洗脚

图 1-1-5 参加垃圾分类劳动

图 1-1-6 制作手工作品献给母亲

任务目标

1.通过开展劳动教育，让学生在居家学习生活中进行日常生活劳动，体会平凡劳动中的伟大，理解劳动精神的内涵，培养学生从小热爱劳动的思想品质。

2.培养学生基本的日常生活劳动技能，加强学生的责任意识，明确其在家庭中应尽的义务，促进学生身心成长，为将来的生活奠定基础。

3.让学生以剪辑视频、绘画、做小报、写诗歌等多种形式展现自己和家人的劳动，培养学生从生活中发现劳动之美的能力，提升学生语文核心素养。

任务导引

第一步	第二步	第三步
观察家人并记录自己每天的劳动，在班级钉钉群中晨午检时分享自己的感受	劳动技能升级——向家长学习并掌握一日生活技能	审美能力提升——用剪辑视频、绘画、做小报、写诗歌等多种形式，描述劳动情景

第五步	第四步
感受劳动带来的幸福，感恩家人和社会，以劳树德	在班级钉钉群或微信群中展示，并评选"劳动小达人"

任务口诀

居家学习爱劳动，劳动美德来展现。

感恩父母养育情，劳动回报重行动。

衣食住行全自理，家务劳动勇承担。

做中学习和体验，劳动美德记心间。

任务测评

1. 认真观察家人的辛苦劳动并讲述他们的劳动故事。

2. 与家人交流劳动感受，感情真挚。

3. 以图片、视频、诗文创作等展现家庭劳动，真实、自然，体现真情实感。

4. 积极主动地在班级钉钉群或微信群中与老师、同学交流展示。

5. 展示内容具有很好的教育意义，能够从中获得劳动美德教育。

劳动素养评价

序号	评价指标	评价结果（优、良、中、有待提高）		
		自评	互评	师评
1	自觉自愿参加日常生活劳动，减轻家人负担			
2	向家人学习并掌握日常生活劳动技能			
3	利用知识、技能等为家人服务，解决问题			
4	作文、视频等展现劳动的作品具有创新性			
学生以描述性评语表达心得体会				

任务拓展

1.学生能将居家学习获得的劳动技能应用到学校生活中，每天能坚持整理自己的书桌、小柜，帮助老师同学整理讲台、图书角、卫生角等，保持教室的干净整洁、美观大方。

2.居家劳动减轻家人负担，在学校积极主动参与班级、年级、学校的劳动，如班级走廊卫生的保持、校园角落卫生的打扫等。

3.家长反馈孩子在劳动中获得的技能、养成的习惯、形成的品质等，家庭氛围是否更加和谐温馨。

任务反思

初中生正值青春期，他们渴望长大，居家学习给学生提供了很好的"五育并举"全面发展的机会，作为教育者，我们希望学生在与家人朝夕相处的日子里，亲眼看到也亲身感受到家务劳动的琐碎与辛苦，真正能懂得感恩父母。通过开展系列的劳动教育，学生在身心健康、生活技能上有所改善或提高，对待父母的态度发生真正的变化，这些都是我们在今后需要注意的地方，尤其是要及时与学生家长沟通，从家长的反馈中了解学生是否真正用劳动来回报父母，懂得感恩，促进学生成长！

附：学生感受

在线上居家学习期间，我们学校举行了很多活动，如劳动小能手、三八妇女节献礼、垃圾分类小达人，等等。我作为劳动委员，组织同学们积极参加活动，同学们也拍了一些照片和视频，比如子乐同学在劳动节那天，利用两个小时整理了书柜，累并快乐着；雅乔同学在家自制了分类垃圾桶，尝试垃圾分类，希望生活能更整洁美好；我在家学习了好几道"硬菜"，希望过年我可以当主厨。我们从劳动教育中感受到了习近平总书记的号召，少年儿童要爱劳动。同学们都做得很好，在居家学习中帮助家人劳动，减轻家人的负担。

疫情期间同学们都为家人们付出了劳动，相信大家也体会到了其中的乐趣。虽然打扫卫生、整理房间、洗衣做饭的过程很累，结果却令人愉悦。所以，从现在开始，不要抱怨你的父母、姥姥姥爷、爷爷奶奶。他们为了你而劳动，我们应该心存感恩之心，回馈家人，回馈社会！

（北京陈经纶中学帝景分校　八一班　颜傲霖）

鹊桥仙

病疫初始，新年贺岁，熊熊烈火燃眉。
全国人民共奋战，国有难，有召必回。
当代学生，遵守新规，线上学习半载。
居家劳动援抗疫，待春暖，共赏花开。

（北京陈经纶中学帝景分校　八一班　张子乐）

实践任务活动 2

以劳增智 劳动实践增长才干

教材出处 | 人教版《物理》八年级第九章《压强》

学科融合

班里的小绿植很多，以往一放寒暑假，师生就会担心植物因为没有水而枯死。通过利用物理课上学习的液体压强、大气压强的原理，学生为班级设计植物自动浇水的神器，就能很好地解决这个问题，并且能让学生将所学物理知识应用到日常生活劳动中去。学生在设计、操作、体验、探究、创新等活动中，发现和掌握物理知识，增长智慧，掌握必要的劳动知识和技能，形成良好的劳动习惯。教师要关注学生劳动过程中的体验和感悟，引导学生感受劳动的艰辛和收获的快乐。

劳动防护

1. 正确使用劳动工具，如剪刀、钳子等，注意安全。
2. 使用热熔胶枪时，注意安全用电，同时要正确使用避免烫伤。

任务描述与实践

为植物制作一个自动浇水神器，使植物能够在较长的假期中，依然能够得到充足的水分。要求以班级为单位设计一个简易的自动浇水装置。首先让学生调查利用压强制作的简易自动浇水装置（图1-1-7），并让学生分组讨论、设计方案、准备材料进行设计（图1-1-8）。通过动手实践，学生能够懂得劳动要讲究方法，并能用物理知识去解决生活中的问题，提高劳动效率，体会劳动能够让生活环境更美好。

（a）   （b）

图 1-1-7 简易自动浇水装置

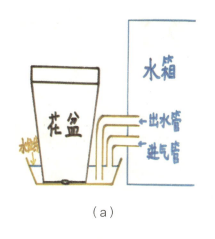
（a）

（b）

（c）

（d）

图 1-1-8　学生制作简易自动浇水装置

任务目标

1.通过制作自动浇水装置的实践劳动，掌握大气压强和液体压强的相关知识。

2.能利用所学的压强知识解释自动浇水装置的工作原理。

3.学习、总结劳动经验，增长利用所学物理知识解决实际生活问题的智慧，积累劳动知识，掌握一定的劳动技能，养成热爱劳动的良好品质。

任务导引

第一步	第二步	第三步
自主搜集简易自动浇水的文本、图片、视频资料，完成报告	小组成员互相讨论，设计装置的制作方案	准备制作所需要的材料、劳动工具

第六步	第五步	第四步
每个小组展示自己在活动中的收获和体会	利用所设计的装置进行浇水，调试修改，完成制作	每个小组成员合作动手设计自动浇水装置

任务口诀

压强知识巧应用，准备材料忙实践。

设计方案与画图，动手动脑还流汗。

自动浇水来尝试，助力植物长得快。

实践过后再反思，劳动实践增才干。

任务测评

1. 利用压强知识解释自动浇水装置的工作原理。

2. 制作方案合理、科学、可行。

3. 自动浇水装置设计科学、简洁，方便使用。

4. 根据实际情况对自动浇水装置进行改进、调试。

劳动素养评价

序号	评价指标	评价结果（优、良、中、有待提高）		
		自评	互评	师评
1	有目的、有计划地进行自动浇水装置设计			
2	小组分工明确、合作默契			
3	应用物理知识解决问题，成效显著			
4	自动浇水装置的实用性、创新性			
学生以描述性评语表达心得体会				

任务拓展

学生组成研究小组，研究利用自动浇水装置浇灌学校小菜园的植物，定期灌溉并且定期维护。设计自动定时、太阳能浇灌等装置，将自己的劳动过程及成果用文字记录下来并且在班内分享。

任务反思

在劳动中去学习物理，有好处，但有时也会对整体教学实施造成影响，耗时多、难组织，因此一定要事先做好策划，特别是要结合学生的实际情况合理安排活动。

实践任务活动3

以劳强体　劳动竞赛强健体魄

教材出处 ｜ 初中《体育与健康》教学（或劳动技能竞赛活动）

学科融合

　　初中阶段学生正处于力量素质发展的敏感期，教师可以采用多种方法促进学生力量素质的有效提升。农耕劳动正是一种在真实情境下，通过生产劳动实现强身健体目的的锻炼手段。通过组织学生参加割麦子的生产劳动竞赛活动，寓劳于乐，让学生在体验农耕生产劳动的同时，掌握并体会在劳动中增强力量素质的方法，从而实现在劳动中强健体魄的目的。

劳动防护

　　1. 做好劳动保护，掌握劳动工具的正确使用方法。
　　2. 有序组织劳动竞赛，注意环境安全，防止意外伤害。
　　3. 高温天气要做好防晒及蚊虫叮咬等防护。

任务描述与实践

　　我国是世界农业大国，农耕文化历史悠久、源远流长。而在当今社会，不少人久居城市，逐渐远离了农业生产与田园生活，很少有机会亲自体会农耕的快乐。每年6月，学校田园中的麦子熟了，组织学生走进麦田（图1-1-9），参加校园中割麦子的生产劳动，拿起镰刀等劳动工具，感受丰收带来的喜悦与农民的辛苦，增长农耕知识，养成热爱劳动的品质。同时让学生以小组为单位，设计并开展割麦子大比拼，在培养竞争与合作意识的同时锻炼身体，增强身体素质，磨炼吃苦耐劳、坚忍不拔的意志品质（图1-1-10）。

（a）　　　　　　　　　　　　　　（b）

图1-1-9　校园中的美丽麦田

（a）

（b）

图 1-1-10　割麦子竞赛与成果

任务目标

1. 了解肌肉力量的多种练习方法，同时通过割麦子的农耕活动，在生产劳动实践中掌握镰刀等劳动工具的正确使用方法，理解农耕与体能锻炼的相关理论知识。

2. 通过真实农耕与劳动竞赛的体验，掌握割麦子的正确技术，利用农耕竞赛活动的形式，在生产劳动中发展一般力量、身体协调性等身体素质。

3. 通过割麦子竞赛，增强坚忍不拔、吃苦耐劳、积极向上的体育精神，体验农民职业的辛苦与伟大，更加珍惜粮食，培养热爱劳动、尊重劳动者的良好品质。

任务导引

第一步	第二步	第三步
学习割麦子的技术	割麦子竞赛活动策划	准备劳动工具

第六步	第五步	第四步
小组交流劳动体会与总结	展开割麦子竞赛	小组分工合作

任务口诀

农耕劳作魅力大，整装待发镰刀拿。
安全教育提前做，收割麦子有方法。
麦子扎结绑成捆，竞赛胜利靠大家。
吃苦耐劳忙点赞，劳动健体你我他。

任务测评

1. 活动策划的讨论与思考充分、全面。
2. 理解农耕与体能锻炼的相关知识。
3. 劳动工具准备充分。

4.准确应用所学劳动技能。

5.劳动总结具有针对性。

劳动素养评价

序号	评价指标	评价结果（优、良、中、有待提高）		
		自评	互评	师评
1	小组团结协作，劳动氛围和谐			
2	掌握基本的劳动知识和技能			
3	遵守劳动规范，能够劳逸结合			
4	坚忍不拔、吃苦耐劳的劳动品质			
5	割麦子竞赛高效、有序			
学生以描述性评语表达心得体会				

任务拓展

查找相关资料，了解面粉的制作工艺，尝试用自己割的麦子制作面点，并与家长、老师、同学分享（图 1-1-11）。

（a）

（b）

图 1-1-11 面点分享

任务反思

在割麦子活动进行前要对学生进行安全教育，让学生熟悉劳动安全保护知识，懂得量力而行。可在实际操作前进行模拟，尽量避免在劳动中因为劳动工具使用不当造成的身体伤害。在劳动过程中要教给学生正确的劳动方法与搬运姿势，从而减少脊椎压力，保持正确的身体姿态，懂得自我调节到最佳劳动状态等方面的知识观念与技能，具有端正的情感态度和良好的行为习惯，从而更好地实现以劳健体。

实践任务活动 4

以劳促美　劳动成果艺术展现

教材出处 ｜ 科教版《艺术》九年级上册第六单元《生活高品位》

学科融合

中学生比较容易理解劳动的审美目的，能够认识到大多数劳动具有明显的审美性质。教师要把美感劳动纳入日常的教育教学之中，在校园学习生活之余，鼓励学生身体力行地参加劳动体验和艺术实践等活动，并收集学生的劳动或艺术作品作为校园的装饰品，将学生作品进行装裱或陈列，使之成为校园环境的重要组成部分，与校园环境相融合。创设良好的以劳促美的氛围，让学生在劳动过程中去感受美、创造美、欣赏美，从而提升学生的动手和审美能力，并树立以劳促美、创造美好校园生活的意识。

劳动防护

1. 正确掌握制作艺术品劳动工具的使用方法。
2. 选择耕种工具及制作艺术品的材料时要小心，避免扎手、扎刺。

任务描述与实践

学校开展劳动教育是促进学生综合能力、全面发展的重要途径。学校根据校情、学情定期开展农耕体验（图 1-1-12）、艺术创作、课程展示等活动，以鼓励学生结合个人特长尝试进行相关的实践体验。将农耕体验、艺术创作与课程展示相结合，鼓励学生借助劳动收获的农作物成果、美术工具、生活用品等进行艺术作品再创造（图 1-1-13），鼓励学生去观察、发现生活中各种静态、动态的物品，并通过动手实践将其制作成可以装点校园环境的艺术佳作。这是艺术创作的规律，也是画家郑板桥所提倡的"眼中之竹、胸中之竹、手中之竹"的三个阶段。劳动创造形成的艺术品，作为美化校园的重要组成部分，达成以劳促美并享受劳动之美的目标。通过劳动形成创作美好作品、提供美好服务、创设美好环境的知识技能、情感态度和行为习惯。

（a）

（b）

图 1-1-12　学生参加农耕体验活动

（a）

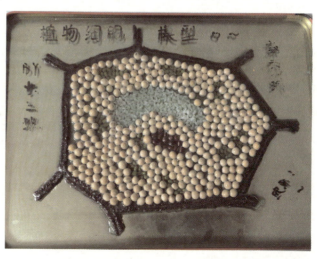
（b）

（c）   （d）

图 1-1-13　利用农作物及其产品制作或摆设成校园环境中的艺术作品

任务目标

1. 通过参加学校组织的生产劳动实践活动，亲身体悟劳动的快乐，感受进行劳动与收获劳动成果的美好。

2. 观察生活中的艺术作品，并利用劳动成果和生活中发现的材料或物品，动手制作或布置成艺术作品，美化校园环境，提升审美创作能力。

3. 树立正确的劳动观，珍惜劳动成果，体会劳动创造美好生活。

任务导引

第一步		第二步		第三步		第四步
参与学校的农耕劳动	>	将劳动成果进行艺术化再创造	>	将艺术作品进行展示或者进行校园环境美化	>	反思并总结在劳动与艺术创作过程中的体会

任务口诀

劳动艺术本一家，历久弥新未变化。
耕种辛劳汗水洒，出力流汗全不怕。
动手动脑相结合，作物变身美如画。
劳动成果共分享，校园美化贡献大。

任务测评

1. 认真观察与选择美化环境的农作物及其产品。
2. 艺术作品与校园环境相协调。
3. 突出劳动成果的价值，同时也要突显出审美价值。
4. 多种形式展示设计方案及艺术作品。

劳动素养评价

序号	评价指标	评价结果（优、良、中、有待提高）		
		自评	互评	师评
1	创设美好校园环境的理念			
2	劳动成果与艺术作品的转化能力			
3	劳动成果的艺术化制作创意构思			
4	以劳促美与劳动之美的目标达成			
学生以描述性评语表达心得体会				

任务拓展

1. 搭建家校展示平台，让学生利用劳动成果创作适合在家中展示的劳动艺术品，将其作为家中的装饰品。

2. 以班级或年级为单位进行劳动艺术品展示或评比，激发学生的劳动积极性。

3. 结合学校及大型活动要求进行艺术品布展，优秀作品可作为美化校园的艺术品长期保留，学生要向师生介绍自己的劳动体会与艺术作品创意。

任务反思

将农耕体验、艺术创作与课程展示相结合，激发学生参加生产劳动的积极性与动力，鼓励学生在劳动体验中观察动植物的生长变化，感受万物生长的生命之美，通过劳动提高学生的审美、艺术创造力。需要注意的是，本活动周期比较长，需要教师精心设计活动方案。

第二节　劳动促进社会进步

实践任务活动 1

劳动创造历史

——探究古迹　中华民族的伟大创造

教材出处 | 人教版《中国历史》七年级上册第二单元第 7 课《战国时期的社会变化》

学科融合

都江堰水利工程是我国古代劳动人民智慧的结晶。在学习了都江堰水利工程修建的相关史实后,通过查找阅读相关历史材料,让学生探究都江堰水利工程的主要功能和基本原理及其发挥的作用,制作都江堰水利工程模型,用模型和水流模拟都江堰水利工程的运行原理,并利用模型在班级里为同学介绍都江堰水利工程,深刻地感受中国古代劳动人民在生产劳动中的智慧和创造力,认识劳动创造历史的道理。

劳动防护

1. 注意油泥、刻刀等模型制作素材工具的使用安全。
2. 制作模型时要做好安全防护,佩戴必要的护具。

任务描述与实践

都江堰水利工程是我国古代著名的水利工程(图 1-2-1)。它位于四川省成都平原西部都江堰市西侧的岷江上,修建于公元前 256 年的战国时期,是我国古代劳动人民智慧的结晶。2200 多年来,都江堰一直发挥着巨大的作用。那么,为何修建都江堰水利工程,修建过程中遇到哪些问题,如何解决的,它有何历史作用等都是值得学生探究的问题。通过查找、阅读、分析相关历史文献、实地实物图片等资料,厘清史实探究问题,并在此基础上设计方案,制作都江堰水利工程的历史模型,在动手实践中认识都江堰水利工程的创新之处及作用,感受我国古代劳动人民的智慧和创造力,认识到劳动创造历史。

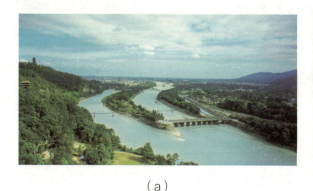
（a）

（b）

图 1-2-1　都江堰水利工程

任务目标

1.通过阅读教材和查阅相关历史资料，了解都江堰水利工程修建的历史背景，以及水利工程的基本原理。

2.通过都江堰水利工程历史模型的设计和制作，实现手脑并用、知行合一，在实践中认识都江堰水利工程的创新之处及作用，培养动手实践的劳动能力。

3.通过对都江堰水利工程这一历史古迹的探究，感受我国古代劳动人民的智慧和创造力，认识到劳动创造历史的道理。

任务导引

第一步	第二步	第三步	第四步
阅读教材，查阅资料	分类整理，考订史实	分析原理，设计方案	准备模型材料与工具

第八步	第七步	第六步	第五步
交流展示与研究汇报	撰写研究报告	制作完成，实验验证	分步实施，制作模型

任务口诀

战国初开都江堰，砥柱屹立两千年。
鱼嘴飞沙宝瓶口，防洪灌溉全都有。
深淘滩来低作堰，和谐相处顺自然。
中华智慧与创造，传承千秋万万年。

任务测评

1. 根据探究的问题收集形式多样的历史资料。
2. 材料分类合理、解读准确。
3. 方案设计符合工程基本原理。
4. 依据方案，准备齐全制作时所需的工具材料。
5. 多种形式展示产品设计。

劳动素养评价

序号	评价指标	评价结果（优、良、中、有待提高）		
		自评	互评	师评
1	能围绕都江堰确定有探究价值的问题			
2	认识都江堰水利工程的创新及作用			
3	理解劳动创造历史的道理			
4	运用工具材料分步有序制作的劳动能力			
学生以描述性评语表达心得体会				

任务拓展

探寻人类历史上反映劳动人民智慧与创造的历史古迹，收集整理与之相关的历史材料，并对其进行探究，将探究结果撰写成研究报告，为班级其他同学讲解介绍。

任务反思

教师指导学生在探寻历史古迹的过程中要不断发现问题，并通过查找资料和实验等方式解决问题，从中发现劳动人民的智慧和创造对当今社会的巨大作用与价值，发挥学生的创造性，激发学生的探究兴趣，认识到劳动创造历史的道理。

实践任务活动 2

劳动创造财富

——以线观桥　中国桥梁的世界名片

教材出处 ｜ 人美版《美术》七年级下册第 5 课《线材造型》

学科融合

　　劳动是创造物质财富和精神财富的过程，是人类特有的基本社会实践活动。劳动是人类发展和社会进步的根本力量，劳动创造人、创造价值、创造财富、创造美好生活。马克思主义劳动观强调劳动是一切财富、价值的源泉。在美术课上，教师引导学生学习线材造型的相关知识，探究中国桥梁的线材造型，体验从简单劳动、原始劳动向复杂劳动、创造性劳动发展的过程，学会使用线材造型的工具，掌握相关线材造型的技术，感受劳动创造财富、劳动创造价值，增强产品质量意识，体会平凡劳动中的伟大。

劳动防护

　　1. 操作铁丝等较硬的线材时，建议使用尖嘴钳等工具辅助造型。

　　2. 使用铜丝、牙签等尖锐材料时，避免扎到自己或他人。

任务描述与实践

　　在学生认识线材造型，学习线材造型的方法，感受线材制作桥梁（图 1-2-2）的实用与美观，线材呈现的空间通透的效果、节奏和韵律感的基础上，指导学生用电线、牙签等，制作享有"世界之最"美誉的中国桥梁，学生动手实践，在劳动中培养动手能力，加深对劳动创造财富的认识。通过分享交流桥梁模型作品（图 1-2-3），总结归纳中国桥梁的"世界之最"，感受"中国名片"的线材造型之美。

任务目标

　　1. 通过搜集、欣赏享有"世界之最"美誉的中国桥梁；感受线材造型之美；感受线材艺术品的独特美感。

　　2. 探寻中国大桥线材的硬性材料或软性材料，学习线材结合的方法，尝试运用排列组合方法或缠绕方法进行桥梁模型的制作。

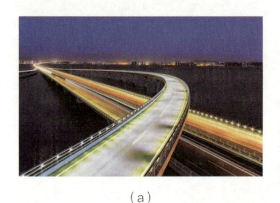
（a）

（b）

图 1-2-2　线材桥梁

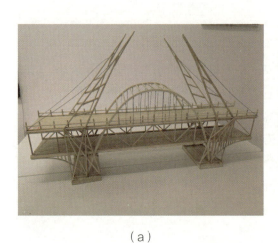
（a）

（b）

图 1-2-3　线材桥梁模型

任务导引

第一步	第二步	第三步	第四步	第五步
明确任务	欣赏作品	分析线材	模型制作	分享交流

任务口诀

劳动创造真财富，中国桥梁技术高。
选定硬材或软材，排列拼摆或缠绕。
整体构思定造型，线材结合固定牢。
制作美观质量好，世界有我中国桥。

任务测评

1. 线材桥梁的形式美感。
2. 不同软硬线材的选择。
3. 线材的结合方式。
4. 多种形式展示交流。

劳动素养评价

序号	评价指标	评价结果（优、良、中、有待提高）		
		自评	互评	师评
1	学习和借鉴他人经验、技艺进行创作的能力			
2	认真细致、坚持不懈、吃苦耐劳的劳动品质			
3	线材桥梁的创新性			
4	能说出中国桥梁的"世界之最"，感知劳动创造财富的道理			
学生以描述性评语表达心得体会				

任务拓展

从中国第一座石拱桥——赵州桥到中国桥梁的众多"世界之最"，探索中国桥梁的发展历史，感受中国劳动人民的勤劳与智慧，感受中国科技的迅猛发展，引导学生谈谈对劳动创造财富的体会。

任务反思

从享有"世界之最"美誉的中国桥梁入手，引导学生探寻线材之美，感受中国桥梁成为世界名片的意义，提升民族荣誉感和自豪感，促进学生全面感知劳动创造财富的认识。学生通过制作各种桥梁模型可以深入观察和理解线材造型，除此之外，也可以以撰写调查报告的方式，引导学生分析桥梁的线材造型，分享交流，加深对桥梁科技知识的认识。

实践任务活动 3

劳动创造未来

——人工智能　新兴技术的快速发展

教材出处 | 初中《信息技术》校本课程《人工智能进阶》第四章《遵守交通规则》

学科融合

为了了解人工智能等新技术，学生通过观摩、动手体验"果小聪遵守交通规则"小项目，了解无人驾驶中的图像识别、神经网络等人工智能技术，理解人工智能技术是怎样做到让果小聪机器人遵守交通规则自主行走的，从而感受技术在生活中的实际应用，感受技术改变生活、科技创造价值的过程，提升开展创新型劳动的兴趣，紧跟时代发展的步伐，适应科技发展和产业变革的需要，针对劳动新形态，关注新兴技术发展和社会服务性劳动的新变化。在观摩和学习的基础上，学生分为小项目组进行设想，到了 2030 年，人工智能还能代替我们完成哪些劳动，会为我们的生活带来哪些便利。每组完成一个 AI 产品设想方案，使之能够提高我们在未来生活中的劳动效率。

劳动防护

1. 体验"果小聪遵守交通规则"项目时注意保持环境的干燥。

2. 与"果小聪"进行互动要轻取轻放。

3. 在设计 AI 产品方案阶段，使用计算机绘制产品图时注意规范使用电脑，注意及时保存文件，以免由于断电或者电脑死机重启造成文件丢失。

任务描述与实践

人工智能在我们的日常生活中日益被提及，人脸识别、无人驾驶等 AI 技术纷纷出现在生活中。同学们通过参与"果小聪遵守交通规则"（图 1-2-4）的无人驾驶小项目，理解机器人"果小聪"是怎样做到在没有"驾驶员"的情况下完成自动行驶的。在"果小聪遵守交通规则"无人驾驶小项目的基础上，联系当前已经出现的无人驾驶汽车、无人配送机器人等，结合老师提供的辅助学习资料分析这类人工智能产品的价值和工作原理。之后，分小组以"我是 AI 发明家"为主题进行一个面向 2030 年的 AI 产品设计。每组首先明确成员分工，选择场景，明确需求，设计产品方案，确认 AI 技术使用范畴，制定评价指标，打造品牌，并向师生展示，介绍产品社会价值。

（a）

（b）

图 1-2-4 果小聪遵守交通规则

（一）认识无人驾驶类人工智能产品的社会价值

无人驾驶汽车的出现可以把车辆驾驶员解放出来，驾驶员在旅途中可以不操纵车辆，这个时间可以用来看书或者处理工作；无人配送车辆可以完成无接触配送，在新冠肺炎疫情防控的当下可以避免接触感染等；无人驾驶道路清扫车辆可以代替环卫工人清扫道路；等等。

（二）理解无人驾驶类产品的工作过程

人类在驾驶车辆的过程中，驾驶员用眼睛观察道路环境，眼睛捕捉到的信息传递给驾驶员大脑从而判断出需要怎样控制车辆，大脑判断的结果传递给驾驶员的四肢来操作车辆，如加速、左转弯等。类比人类的驾驶过程，无人驾驶也分为感知定位、规划决策、执行控制三个部分（图 1-2-5）。

感知定位 → 规划决策 → 执行控制

图 1-2-5　无人驾驶工作过程

无人驾驶车辆利用安装在不同部位的传感器来感知周围的环境，获得道路、自身位置、障碍物和行车环境等信息，将感知到的信息传递给决策系统。驾驶员是靠眼睛感知道路环境，无人驾驶车辆身上的传感器就相当于驾驶员的眼睛。

人类驾驶员认知靠大脑，无人驾驶汽车的"大脑"则是计算机。车辆使用传感器的探测以及激光雷达的三维立体扫描来"感知"周围的世界，而车载控制计算机则像人类大脑一样决定需要进行的操作。无人驾驶的核心环节聚焦于决策，核心功能在于决策算法。决策系统识别感知模块传递过来的图像等信息，利用神经网络等学习算法从图像数据中学习到决定车辆行驶快慢及方向的信息。

人类驾驶员依靠四肢操控汽车，而无人驾驶汽车靠的是线控执行器。控制系统根据决策系统给出的行驶轨迹和速度规划以及无人驾驶汽车当前的位置、姿态和速度，发出对油门、刹车、方向盘和变速杆的控制命令，最终由执行结构来完成执行。

（三）设计具有特色和社会价值的 AI 产品

1. 根据以上无人驾驶类产品的社会价值和工作过程学习资料，确定在无人驾驶的三个组成部分中用到了哪些人工智能技术。

2. 根据人工智能产品服务人类，帮助人类从事繁杂及危险的劳动的总体目标，选择生活中的场景，设计人工智能产品，描述出产品的社会价值，画出产品结构。

3. 在活动中同学们要有积极的探索精神、合作意识，树立主动参与设计劳动和为社会服务的意识，具备基本的产品设计理念和 AI 技术知识，还要充分发挥想象力，通过小组合作（图 1-2-6），设计出具有特色和社会价值的 AI 产品（图 1-2-7），使之能够在未来生活中提高劳动效率，为社会生活提供便利服务。

图 1-2-6　学生在编程采集道路信息

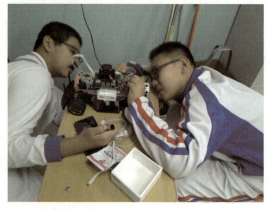

图 1-2-7　学生在组装无人驾驶小车

任务目标

1. 根据流程设计一个提高劳动效率、服务于未来社会的 AI 产品方案。
2. 理解技术提高效率、劳动创造价值的意义，提升社会服务意识。

任务导引

第一步	第二步	第三步
小组合作，明确分工	选择场景，明确需求	确定 AI 技术的使用范畴

第六步	第五步	第四步
小组展示，分组评价	品牌设计，形成方案	制定评价指标，明确目标

任务口诀

信息时代变化大，我们都是发明家。
劳动重复效率低，人工智能想办法。
产品设计需求好，数据建模出成效。
品牌展示效果佳，服务生活就靠它。

任务测评

1. 生活场景贴合实际，产品需求方案恰当。
2. AI 产品设计方案合理，具有创新性。
3. 清晰阐述产品 AI 技术的应用方式。
4. 分析产品面向未来的用途与发展趋势，介绍社会价值。
5. 多种形式展示小组产品设计方案。

劳动素养评价

序号	评价指标	评价结果（优、良、中、有待提高）		
		自评	互评	师评
1	小组分工明确，合作效率高			
2	关注新兴技术发展的意识			
3	了解社会服务性劳动的新变化			
4	开展创新型劳动的兴趣			
5	合理应用 AI 技术的建议			
学生以描述性评语表达心得体会				

任务拓展

请同学们独立思考以下 3 个问题，小组间交流分享。

1. AI 技术在未来还能服务于哪些行业？
2. AI 技术能为我们的社会和生活创造哪些价值？
3. AI 技术是否存在消极影响？

任务反思

本次活动能够培养学生的探索精神和合作意识，引发学生对劳动创造未来的思考，提升学生开展创新型劳动的兴趣，提高学生对于技术提升效率、劳动创造价值的认识。

如果教师前期能带领学生体验一些重复繁杂的劳动，再让学生设计机器人产品来代替人类从事这种劳动，这样学生有了劳动体验，设计的产品就会更有针对性。

第二章

学科劳动教育融合
实践任务活动案例

第一节　初中语文　锦绣文章　叙写辉煌劳动

七年级实践任务活动

孝亲敬老　弘扬传统美德

教材出处 | 统编版《语文》七年级下册第四单元综合性学习《孝亲敬老，从我做起》

学科融合

　　"孝亲敬老"是中华民族的传统美德。开展"孝亲敬老，从我做起"综合性学习活动，有助于家庭和社会关系的和谐，培养学生正确劳动价值观和良好劳动品质。通过为社区设计"孝亲敬老"宣传册，锻炼学生在生活中运用语文的能力，同时，让学生在服务性劳动实践中学会关心父母、敬爱老人，感受"孝亲敬老"带来的幸福感，促进家庭关系的和谐，领悟劳动的意义价值。

劳动防护

　　1. 在敬老院参加劳动时，要提前准备好劳动工具并正确使用，注意卫生。
　　2. 在社区宣传活动中，关注自身安全，做好卫生防护。

任务描述与实践

　　七年级学生自我意识增强，渴望独立，情感丰富、强烈。这一年龄段的孩子对事物的认识还停留于表面，在和父母相处过程中，容易对父母的教育方式产生不满，和父母沟通不畅，逐渐产生矛盾和冲突。学生通过学习孝文化，正确理解"孝"的内涵，从网络、书籍、杂志、期刊等多种途径搜集整理资料（图 2-1-1），学习利用文字、图画、照片等多种形式为社区设计"孝亲敬老"宣传册（图 2-1-2）。在走进敬老院为老人服务的劳动实践中（图 2-1-3、图 2-1-4），传承"孝亲敬老"美德，增强参加日常生活劳动的意识，学会用劳动去创造和奉献，体验通过自己的劳动给家庭和社会带来的温馨与幸福感，养成认真负责、热心细致的劳动品质和奋斗、创新、奉献的劳动精神。

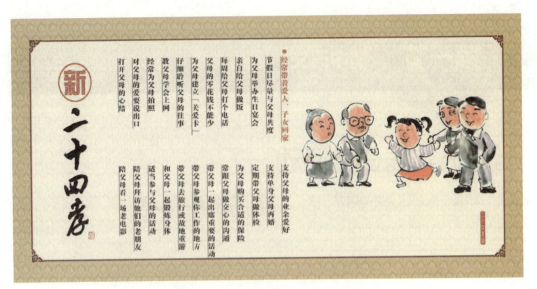

图 2-1-1 搜集资料——新二十四孝

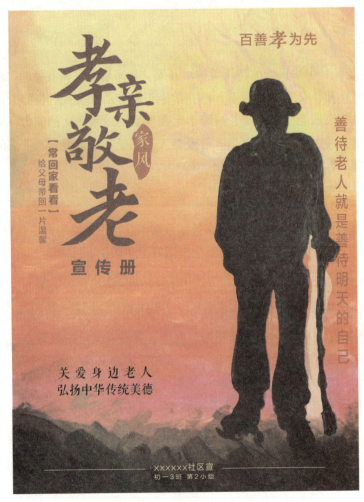

图 2-1-2 "孝亲敬老"宣传册

图 2-1-3　学生与老人交流　　　　　　　图 2-1-4　学生为敬老院送来水果

任务目标

1.通过为社区设计"孝亲敬老"宣传册，在服务性劳动实践中提高语文运用能力，提升语文核心素养。

2.在日常生活中学会关心父母、敬爱老人，体验劳动带来的成就感和幸福感，树立正确的人生观和价值观。

任务导引

第一步	第二步	第三步
小组合作，搜集整理孝亲敬老资料	小组讨论，确定宣传册封面设计	确定宣传册第一部分内容（意义）

第六步	第五步	第四步
设计封底页面内容，发出真情呼吁。进社区，做宣传	确定宣传册第三部分内容（倡议）	确定宣传册第二部分内容（问题—建议）

任务口诀

中华美德代代传，孝亲敬老应为先。

举足不敢忘父母，言行犹记尊老贤。

人人捧出心中爱，社会和谐万家安。

孝亲敬老我力行，争做时代好少年。

任务测评

1. 能够根据宣传册内容，有针对性地搜集整理资料。

2. 故事、名言、图片等资料信息准确。

3. 内容丰富，契合主题。

4. 文字表述准确、清晰。

5. 内容具有很好的警示、教育意义。

6. 对宣传册内容、形式等及时做出调整、改进。

劳动素养评价

序号	评价指标	评价结果（优、良、中、有待提高）		
		自评	互评	师评
1	自觉自愿参加孝亲敬老的服务性劳动			
2	小组成员分工明确，互相帮助			
3	认真负责、乐于助人的劳动品质			
4	利用知识、技能等为他人热情服务			
5	宣传册、方案等劳动成果具有创新性			
学生以描述性评语表达心得体会				

任务拓展

让学生从自身实际出发，在家庭中开展"孝亲敬老"活动，如开展每日"一杯水、一问候、一拥抱"的三个"一"活动；还可自己担当家庭"小导游"，从家人的需求出发，为自己的家人设计周末"一日游"路线等，体验通过自己的劳动给家庭带来的温馨与幸福，培养家庭责任感，增强与父母的情感交流，创造美好的家庭生活。

任务反思

学生与父母、其他长辈等积极沟通，了解父母和长辈的情况，及时反思自己与家人相处时的问题，学会合理采纳他人意见。在活动中，教师及时给予指导意见和积极评价，合理设置奖励、表彰措施，激发学生劳动兴趣，交流分享劳动的体验和收获，将反思交流与改进结合起来，使学生在劳动中获得成长。

八年级实践任务活动

感受母爱 讲述劳动故事

教材出处 | 统编版《语文》八年级上册第二单元第 7 课《回忆我的母亲》

学科融合

"勤劳节俭"是中华民族的优秀传统美德（图 2-1-5）。在《回忆我的母亲》这篇文章中，朱德元帅深情地回忆了母亲的"勤劳一生"，从母亲的平凡，想到劳动人民的平凡，想到他们"创造了和创造着中国的历史"。学习本课内容，让学生通过观察自己亲人（父亲或母亲）周末的一天，选取典型事件，图文并茂地记录他们一天的日常生活、劳动，并向他们学会一种家庭劳动技能，用手抄报、展板等形式，在班级、年级进行宣传展示家人劳动的故事，感受亲人的辛勤劳作，体会亲人为家庭、为社会做出的平凡而又伟大的贡献，培养学生正确的劳动价值观，理解劳动创造美好生活的道理。

图 2-1-5 "勤劳节俭"的传统美德

劳动防护

1. 参加日常生活劳动时，注意操作程序，避免因操作不当伤到自己。
2. 制作手抄报、展板时，正确使用剪刀等工具。

任务描述与实践

  学习了《回忆我的母亲》这篇文章，学生往往对文章中质朴无华的语言背后所饱含的朱德元帅对母亲的深情理解得不够深刻，尤其是因为时代久远，对文中母亲"勤劳一生"为何对朱德元帅的影响深远理解得不够到位，所以需要教师联系学生的日常生活实际，由文中母亲"勤劳的一生"聚焦到学生的日常家庭生活中，引导学生通过观察家人周末一天的劳动生活，发现家人在为家庭和社会做着无私的奉献，学生在了解他们劳动辛苦的同时，与家人一起参加到日常家庭生活劳动中来（图2-1-6），并让学生选取典型事件图文并茂地记录下来，培养他们的观察力，通过讲述家人的劳动故事，提升学生的语文核心素养。引导学生关爱家人、感受家人的辛苦付出，树立正确的劳动价值观，真正理解正是这千千万万个平凡的劳动者，在用自己的双手"创造了和创造着中国的历史"。

（a）   （b）

图2-1-6 与家人一起参加日常生活劳动

任务目标

  1. 抓住回忆性散文和传记内容真实、事件典型、注重细节等特点，学习课文刻画人物的方法，尝试在自己的写作中借鉴运用人物描写方法，描写家人的劳动场景和自己参加劳动时的心理活动，培养学生驾驭语言、运用语言文字的能力。

  2. 通过参与劳动，认识、发现劳动的价值和重要性，与家人一起分享劳动成果，深刻体会劳动创造美好生活的道理。

  3. 在参与劳动中，增加与家人的情感交流，感受劳动的创造力，感受劳动之美，树立正确的劳动价值观。

任务导引

第一步	第二步	第三步
认真观察亲人周末一天的劳动生活	运用人物描写手法来描绘劳动场景及自己的心理感受	图文并茂地记录这一天中的重要事件

第五步	第四步
在班级、年级开展讲述家人劳动故事的比赛活动	以手抄报、展板等形式呈现

任务口诀

勤劳节俭是美德，发扬光大重践行。

勿以善小而不为，家务也能养性情。

好逸恶劳要不得，勤勉节俭最光荣。

双手铺就人生路，劳动习惯要养成。

任务测评

1. 细致观察并记录亲人一天的劳动生活。

2. 选取典型事件表达自己的心理感受。

3. 能主动与家人一起进行日常家庭劳动。

4. 手抄报或展板主题突出、图文并茂。

5. 讲述家人劳动故事生动感人，使人受到启发。

劳动素养评价

序号	评价指标	评价结果（优、良、中、有待提高）		
		自评	互评	师评
1	在观察亲人的劳动中受到教育			
2	与亲人交流劳动体会，感情真挚			
3	自己的事情自己做的自立自强意识			
4	承担必要的日常家庭生活劳动的习惯			
5	手抄报等劳动成果具有创新性			
学生以描述性评语表达心得体会				

任务拓展

1.将自己在参与日常家庭生活劳动中所获得的劳动技能运用到学校和班级生活劳动中来，争当劳动模范。

2.依托劳动教育开展系列活动，让学生将自己劳动的收获和体会以各种形式表达出来，促进学生语文学习和综合素质的发展。

任务反思

学生通过观察亲人劳动的情形，感受劳动的辛苦及亲人的付出，懂得在平凡的生活中饱含了亲人的付出和无私的爱。推己及人，由"小家"到"大家"，将来进入社会，每个人都要通过劳动为社会、为国家创造物质财富。在活动中教师要及时给予指导，引导学生树立正确的劳动价值观，通过过程性评价，激发学生参加日常生活劳动的积极性。

九年级实践任务活动

敬业乐业　走近"天地间第一等人"

教材出处 | 统编版《语文》九年级上册第二单元第 6 课《敬业与乐业》

学科融合

　　梁启超先生（图 2-1-7）在《敬业与乐业》这篇文章中阐明了对"敬业与乐业"的看法，认为人应当"有业"，更要"敬业""乐业"，只有"因自己的才能、境地，做一种劳作做到圆满，便是天地间第一等人"。学习这篇文章，学生懂得了劳动的重要性，明白了每一个人都应当有业，要付出辛苦的劳动，只要在自己的岗位上做到尽职尽责，就是爱岗敬业。通过采访身边的"天地间第一等人"，让学生寻找敬业乐业的人，挖掘普通劳动者（图 2-1-8）敬业与乐业的精神品质，感受到平凡的人在平凡的岗位上，也能为国家、为社会做出平凡而又伟大的贡献，树立"职业不分高低贵贱"的健康的劳动价值观。

图 2-1-7　梁启超先生

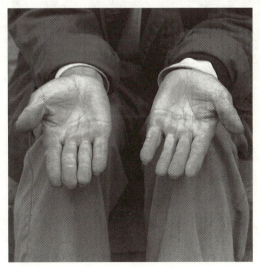

图 2-1-8　普通劳动者的手

劳动防护

　　1. 在小组合作进行采访的过程中，要分工负责采访工具，减轻负担。

　　2. 采访时要佩戴好口罩，带上手部消毒液等，提前做好防疫准备工作。

任务描述与实践

　　为了让学生更好地理解梁启超先生对"敬业与乐业"的论述，通过观察、了解并采访身边的"天地间第一等人"，学生可以了解更多普通劳动者的事迹及品质，感受身边普通劳动者的榜样激励作用，传承他们的劳动精神。采访前学生要复习已经学过的新闻采访、人物采访的方法，通过小组讨论（图2-1-9），从日常生活劳动、生产劳动和服务性劳动中确定采访对象，拟定采访提纲（图2-1-10），设计采访问题，挖掘采访对象的精神品质（即确定观点），记录采访对象的经历或典型事例（即选取材料），参加和体验他们所从事的劳动，以加深对"敬业与乐业"的理解。通过撰写采访报告，进一步掌握观点和材料（道理、事实等）的不同，提升学生语文核心素养及在生活中积累和运用语文的能力。通过参与真实的采访活动，增强学生的职业认同感和劳动自豪感，培育他们不断探索、精益求精、追求卓越的工匠精神和爱岗敬业的劳动态度，坚信"三百六十行，行行出状元"，认识到劳动不分贵贱，任何职业都很光荣，都能干出彩来。

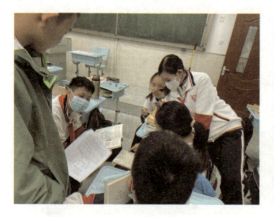 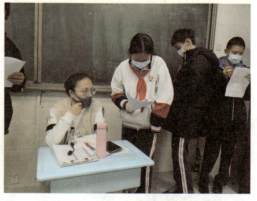

图2-1-9　学生小组讨论确定采访对象　　　　图2-1-10　师生研讨确定采访提纲

任务目标

　　1.把握作者关于"敬业与乐业"的观点，对观点和材料（道理、事实等）做出区分。

　　2.通过对身边普通劳动者的采访活动，加深对"敬业与乐业"的理解，深刻理解"天地间第一等人"的内涵。

　　3.通过挖掘采访对象的精神品质（即确定观点），记录采访对象的经历或典型事例（即选取材料），提升语文核心素养及在生活中积累和运用语文的能力。

任务导引

第一步		第二步		第三步
观察寻找身边敬业、乐业的人	>	小组讨论，确定采访对象	>	设计采访提纲及问题

第六步		第五步		第四步
形成"天地间第一等人"群像	<	汇集各组采访内容，并在班里进行交流	<	进行采访，要求有主持人，有摄像，有记录

任务口诀

劳动品质有万千，敬业乐业排在前。
劳动榜样在身边，调研采访定方案。
事迹材料整理全，分析讨论明观点。
职业三百六十行，行行都能出状元。

任务测评

1. 能从日常生活劳动、生产劳动和服务性劳动中确定采访对象。
2. 采访提纲具有针对性。
3. 拍摄照片或录制视频构思巧妙。
4. 采访报道所选取的材料与观点相符。
5. 采访报告契合主题，具有很好的教育意义。
6. 及时对采访报告内容、形式等做出调整与改进。

劳动素养评价

序号	评价指标	评价结果（优、良、中、有待提高）		
		自评	互评	师评
1	小组分工明确，研讨认真			
2	与采访对象交流感情真挚，受到劳动教育			
3	与采访对象一起参加一项劳动，掌握劳动技能			
4	在采访中进一步理解"天地间第一等人"的含义，传承敬业奉献的优良传统			
5	采访报告等劳动成果具有创新性			
学生以描述性评语表达心得体会				

任务拓展

1. 利用周末或其他假期时间，与采访对象一起参加一项劳动，掌握劳动的技能，并谈谈与这些"敬业""乐业"的普通劳动者们一起劳动的感受。

2. 运用学习到的劳动技能参与校园生活劳动，感受劳动带给人的幸福与快乐。

任务反思

学生通过调研及采访活动，了解了身边"天地间第一等人"的劳动品质，教师要及时组织学生反思自己的劳动表现，形成对劳动及劳动者的正确理解。指导学生从劳动榜样的具体事迹中领悟他们的劳动精神和优良品质，让他们努力向榜样看齐。

在学生选取采访对象时，教师不要加以限制，而应多启发，让学生学会从身边的人、事的观察开始。同时一定要注意引导学生不能有职业偏见，尤其对普通的体力劳动者，要让学生坚信"三百六十行，行行出状元"，体认劳动不分贵贱，任何职业都很光荣，都能出彩。

附：学生实践案例

班级采访提纲

采访目的：了解人们对不同职业劳动者的看法。

采访对象：不同职业的劳动人民（家人、抗疫医护人员、防疫志愿者、环卫工人、农民工）。

提问提纲：1. 您的职业是什么？ 2. 您对您职业的看法是怎样的？ 3. 您对清洁工、环卫工、农民工以及和他们一样的劳动者的工作看法是怎样的？ 4. 您认为您的工作和一些最普通的劳动者的工作相比，谁的工作更重要？还是一样重要？为什么？

学生采访记录

采访对象：父亲。（图 2-1-11）

我："您具体是做什么工作的？"

父亲："我是公司质量技术部的副部长。"

我："您对您职业的看法是怎样的？"

父亲："我们的工作很重要，我们就是公司所有业务范畴准入条件的保障部门，负责公司所有运营资质、人员资质、质量体系、信息安全体系、知识产权等相关

图 2-1-11 采访父亲工作照

资质的申报和维护，是产品检测、标准化、项目质量控制、档案管理、监视测量设备的管理部门。这项工作涵盖了行业市场准入条件保障，产品质量控制，满足客户需求的全过程管理，所以这项工作非常重要，需要具备踏实的工作态度和认真履行职责的能力。"

我："您认为您的工作和一些最普通的劳动者的工作相比，谁的工作更重要？还是一样重要？为什么？"

父亲："我认为一样重要，我们要尊重每一个劳动者，因为每一个劳动者都是用自己的勤劳、努力和汗水得到劳动报酬，值得我们去尊重。劳动本身并没有贵贱之分，只是分工不同，所以每一个劳动者都值得被人尊重，尤其是每一位在自己岗位上尽职尽责工作的劳动者。大家的工作对于整个社会、国家来说是一样重要的。"

我："为什么您上了一天班，回来后还任劳任怨地照顾孩子、爱护家庭？"

父亲："因为这是作为丈夫、作为父亲的责任，也是我的义务，我没有借口去抱怨，因为我只想为家庭创造更好的条件，为你们创造更好的生活，同时也为你们树立有责任心、有担当的榜样。"

父亲在公司工作特别认真负责，有一次我和父亲一起去公司，听到一位员工对父亲的评价"不管你有什么事，只要找到刘健就解决了"，这是因为父亲具有认真负责、任劳任怨和踏实肯干的态度。在家中他照顾妹妹、打理家务，只要他在家，我和母亲基本上什么都不用做，他说那是他的责任，必须承担。现在我越来越尊敬父亲，他做任何事情都要尽力做到圆满，他就是我身边的"天地间第一等人"！我要学习他那认真踏实的态度、勤劳善良的品质和有担当的精神，成为一个和他一样的人！

（北京市陈经纶中学帝景分校 八一班 刘庭皓）

第二节　初中数学　方圆几何　勾画创意劳动

七年级实践任务活动

运用调查统计　科学垃圾分类

教材出处 ｜ 人教版《数学》七年级下册第十章《数据的收集、整理与描述》

学科融合

　　结合数据统计知识，通过"运用数据分析垃圾分类现状"的劳动实践活动，学生体验数据收集、整理、描述的全过程，在统计调查中提升数学应用能力，养成认真负责、吃苦耐劳的劳动品质，增强公共服务意识，培育担当精神。

劳动防护

　　1.掌握统计工具的正确使用方法，注意工具使用安全。
　　2.遵守劳动纪律，服从小组分配，听从指挥。

任务描述与实践

　　2020 年的"五一"劳动节，新版《北京市生活垃圾管理条例》正式实施，拉开了北京市"生活垃圾强制分类"的大幕，中学生也应积极参与到垃圾分类的劳动中来（图 2-2-1）。通过指导学生对目前家庭垃圾分类现状进行数据统计，学生在劳动实践活动过程中亲身体会数据收集、整理的过程，将数学知识应用到垃圾分类中（图 2-2-2），在服务他人的劳动中体会数学知识的应用价值，为科学垃圾分类提供建议。

（a）

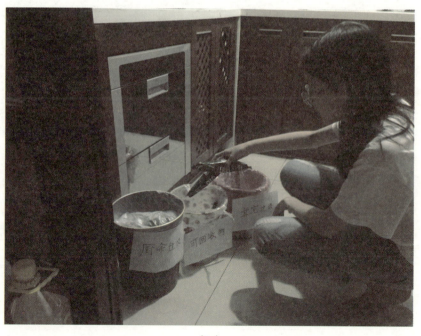

（b）

图 2-2-1　垃圾分类宣传与实践

（a）

（b）

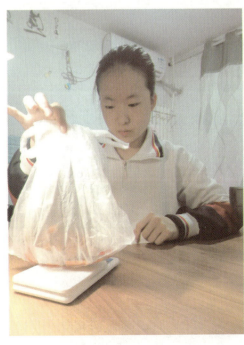

（c）

（d）

图2-2-2　学生参与家庭垃圾分类统计

任务目标

1.经历收集、整理、描述和分析数据的活动，了解数据处理的过程，通过调查自己家庭一周内各种垃圾的产生量，体会数据统计的全过程。

2.能够解释统计结果，根据结果做出简单的判断和预测，并能够进行交流。通过调查活动，用样本估计北京市每天产生各种垃圾的数量，认识垃圾分类的重要性，提升中学生的社会责任意识。

3.在参与劳动的过程中体会劳动的乐趣，树立节约资源和保护环境的意识，继承中华民族勤俭节约、敬业奉献的优良传统，弘扬开拓创新的时代精神。

任务导引

第一步	第二步	第三步	第四步
了解活动背景 实施任务布置	明确分类标准 进行详细记录	整理记录数据 分析得出结论	完成个人分析 进行小组分享

第八步	第七步	第六步	第五步
完成任务拓展	进行课后评价	针对数据统计 得出有效结论	课堂展示交流 梳理小结过程

任务口诀

垃圾分类我参与，节约环保很重要。
分类标准都明确，回收利用废变宝。
数据统计全过程，整理记录效率高。
小组合作巧评价，劳动回报我自豪。

任务测评

1.调查统计过程各个环节完整。

2.数据统计规范合理。

3.用数学语言表述事件的效果。

4.小组合作的有效程度。

注：每个小组完成展示后，教师要逐一进行点评。

劳动素养评价

序号	评价指标	评价结果 （优、良、中、有待提高）		
		自评	互评	师评
1	能理解数据统计的一般步骤			
2	认识到垃圾分类对人类生存的重要性			
3	积极制定活动方案，具有计划性和效率意识			
4	能使用工具查阅、搜集资料			
5	能准确获取数据			
6	能根据调查的结果完成分析			
7	积极寻求方法去解决活动中遇到的问题			
8	能从所实践的主题中发现有价值的问题			
9	成果展示体现个性，有创新			
学生以描述性评语表达心得体会				

任务拓展

通过对家庭垃圾分类数据的调查统计，引导学生以家庭分类结果为样本估计总体，进而对于北京市垃圾分类现状进行分析并建言献策，突出数学的应用意识。

任务反思

学生在数据统计过程中，要保证数据测量的准确性和科学研究的规范性。数据收集是一个比较长的过程，有利于培养学生科学探索精神，但需要家长的配合和支持才能比较好地达成目标。

八年级实践任务活动
研究轴对称　设计汽车标志

教材出处 | 人教版《数学》八年级上册第十三章《轴对称》

学科融合

　　结合轴对称的数学知识，通过学生亲手设计创造汽车品牌的 Logo，体会劳动创造美好的过程，锻炼学生的创造性劳动能力，从数学角度了解品牌设计这个行业，体验职业劳动，使学生能够掌握基本的劳动知识和技能，具备完成一定劳动任务所需要的设计、操作能力及团队合作能力。

劳动防护

　　1. 掌握劳动要领，提高劳动的速度和质量。
　　2. 掌握正确的工具使用方法，注意工具的使用安全。

任务描述与实践

　　有一种美叫对称美。在数学中，对称性指的是研究对象在某种变换或操作下保持不变的性质，因而具有根本性的意义。通过数学游戏学习和掌握轴对称基本知识，为汽车设计标志，学生了解轴对称的应用，增强自身认知美、感受美、劳动创造美的意识和能力。通过经历车标设计的全过程，学生体会设计师工作的辛苦，为自己今后的职业规划做铺垫。

　　1. 首先请同学上网查询世界知名车标的设计图案和背后的理念。

　　以梅赛德斯-奔驰（Mercedes-Benz）品牌标志（图 2-2-3）为例：三叉星。品牌释义：象征着陆上、水上和空中的机械化。奔驰的标志最初是 Benz 字样外加月桂花环。1926 年，戴姆勒与奔驰合并，星形的标志与奔驰的花环终于合二为一，下有 Mercedes-Benz 字样，后将月桂花环改成圆环，并去掉 Mercedes-Benz 的字样。而随着这两家历史最悠久的汽车生产商的合并，厂方再次为商标申请专利权，而此圆环中的星形标志演变成今天的图案，一直沿用至今，并成为世界最著名的商标之一。

（a）　　　　　　　　　　　（b）

图 2-2-3　世界知名汽车品牌标志

2. 将具有轴对称性质的车标放在一起，并且深入挖掘轴对称知识点。

3. 下载并打开绘图软件 GeoGebra（图 2-2-4），熟练运用其画出数学图形。

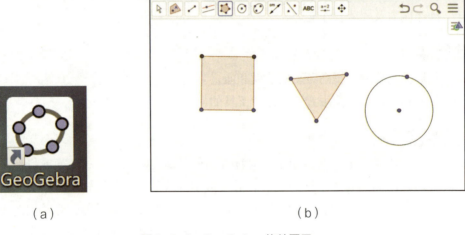

（a）　　　　　　　　　　　（b）

图 2-2-4　GeoGebra 软件图示

4. 同学之间分享交流草图，最终确定选出一幅做出电子图成品。通过教师评价，学生感受劳动创造的价值。

（任务目标）

1. 学习轴对称图形的基本概念，了解轴对称图形的基本性质，感受轴对称图形的美观。

2. 通过拼图和设计等活动，感受几何图形的对称美在生活中的应用，激发学习数学的兴趣和自信心，培养应用数学的意识和能力。

3. 体验现代科技条件下劳动实践新形式，通过小组竞赛，培养劳动意识和合作精神。

任务导引

第一步		第二步		第三步		第四步
上网查阅世界知名汽车品牌车标设计	>	将蕴含对称美设计的车标总结出共性特点	>	将其共性特点以几何元素（例如圆）的形式表达出来	>	为国产汽车设计一个车标

第八步		第七步		第六步		第五步
通过软件将草图标准呈现	<	电脑下载 GeoGebra 软件	<	赋予车标其背后的文化表达	<	手工绘制出草图

任务口诀

劳动实践轴对称，数学知识不能少。

设计之前查资料，共性特点便知晓。

手工绘图出草稿，软件画图更重要。

几何图形巧运用，品牌车标可制造。

任务测评

1. 资料查阅充分，打印装订美观。

2. 资料中与对称相关重点圈画清晰明了。

3. 绘图软件熟知工具栏的使用，可以画出目标图形。

4. 草图初步表达出对称美。

5. 能解释车标背后的含义。

6. 汇报流畅，表达清晰。

劳动素养评价

序号	评价指标	评价结果（优、良、中、有待提高）		
		自评	互评	师评
1	能够运用工具书等查阅资料			
2	能够根据轴对称设计精美图案，软件使用熟练			
3	针对突发小事件能够处理得当			
4	在汇报过程中能够说出数学与劳动结合产生美			
5	在设计中能够体现创意和数学智慧			
6	车标效果图美观			
学生以描述性评语表达心得体会				

任务拓展

数学无处不在，生活中处处充满了对称美。教师要鼓励学生课下利用轴对称等有关知识为班级设计一枚班徽。

任务反思

利用轴对称性质设计汽车车标是轴对称相关知识的综合运用，在设计中应该突出学生的主体作用，突出学生创新思维培养，为实现创新型人才培养奠定基础。

九年级实践任务活动
相似巧运用　丈量国旗身高

教材出处 | 人教版《数学》九年级下册第二十七章《相似》

学科融合

　　结合相似三角形的数学知识，设计为国旗测量身高的实践活动，通过运用相似有关知识分析测量目的，学生在服务性劳动中，用所学知识解决日常生活中的实际问题，提升学生劳动能力，强化劳动实践体验，提升育人实效性，感悟爱国情怀。

劳动防护

　　1.遵守劳动纪律，特别是在使用工具时严禁嬉戏、追逐、打闹。

　　2.掌握操作程序，虚心接受指导，及时改正自己不正确的操作并请教他人，听从老师和小组长指挥，提高劳动效率。

任务描述与实践

　　国旗是一个国家的象征与标志。在我们国家，每所学校的校园内都有一面鲜艳的五星红旗。每周的升旗仪式是对学生进行爱国主义教育的重要途径和方法之一，并且每次升旗仪式结束后，还会有学生代表"在国旗下讲话"，持之以恒，形成习惯。庄严隆重的升旗仪式活动，大大激发了学生们的爱国之情。面对英姿挺拔的国旗，有些同学经常会问为什么不同地方的国旗以及旗杆的大小是不同的？其实，国旗有 8 种常用的尺寸，旗杆有 6 种常用的规格。不同地方、不同单位采用的国旗以及旗杆的尺寸是不一样的。面对校园内神圣的国旗，有些同学一直想知道国旗到底有多高。那就让我们一起行动起来，用所学的知识，开动脑筋想办法为国旗测量身高，来解决困扰同学们的问题吧！

　　首先，将班级内的学生分成五个小组，每组六名成员。在一个阳光明媚的午后，各小组带着测算工具来到操场上。看到操场上英姿挺拔的国旗（图 2-2-5），大家顿时严肃了起来！

图 2-2-5　校园国旗与旗杆实景图

　　选定好位置后，大家便分工合作，各小组人员各司其职，严肃认真地开始测算工作（图 2-2-6）。

（a）

（b）

（c）

（d）

图 2-2-6　学生展开实地测算工作

老师也在旁边指导学生，纠正不规范的操作，并告诉学生工程类的测算，一定要精益求精，不能有半点马虎，务必追求数据的精确性与真实性。大家采用以下示意图（图 2-2-7）进行测算。

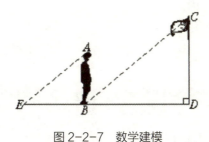

图 2-2-7　数学建模

最后，在大家的齐心协力下，五个小组圆满完成了各自的测算任务，将数据汇总，最终得到一个平均数据，老师对测算结果进行了分析与点评。总之，这是一次庄严、神圣的劳动实践，学生从中体会到了数学与实际生活的紧密联系，也体会到了数学的实用性、严谨性、科学性。

任务目标

1. 了解相似三角形的有关性质，能够应用相似三角形的性质解决简单问题。

2. 掌握研究几何图形的基本思路，发展数学应用意识，初步建立相似模型，渗透数学建模思想。

3. 让学生体验实践活动，亲历劳动过程，在此过程中积累数学操作活动经验，发展创新意识，提高分析问题和解决问题的能力。

任务导引

第一步	第二步	第三步	第四步
选择阳光明媚的午后	小组合作、组内人员分工	皮尺测量国旗旗杆影长	找同学站在旗杆影长顶端处

第八步	第七步	第六步	第五步
求各小组所得数据的平均值	比值乘以该同学身高	旗杆影长和同学影长作比	测量该同学的身高和影长

任务口诀

阳光明媚天气好，旗杆影长秘密藏。

影子顶端人站立，身高影长都要记。

相似图形来构造，两段比例划等号。

分组数据求平均，计算结果知身高。

1. 选择阳光明媚的午后，提前设计好测量内容。
2. 准备充分，带齐皮尺和测算工具。
3. 测量数据在误差范围内。
4. 各小组最终数据求平均数。

劳动素养评价

序号	评价指标	评价结果 （优、良、中、有待提高）		
		自评	互评	师评
1	选择合适的工具进行正确测量			
2	能够抽象出数学模型进行计算			
3	劳动分工明确，合作顺畅			
4	积极寻求方法去解决活动中遇到的问题			
5	能从所实践的主题中发现有价值的问题			
6	成果展示体现个性，有创新			
学生以描述性评语表达心得体会				

任务拓展

请你利用今天学到的知识，测算一下你们小区楼间距是否符合国家标准。如果不符合标准，请你提出改进意见。

任务反思

学生在小组合作过程中制定测量方法，明确其中的数学原理，同伴互学互助起到了很好的促进作用，后期要对学生进行分层评价，并进行个别指导，激发学生的学习自信。

第三节 初中英语 出口成章 秀出人文劳动

七年级实践任务活动
劳动迎新春 爱暖家庭情意浓

教材出处 | 外研版《英语》七年级上册 Module 10 Unit 2 My mother's cleaning our house and sweeping away bad luck

学科融合

学生在本模块的学习中要能够掌握春节的相关英语表达，学会用现在进行时与一般现在时描述春节前以及春节中的活动。学生通过参与迎春节的系列准备活动，巩固有关春节习俗的英语表达。同时，在日常家庭生活劳动中，体验春节传统文化习俗，感受浓浓的亲情，增强家庭责任意识。

劳动防护

1. 做家务及使用劳动工具时，要做好防护。
2. 贴春联登高时要注意自身安全。

任务描述与实践

春节是中国的传统节日，一直以来都为人们所期待。随着时代的发展，人们庆祝春节的方式也越来越多样化。喜庆的节日融入的是浓浓的亲情和对美好未来的期待。为了过好春节，人们通常会进行一系列的准备活动。鼓励学生积极参与到即将到来的春节准备活动中，承担一定的家庭日常清洁、烹饪、写春联等劳动（图 2-3-1 和图 2-3-2），增强学生的家庭责任意识；同时运用所学的英语知识，记录自己的劳动过程，并拍成微视频，在第二学期课上进行展示。通过这样的学习和劳动，增强学生的语言能力和语用能力，同时在日常生活劳动中体验劳动创造美好生活的重要意义，传承中华优秀传统文化。

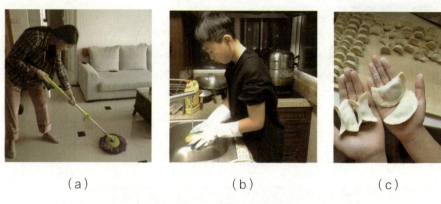

图 2-3-1　学生在家做家务

图 2-3-2　学生学习写春联和福字

任务目标

1. 在家庭劳动中巩固有关春节习俗的英语表达，并能将自己的每一项劳动用英语准确、流利地表达出来。

2. 参加力所能及的家庭劳动，为过好春节做准备。强化在家庭中的劳动意识，并在劳动过程中体验传统习俗以及增强家庭责任意识。

任务导引

第一步	第二步	第三步
用英文列出春节前的准备活动，并选择适合自己的劳动任务	积极做好家庭日常清洁	大年三十帮助家人贴春联、美化家居等

第六步	第五步	第四步
根据自己的劳动和别人的劳动，做成英文反思并分享	将参加的家务劳动体会用英文记录下来，拍英文视频，新学期汇报	大年三十晚上和家人一起包饺子

任务口诀

传统节日春节到，积极劳动能力强。

腊月里来除霉运，大年三十迎春忙。

写春联来挂灯笼，包饺子来庆吉祥。

文章海报记趣事，家庭责任有担当。

任务测评

1. 用英文列出劳动任务，表达准确。

2. 英语文章主题鲜明，图文并茂。

3. 英语表达语句通顺，无语法错误。

4. 将劳动体会拍成英文视频，表达流畅。

5. 劳动汇报语音语调准确，语句连贯，自然大方。

劳动素养评价

序号	评价指标	评价结果 （优、良、中、有待提高）		
		自评	互评	师评
1	选择并积极参加适合自己的劳动			
2	学会使用劳动工具，掌握劳动技能			
3	主动服务他人的劳动意识			
4	完成好每一项劳动任务的责任担当			
学生以描述性评语表达心得体会				

任务拓展

1. 给家人讲述自己的劳动感悟。

2. 选择适当的机会给外国友人或外教讲解春节等中国传统节日的习俗及意义。

任务反思

在进行英文写作时，不会的英文表达可以参考课本或查字典。教师要积极引导学生主动向别人请教，增加语用机会。在记录自己的春节劳动时，注意时态的准确性。

八年级实践任务活动

旅游与交通　国际导游我能行

教材出处 | 外研版《英语》八年级上册 Module 4 Planes,ships and trains

学科融合

学生在本模块的学习中能够掌握旅游中比较路线的相关知识，同时学会用最高级为他人或者自己选择最佳路线。通过设计旅游手册并为外国友人担任导游，学生能够巩固关于"旅游与交通"的系列英语表达，能够为友人规划最佳路线。同时在为他人服务的劳动实践中，提升自己的语用能力，让国际友人在此过程中感受首都北京的美好面貌。同时学生在讲解的过程中形成热爱祖国大好河山的家国情怀，以及积极参与公益劳动的品质和奉献精神。

劳动防护

1. 使用剪刀等劳动工具时注意安全。
2. 外出时注意个人防护及交通安全。

任务描述与实践

国际理解是未来参与国际分工的重要基础。从初中就开始让学生参与国际职业体验活动，能为学生适应未来国际性交流职业播下种子，并为其提供另外一种职业生涯体验劳动。但是反观现在的英语学习，学生在学习了相关的英语知识后，并未真正用所学指导实践。因此，鼓励学生积极用所学知识为外国友人制作一日游手册（图 2-3-3）并担任导游为其讲解。在与外国友人一起参观北京地标性景点，如天安门、长城（图 2-3-4）等时，增强学生的语言能力和语用能力，同时在服务性劳动中体验劳动创造价值的重要意义，并在传承中华传统文化过程中培育家国情怀。

图 2-3-3　学生分组制作旅游手册

（a）

（b）

图 2-3-4　天安门和长城

任务目标

1. 在服务性劳动中巩固关于"旅游与交通"的系列英语表达，并能将自己的每一项劳动用英语准确、流利地表达出来。

2. 通过参加力所能及的服务性劳动，为初到中国的外国友人制作北京旅游手册并成为其导游，在导游服务中感知首都北京的美好面貌，同时提升自己的设计、手工制作以及团队合作能力（图 2-3-5）。

3. 强化学生在英语学习中主动参与服务性劳动的意识，在导游服务中形成热爱祖国大好河山的家国情怀以及自觉自愿、诚实守信、认真负责的劳动品质。

（a）

（b）

图 2-3-5　学生展示手册

任务导引

第一步	第二步	第三步	第四步
询问外国友人的旅游需求和爱好	确定旅游景点和路线	搜集旅游景点相关图片及信息并自己配英语解释	设计一日游手册并装订成册

第八步	第七步	第六步	第五步
在讲解时语言表达准确，仪态仪表得体、大方	带领外国友人感受北京美好面貌	自己提前准备英文导游词并在班级同学面前进行彩排和演练	查询出游天气状况及路线并提醒外国友人准备必带物品

任务口诀

导游实践乐趣多，国际交流勇担当。

手册翻译中英文，图文并茂来展示。

语音语调勤练习，口语表达能力强。

分工合作爱劳动，提前准备不紧张。

任务测评

1. 旅游手册主题突出，与旅游景点相匹配。

2. 旅游景点中英文介绍图文并茂，方便查询。

3. 导游准备充分，用具和材料准备齐全。

4. 出游天气、必备物品提示到位。

5. 英文流畅自如、语言准确，仪态大方。

劳动素养评价

序号	评价指标	评价结果 （优、良、中、有待提高）		
		自评	互评	师评
1	小组分工负责、相互合作能力			
2	主动服务他人的劳动意识			
3	在服务性劳动中的社会责任感			
4	具有初步的职业规划意识			
5	坚持不懈、吃苦耐劳的品质			
6	导游手册等劳动成果具有创新性			
学生以描述性评语表达心得体会				

任务拓展

1. 将自己在导游职业体验活动中应用英语的收获及体会用英文记录下来，与同学们分享。

2. 尝试担任不同校区及社区英文导游员。

任务反思

学生在制作旅游手册的过程中，要注意英语语法的准确性。同时教师要引导学生将所学知识与日常生活应用相结合，提升学生的语用能力。

九年级实践任务活动

环境保护　环保宣传进社区

教材出处 | 外研版《英语》九年级上册 Module 12 Unit 1 Repeat these three words daily: reduce,reuse and recycle

学科融合

学生在本模块的学习中要能够掌握环保知识，同时了解构词法的一般规律。通过为社区制作中英双语环保宣传视频，巩固环保的英语表达以及相关语法。同时在社区环保宣传的服务性劳动实践中，体会环境保护的重要性以及必要性，感受为社区服务的幸福感，培养勇于奉献的精神和劳动品质。

劳动防护

1. 正确使用摄影器材，注意安全。
2. 外出拍摄时注意自身防护及安全。

任务描述与实践

保护环境关乎每个人的生命与生存。青少年是未来环境的主人，是环境保护的最大受益者，更应自觉履行保护环境的义务，从一点一滴做起，从生活的社区做起（图2-3-6）。但是我们发现青少年参与社区环保活动中的事例少之又少，因此鼓励学生积极参与社区环保活动（图2-3-7），同时运用所学的英语知识，为社区制作中英双语环保视频并投放到社区，增强公共服务意识与担当精神。通过这样的学习和服务他人的劳动实践活动，培养学生英语核心素养，同时让学生在服务性劳动中体验劳动创造美好生活的重要意义。

（a）　　　　　　　　（b）

图2-3-6　参与社区植树造林和捡拾垃圾活动

（a）　　　　　　　　（b）　　　　　　　　（c）

图 2-3-7　学生积极参加社区环保活动

任务目标

1. 在服务性劳动中巩固环境保护的英语表达，并能将自己的每一项劳动用英语准确、流利地表达出来。

2. 参加力所能及的服务性公益劳动，为社区制作环保中英双语宣传视频，强化劳动意识，并在劳动过程中提升英语表达及团队合作能力。

3. 体验环保劳动改善生活质量的过程，培养社会责任感和勇于奉献的劳动精神。

任务导引

第一步	第二步	第三步	第四步
搜集文本及图片资料、写环保中英双语文案	准备手机或者相机等拍摄设备	和同伴进行实际环保行动并开始录制素材	任选快剪辑、爱剪辑或者 Pr 软件导入拍摄素材进行粗剪和细剪

第八步	第七步	第六步	第五步
根据社区宣传情况，汇报自己的公益劳动，进行反思和改进	和同伴定期调查宣传社区，观察环保情况是否得到改善	和同伴一起联系社区进行投放宣传	预览渲染并导出视频

任务口诀

环境保护责任大，人人行动效果佳。

文本图片和文案，手机相机全用到。

彩排录制要用心，社区宣传意义大。

积极参与显担当，公益劳动素养高。

任务测评

1. 准备充分，用具和材料齐全。

2. 文本和图片资料丰富。

3. 中英双语文案无语法错误并且简洁明了。

4. 剪辑软件使用熟练，视频清晰、效果好。

5. 社区环保宣传展示形式多样。

6. 针对社区宣传写出反思和改进建议。

劳动素养评价

序号	评价指标	评价结果 （优、良、中、有待提高）		
		自评	互评	师评
1	小组分工明确，团队合作的能力			
2	主动服务他人的劳动意识			
3	环境保护的责任担当			
4	环保视频等劳动成果具有创新性			
学生以描述性评语表达心得体会				

任务拓展

1. 将自己的劳动过程及成果用英文记录下来，分享给其他年级的同学。

2. 尝试担任学校及社区环保宣传讲解员。

任务反思

在拍摄之前，学生应该先对自己居住的社区进行调查，针对不同社区的不同问题进行拍摄。在投放视频进入社区前，要和社区工作人员进行友善沟通。

第四节　初中物理　万物之理　探寻规律劳动

八年级实践任务活动
巧用杠杆　美化校园做贡献

教材出处 | 人教版《物理》八年级第十二章第一节《杠杆》

学科融合

　　由于长期缺乏劳动教育，现在的学生普遍不喜欢劳动。学生学习了杠杆相关知识，通过使用扫把、剪刀等杠杆工具参与美化校园的劳动，利用所学知识来美化校园，可以提高参与劳动的兴趣。在劳动中纠正学生使用与杠杆相关的劳动工具中的一些错误做法，帮助学生掌握基本的劳动知识和技能，让学生动手实践、出力流汗，接受锻炼、磨炼意志，培养学生正确劳动价值观和良好劳动品质。

劳动防护

　　1.使用修树剪刀、铁锹等工具时要注意安全。
　　2.在劳动的时候保护好自己的双手，注意戴好手套。
　　3.教师要指导学生正确操作劳动工具，保障学生在劳动中的安全。

任务描述与实践

　　在机械化、智能化和高科技化为主要特征的 21 世纪，越来越多的学生不喜欢劳动，没有劳动意识，甚至欠缺最基本的日常生活劳动能力，如扫地时学生的身体姿势不正确，吃饭时不会用筷子等。让学生观察生活中杠杆应用的情况（图 2-4-1），并让学生分组参与美化校园的劳动（图 2-4-2），学生使用扫把、修树剪刀，用杠杆工具搬移重物等，掌握基本的劳动知识和技能，体会劳动创造美好环境的幸福感，领悟劳动的意义价值，从而热爱劳动，树立正确的劳动价值观。

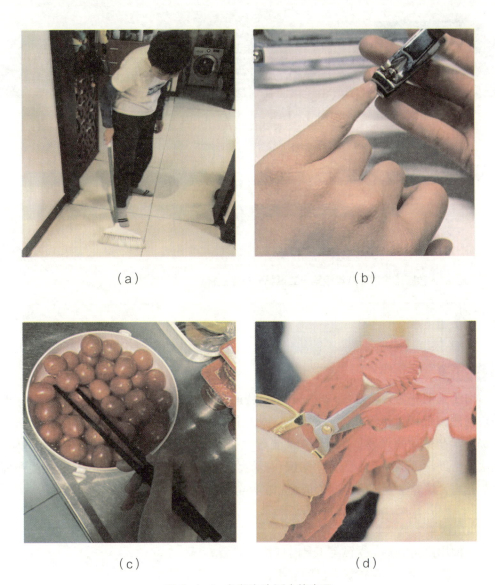

（a）   （b）

（c）   （d）

图 2-4-1　杠杆在生活中的应用

（a）   （b）

（c）　　　　　　　　　　　（d）

图2-4-2　参与美化校园的劳动

任务目标

1. 了解生活中的杠杆种类及其应用，能从常见工具和简单机械中识别出杠杆，掌握杠杆工作原理。

2. 能根据个人实际需要选择合适的杠杆进行劳动，掌握基本的劳动知识和技能，正确使用常见的杠杆工具，培养生活能力。

3. 在参加日常生活劳动的过程中，树立正确的劳动观念，领悟劳动的意义价值，形成坚持不懈、吃苦耐劳的品质。

任务导引

第一步	第二步	第三步	第四步
搜集文本及图片资料，正确掌握杠杆在生活中的应用方法	拍摄自己平时在家用杠杆等的照片，并与同学老师分享	小组讨论操作是否正确，然后对杠杆进行分类	小组成员分配美化校园的劳动任务

第七步	第六步	第五步
每个小组展示自己在活动中的收获和体会	每个小组进行美化校园的大扫除任务	每个小组挑选适合自己的劳动工具

任务口诀

校园环境要改善，杠杆力量不可少。

扫把清理速见效，墩布继续来美化。

铁锹解决小难题，剪刀让树美如画。

垃圾钳把垃圾拿，勤劳爱校人人夸。

任务测评

1. 正确选择杠杆工具参与劳动。

2. 正确使用杠杆工具，掌握劳动技能。

3. 操作科学、准确，能说出劳动工具省力的操作办法。

劳动素养评价

序号	评价指标	评价结果 （优、良、中、有待提高）		
		自评	互评	师评
1	吃苦耐劳，不怕困难			
2	分工明确及团队合作能力			
3	利用所学知识提高劳动质量和效率			
4	劳动技能有所提升			
5	校园环境得到改善			
学生以描述性评语表达心得体会				

任务拓展

在实施美化校园劳动后，各个小组成员对杠杆工具在劳动中的使用有什么新的认识？将自己的劳动过程及成果用文字记录下来，并在日常家庭劳动中加以应用。

任务反思

准备杠杆工具，种类要尽量多一些，这样学生应用杠杆操作的体验就会多一些。另外，在美化校园的劳动中，应该设立一个安全员，指导学生正确操作劳动工具，保障学生在劳动中的安全。

九年级实践任务活动

生活用电　安全防患我宣传

教材出处 ｜ 人教版《物理》九年级第十九章第三节《安全用电》

学科融合

　　学生通过参与调查家庭、社区存在的用电安全隐患，应用物理知识提出合理的整改建议，并为社区制作安全用电宣传海报，在服务性劳动中提升设计、规划与实施的劳动能力，形成认真负责的劳动态度，提高主动服务他人、服务社会的意识。

劳动防护

　　1. 使用电工工具注意安全。

　　2. 提前做好注意事项的预防准备工作。

　　3. 开展调查工作要在教师的组织下进行，小组分工合作，做好相关工作。

任务描述与实践

　　电和我们的生活息息相关，如果没有电，世界的运行会因此瘫痪。但是，一旦错误地使用它，就可能会造成火灾，夺去人的生命，将财产化为灰烬。因此，我们必须要学会安全用电，提高防范意识。根据所学物理知识，学生了解了日常安全用电常识，通过参与社区服务性劳动，调查家庭、社区的安全用电隐患（图2-4-3），规范家人和居民的日常用电行为，制作海报（图2-4-4），向居民宣传安全用电的知识，初步形成对他人负责任的态度，认识劳动创造美好生活的道理。

（a）

（b）

（c）　　　　　　　　　　　　（d）

图 2-4-3　生活中的安全用电隐患

（a）

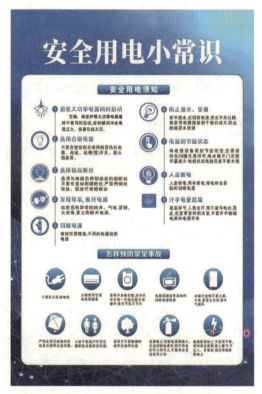

（b）

图 2-4-4　安全用电宣传海报

任务目标

1. 了解一般情况下对人体安全的电压、触电事故发生的原因、安全用电的原则以及触电事故发生后的一些急救措施。

2. 根据个人实际情况调查家庭、社区存在的用电安全隐患，同时能提出整改措施，为社区制作安全用电宣传海报，提升劳动任务的设计、规划与实施能力。

3. 积极参加安全用电宣传的服务性劳动，形成认真负责的服务意识，在服务社区的劳动中强化社会责任感。

任务导引

第一步	第二步	第三步
搜集文本及图片资料、全面掌握安全用电的原则	排查家庭、社区安全用电的隐患	和同伴进行拍照，提出整改措施

第六步	第五步	第四步
调查社区居民安全用电意识是否增强	和同伴一起联系社区进行投放宣传	制作安全用电宣传海报

任务口诀

生活用电重防患，安全原则记心间。

认真排查是关键，及时处理才心安。

社区海报做宣传，切莫忽视认真看。

用电关系你我他，提高意识保安全。

任务测评

1. 搜集文本及图片资料，全面掌握安全用电的知识。

2. 认真排查家庭、社区安全用电的隐患。

3. 利用所学的知识制作安全用电的宣传海报。

4. 社区宣传安全用电形式新颖。

劳动素养评价

序号	评价指标	评价结果 （优、良、中、有待提高）		
		自评	互评	师评
1	掌握安全规范的操作程序			
2	设计、规划与实施的劳动能力			
3	社会担当和责任感			
4	主动服务他人、服务社会的意识			
5	宣传海报等劳动成果具有创新性			
学生以描述性评语表达心得体会				

任务拓展

1. 在开展安全用电宣传一段时间以后，调查社区的用电隐患是否根除，社区居民生活状态如何，小组之间互相评价服务性劳动的成效，进行分享。

2. 鼓励学生志愿担任社区长期的安全宣传员。

任务反思

开展调查，可有针对性地选择离学校近的家庭和社区，要提前与家庭和社区人员进行沟通，使安全用电服务性劳动顺利进行。一定要在教师的组织下走进社区开展调查工作，并要特别注意安全。

第五节　初中化学　解密变化　探索科学劳动

九年级（上）实践任务活动
保护大气　减少污染做宣传

教材出处 | 人教版九年级《化学》上册第二单元课题 1《空气》第 3 部分《保护空气》

学科融合

　　空气是一种重要的自然资源，随着现代工业的飞速发展，空气受到污染，给人们的生产和生活造成了很大的危害。通过调查社区的空气质量，让学生观察身边发生的空气污染现象，感受自己身边的环境问题。走进社区，利用所学的空气知识，宣传如何减少空气污染，在服务性劳动中培养学生关心自然、关注社会的责任感，树立正确的劳动价值观。

劳动防护

　　1. 外出调查注意自身防护和交通安全。
　　2. 戴好口罩和手套，避免接触污染物。

任务描述与实践

　　学生学习了空气相关知识，能够正确认识大气污染及其成因。通过调查近一个月社区的空气质量"优"和"重度污染"的天数，整理数据并作图，从中感受自己身边的环境问题，正确看待"大气污染"这一现象。通过观察自己身边发生的空气污染现象，如裸土、燃油车、家用煤炭炉等，学生有针对性地对社区空气质量和大气污染问题提出改进建议，如覆盖防尘布（图 2-5-1）、推广新能源电车（图 2-5-2）、使用电锅等电炊具做饭（图 2-5-3）等，并走进社区讲解减少空气污染的重要性，让学生在服务性劳动中，利用化学学科知识为他人和社会提供服务，强化社会责任，培养良好的社会公德。

图 2-5-1　覆盖防尘布

图 2-5-2　推广新能源电车

图 2-5-3　使用电锅

任务目标

1.利用学习的空气知识，学会分析生活中与空气相关的大气现象，学会搜集空气质量数据，整理并作图，分析空气质量的变化，感受国家对环境问题的重视。

2.观察自己身边发生的空气污染现象，分析现象与数据背后的原因，培养观察和分析能力。

3.体验走进社区讲解减少空气污染的服务性劳动，学会将化学学科知识应用到实际生活中，领悟劳动的意义，养成良好的劳动品质。

任务导引

第一步	第二步	第三步	第四步
调查近一个月社区空气质量"优"和"重度污染"的天数，作图	观察社区空气污染的现象，并拍照	分析数据和图，提出改进大气质量的建议	走进社区，宣传讲解减少空气污染，保护大气

任务口诀

空气污染危害大，保护大气来改善。

收集数据做图表，空气日报记录好。

照片漫画小文章，做好讲解和宣传。

贵在坚持不放弃，绿色社区共创建。

任务测评

1.调查空气质量数据并作图，要求规范、标准。

2.空气日报记录完整，数据准确、可靠。

3.改善空气质量的建议让人易于接受。

4.宣传讲解语言流畅，表达准确，逻辑清晰。

劳动素养评价

序号	评价指标	评价结果（优、良、中、有待提高）		
		自评	互评	师评
1	有目的、有计划地开展服务社区的劳动			
2	调查中合理使用工具手段			
3	关爱自然、关注社会的责任感			
4	创设美好环境的知识、观念、技能			
5	小组合作完成任务的能力			
学生以描述性评语表达心得体会				

任务拓展

收集校园近阶段的空气质量日报，利用收集到的数据，用漫画、短文等形式记录校园里发生的空气污染现象，把劳动过程及自己对改进大气质量的建议记录下来，与同学交流。

任务反思

学生在服务性劳动中学习化学，学以致用，收获非常大。但因为调研周期较长，为保障活动更好地开展，在活动前期需要组长带领本组同学讨论并制定出任务活动计划并确定实施步骤，做好人员分工，使调查工作能够顺利进行下去。因此要提前做好各项准备工作，有目的、有计划地开展服务社区的劳动，并将此作为任务评价要素。

九年级（下）实践任务活动

合理应用酸碱度　提升生活品质

教材出处 ｜ 人教版九年级《化学》下册第十单元课题2《酸和碱的中和反应》第2课时《溶液酸碱度的表示法——pH》

学科融合

　　酸碱性对生命活动和农作物生长有着重要影响。通过为家庭提出生活中合理应用酸碱度的建议，培养学生关心家人、关注家人生活质量的责任感。让学生在为家人与他人科普 pH 的服务性劳动中，将所学化学知识应用于提高家庭生活质量的实践中，并从中积累日常家庭生活劳动的知识与技能。

劳动防护

　　1. 注意自身防护和安全，戴好手套和口罩，穿好防护服。
　　2. 遵守操作规范，避免将溶液等化学物品弄到身体上。

任务描述与实践

　　生活中有许多物质（图 2-5-4）具有酸性或碱性，合理应用酸碱度有助于改善家庭生活质量，提升家人的生活品质。调查人们常喝的饮用水以及绿植生长适宜土壤（图 2-5-5）的酸碱度范围，让学生应用化学知识并查阅资料，基于查阅的资料和测定的 pH，提出合理选择饮用水泡茶、使用洗浴用品以及调节土壤酸碱性等方面的建议，在指导家人及他人正确使用的服务性劳动中，将化学学科知识与日常家庭生活有机结合，培养学生正确的劳动价值观和良好的劳动品质。

图 2-5-4　生活中具有酸碱性的物质

（a）

（b）

图 2-5-5　家庭饮用水和绿植土壤改善的效果

任务目标

1. 通过查阅资料，知道不同生活情境所需的酸碱度不同。

2. 学会测定 pH，在劳动中学会应用化学知识。

3. 提出合理应用酸碱度的建议，体验向家人及他人科普酸碱度的服务性劳动，领悟劳动的意义与价值，培养良好的劳动品质。

任务导引

第一步	第二步	第三步	第四步
调查适宜泡茶用水和家庭绿植生长适宜土壤的酸碱度范围	测定饮用水、洗浴用品和绿植生长土壤的 pH	提出合理应用酸碱度的建议	向家人科普酸碱度的相关知识，分享合理应用酸碱度的建议

任务口诀

生活常用酸碱度，科学测定提建议。

pH 范围和标准，查阅资料来划分。

酸碱度的大小值，各种方法来测定。

合理应用酸碱度，提升质量和品质。

任务测评

1. 调查资料全面，符合要求和范围。

2. 测定的数据准确，方法可靠。

3. 提出合理应用酸碱度的建议。

4. 讲解时语言流畅，表达准确，逻辑清晰。

劳动素养评价

序号	评价指标	评价结果（优、良、中、有待提高）		
		自评	互评	师评
1	熟悉劳动安全保护知识			
2	合理使用劳动工具手段			
3	利用知识、技能服务他人的意识			
4	乐于助人和分享收获			
5	家人及他人生活质量得到改善			
学生以描述性评语表达心得体会				

任务拓展

在日常家庭生活中让学生观察家人常用茶叶的品种，针对不同茶叶指导家人选择适宜泡茶用水的酸碱度，分类整理，将自己的劳动过程及成果用文字记录下来，与家人分享。

任务反思

学生在日常家庭生活劳动中学习酸碱度，应用酸碱度的知识，总结出家庭中一些常用生活用品的酸碱度，教师要抓住适当时机，组织学生在班内分享，提高学生应用化学知识的意识及关心家人、关注家人生活质量的责任感。

第六节　初中生物　生命智慧　点亮生活劳动

七年级实践任务活动

乳酸菌发酵　家庭泡菜做起来

教材出处 ｜ 北京版《生物学》七年级上册《我们身边的其他生物》

学科融合

　　我们的身边存在许多微生物，人们可以利用微生物发酵技术，通过一定的操作过程生产相应的产品。如利用乳酸菌制作泡菜、酸奶，利用酵母菌制作发面馒头等。通过参与日常家庭生活劳动，让学生在泡菜制作中掌握微生物发酵的原理和过程，能够将传统的发酵技术应用在日常生活中，并与家人一起品尝亲自参与制作的泡菜，在实践过程中体会劳动创造美好生活，养成热爱劳动、热爱生活的态度。

劳动防护

　　1. 用刀具切蔬菜应小心谨慎，切勿伤到手指。
　　2. 品尝的泡菜安全可食用，不能食用变质泡菜。

任务描述与实践

　　日常生活中人们喜欢喝酒、喝酸奶、吃泡菜，爱吃松软的馒头，做菜时离不开酱油、醋、豆腐乳、酱等，以上这些都离不开传统的生物发酵技术。人们通常把利用微生物的分解作用积累特定产物的过程称为发酵。我们食用的泡菜就是利用乳酸菌发酵的原理制成的。乳酸菌在无氧的条件下，可以分解有机物产生乳酸，因此能形成泡菜酸爽的口感。学生在家中就可以利用简单的工具制作美味可口的泡菜。在制作过程中，泡菜工具需要高温消毒，以防杂菌污染，发酵过程中需要密封，给予乳酸菌无氧的环境。学生在参与家庭劳动过程中，就可以掌握发酵的原理和知识，体验劳动带来的快乐收获。

　　准备好泡菜制作材料和用具，萝卜、圆白菜、豇豆等新鲜蔬菜，盐、白酒、凉开水、刀具、高温处理的泡菜坛（图 2-6-1）。高温处理制作工具的目的是防止杂菌污染。

（a）

（b）

图 2-6-1　准备制作材料和用具

　　学习制作泡菜，深入思考乳酸菌的发酵原理和过程（图 2-6-2）。①把凉开水倒入泡菜坛中约一半处，放少许食用盐，搅拌均匀。②将泡菜坛中加入白酒、朝天椒、花椒和切好的各种蔬菜。注意要使蔬菜完全浸入水中。我们日常食用的蔬菜的表面就生活着乳酸菌，蔬菜放入的同时就接入了菌种。③盖上泡菜坛，并在泡菜坛外盖边上的槽内倒入少许水密封泡菜坛。加水密封，给予乳酸菌无氧的环境，有利于分解有机物产生乳酸。④将泡菜坛放在温暖的地方，一周左右打开盖子就能闻到一股香味。乳酸菌在温暖的条件下大量繁殖，产生很多乳酸，形成泡菜酸爽的口感；且发酵时间越长，乳酸含量越高，泡菜尝起来就越酸，因此掌握发酵的时间很重要。

（a）

（b）

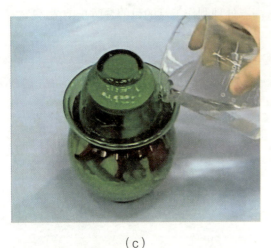

（c）　　　　　　　　　　　　　（d）

图 2-6-2　泡菜制作的过程

　　泡菜坛子里面的汤不能接触油、生水，也不能长时间接触空气，每次取泡菜必须用干净的筷子。坛子里面可以放入萝卜、白菜、豇豆、芹菜等蔬菜，蔬菜最好切好后放入，放入前必须晾干水分。泡菜汤比较浑浊时应该清洗一遍，先将泡菜取出，再将汤倒出过滤，洗净坛子后再倒入过滤的汤，继续泡菜。

任务目标

　　1. 认识和了解我们身边的微生物，在泡菜制作过程中理解乳酸菌发酵原理。

　　2. 利用简单的工具和材料制作泡菜，能够按照规范的操作流程制作安全、可口、美味的泡菜，养成科学探究能力。

　　3. 认识我国历史悠久的发酵文化，在日常家庭生活劳动中传承发酵文化。

任务导引

第一步	第二步	第三步
清洗器具，准备新鲜蔬菜	在泡菜坛中加入水、蔬菜和配料	用少许水密封泡菜坛

	第五步	第四步
	品尝劳动成果，并用盐调整口感	将泡菜坛放在温暖的地方，充分发酵

任务口诀

发酵工具需洁净，原料甄选要精细。

高温消毒除杂菌，温暖环境促发酵。

发酵时间要适宜，密封无氧需谨记。

自制泡菜真酸爽，人人品尝都欢喜。

任务测评

1. 从选菜、清洗容器到腌制全过程独立完成。

2. 能够解释蔬菜变酸的原理。

3. 能够有效地控制杂菌生长。

4. 泡菜可口、酸爽、安全、无污染。

劳动素养评价

序号	评价指标	评价结果（优、良、中、有待提高）		
		自评	互评	师评
1	掌握操作的基本原理、程序、规则			
2	正确使用工具的方法和技术			
3	利用知识、技能服务他人的劳动意识			
4	分享制作经验与劳动成果			
学生以描述性评语表达心得体会				

任务拓展

1. 搜集并整理传统发酵食品的资料，了解传统发酵食品有哪些。

2. 在超市购买干酵母菌，尝试自制发面馒头。

3. 利用家中简单工具，尝试自制葡萄酒或酸奶。

任务反思

1. 在制作泡菜过程中要重点把握哪些制作环节能保证泡菜味道好，不污染。

2. 制作泡菜过程中分析乳酸菌的代谢过程，伴随着乳酸菌相关知识的丰富，我们的制作过程越来越合理，产品越来越丰富。

3. 品尝泡菜时，家人的口味是有差异的，需要调整口味，可以将泡菜二次加工丰富口味。这一过程可以让我们体验到品尝过程是检验过程，更是新想法和创意产生的过程。

八年级实践任务活动

用药需安全　打理家庭小药箱

教材出处 ｜ 北京版《生物学》八年级上册第十五章第四节《安全用药与急救》

学科融合

　　安全用药是指人在患病的情况下，能够根据病情恰当地选择药物的品种、剂量，并按要求服用，从而达到最好的治疗效果，最大限度地避免药物的不良反应或副作用。通过打理家庭小药箱，使学生认识配备家庭药箱的重要性以及掌握家庭药箱的配置方法和注意事项，在日常家庭劳动的实践过程中学会整理药箱及养成良好的用药习惯，掌握分类整理的科学方法，养成自觉自愿、认真负责、安全规范、坚持不懈地参与日常生活劳动的意识。

劳动防护

　　1. 不要打碎用玻璃瓶装的药品。如若打碎，小心玻璃扎伤手指。

　　2. 拿稳水银温度计，切勿打碎。如若打碎，立即开窗通风并及时清理。

任务描述与实践

　　日常生活中许多家庭都会在家里备一个小药箱，储备一些常用的药品，但是急着使用的时候才发现有些药品已经过期或者用完了，之所以出现这样的问题是因为不会整理小药箱。比如家庭药箱应配备哪些药品，家庭药箱里不同的药品如何分类管理，各类家用药品应当如何储存，等等。学生学习了安全用药的知识，通过打理家庭药箱的家庭劳动，学习配置家庭药箱的方法，初步积累用药经验，掌握科学用药和分类整理的方法，使家庭劳动日常化，培养关爱家人、关注自身健康的意识。

　　初步整理自己家庭药箱药品的种类和数量，找出药箱存在的问题（图 2-6-3），如药品繁多、没有分类，缺少药品，有过期、变质药品。

图 2-6-3　药品分类整理

确定家庭成员可能出现的常见疾病和外伤，查看药品说明书，根据药品的功效选出恰当的常用药品并分类，适量增减，形成自家常用药品功能分类表（表 2-6-1）。

表 2-6-1　常用药品功能分类表

分类	退烧止痛	消炎	抗过敏	蚊虫叮咬	腹泻	便秘	伤口杀菌	医疗器械
药品 1	白加黑	阿莫西林	盐酸氯雷他定	花露水	盐酸小檗碱	开塞露	碘伏	电子血压仪
药品 2	芬必得	头孢菌素	地塞米松	清凉油	蒙脱石散	麻仁润肠丸	红霉素软膏	血糖仪
……								

调查家庭成员的健康状况，确定家庭某些成员的特殊需求，选出恰当、特定的药品，如家里有老人、冠心病人应常备硝酸甘油、阿司匹林等药品；糖尿病人应常备盐酸二甲双胍片等药品；家里有小孩应常备对乙酰氨基酚、美林布洛芬等小儿退烧药（表2-6-2）。

表 2-6-2　特殊需求选药表

家庭成员	健康状况	服用的药物名称	备注
1. 爷爷	冠心病	硝酸甘油	
2. 奶奶	糖尿病	盐酸二甲双胍片	
……			

说明：健康状况可以填写家庭成员平时的常见病、多发病等疾病；服用的药品包括经常服用的以及可以服用的药品。

阅读药品说明书，确定所选出药品的正确存放条件，列表整理（表2-6-3）。

表2-6-3 药品存放条件表

药品	避光保存	低温保存	密闭保存	干燥通风
胰岛素		√		
硝酸甘油	√			
……				

图2-6-4 药品箱

清除过期药品，药品分类摆放，定期整理（图2-6-4）。

提示：

1. 家庭小药箱配备的药品应具有针对性、实用性和急救性。

2. 配备常用的药品及医用物品。如内服药：防治感冒、发烧、腹泻的药物，止痛药、抗菌药、抗过敏药等。医用物品：创可贴、胶布、脱脂药棉、体温计等。

3. 家庭成员特殊护理所用的特殊药物。

4. 注意事项：存量要适量，不可过多；过期药品及时更换。

任务目标

1. 整理家庭药箱，能对药品进行甄别和分类。

2. 通过分析家庭成员的健康状况，配置个性化的家庭小药箱，掌握科学分类的方法。

3. 养成定期整理药箱及良好用药习惯，在参与家庭劳动的过程中，培养关爱家人、关注自身健康的意识。

任务导引

第一步	第二步	第三步
整理药箱，发现问题	常见疾病选药	特殊需求选药

第五步	第四步
分类摆放，定期整理	阅读说明书正确存放

任务口诀

家庭药箱勤整理，急需用药能救急。

选药得当有方法，列表配置需清晰。

药物种类需恰当，分类摆放显条理。

存放位置有讲究，定期整理贵坚持。

任务测评

1. 家庭药箱中药品分类码放，恰当标注说明。

2. 关注药品试用范围和保质期，养成持续整理的习惯。

3. 向家庭成员说明家庭药箱的药物品种、存放规律及现存的数量。

4. 根据家庭成员建议及需要，及时补充药品等。

劳动素养评价

序号	评价指标	评价结果（优、良、中、有待提高）		
		自评	互评	师评
1	掌握科学用药和分类整理的方法			
2	自觉自愿、认真负责的劳动态度			
3	注重运用所学知识解决实际问题			
4	定期打理家庭药箱的劳动习惯			
学生以描述性评语表达心得体会				

任务拓展

抗生素属于处方药，且品种很多，需针对不同的炎症用药。每个家庭中常备不同品种的抗生素，如青霉素类、头孢类、红霉素类、克拉霉素，等等。这些抗生素不能轻易服用，甚至滥用，容易使人体内的细菌产生抗药性。请你搜集和整理资料，了解关于抗生素的种类、用法用量、副作用及用药禁忌等内容，写成小论文。

任务反思

学生虽然充分认识了药品分类对打理家庭药箱的重要意义，但要让他们能够坚持下去及时清理过期药品，却是比较难做到的事情。因而，通过家校沟通，及时督促学生，才能使他们养成良好的劳动习惯，并能够自觉自愿、认真负责、安全规范、坚持不懈地参与日常生活劳动。

第七节　初中信息技术　智能科技　创新时代劳动

七年级实践任务活动

硬件巧区分　小小电脑清洁师

教材出处 ｜ 北京出版社七年级《信息技术》第四册第一章第二节《信息处理的主要工具》

学科融合

　　为了保护硬件设备，保持设备的美观和整洁，避免线路积灰而影响设备的正常使用，学校中的计算机都有老师专门定期清洁，学生从没有参与过计算机的清洁工作。

　　学生通过信息技术课程的学习，了解了计算机的发展历史、计算机组成的相关理论知识，认识了主要的硬件设备，区分接口和连接线，能够建立安全使用计算机系统的意识。通过参与计算机教室电脑的清洁工作，亲身实践计算机的拆卸和组装，让学生更直观地认识计算机各部分硬件的组成，掌握计算机的知识，还能养成勤于劳动、善于管理计算机和保护设备的好习惯，让计算机的使用更流畅，从中体验劳动的价值，感受劳动成果带来的成就感。

劳动防护

　　1.拆卸计算机前务必切断电源，线路接口处要保持干燥。
　　2.用手触摸暖气片消除静电，拆装过程中轻取轻放。

任务描述与实践

　　学生通过熟悉常见计算机（一体机）的基本组成（图2-7-1），能够区分计算机硬件连接线（图2-7-2）、计算机硬件接口（图2-7-3），能够将一体机进行拆卸和组装。学生在教师指导下，自主学习熟悉清洁步骤，分小组制定清洁流程。首先，认识清洁工具（图2-7-4），保持手部干燥，断开外部设备和连接线，将各部件摆放整齐。其次，小组分工进行屏幕清洁（图2-7-5）、机身清洁（图2-7-6）、死角清洁（2-7-7）、线路清洁等。最后，将计算机组装完整，摆放整齐，检查是否清洁到位，接通电源进行测试。学生通过体验计算机的拆卸、组装全过程巩固课上所学理论知识，了解定期清洁计算机所带来的益处，体验收获劳动成果的成就感，更加热爱劳动，树立正确的劳动观，养成良好的劳动习惯。

（a）　　　　　　　（b）　　　　　　　（c）

图 2-7-1　计算机硬件的基本组成

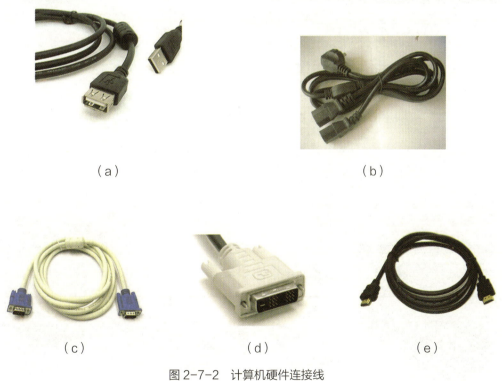

（a）　　　　　　　　　　　（b）

（c）　　　　　　　（d）　　　　　　　（e）

图 2-7-2　计算机硬件连接线

图 2-7-3　计算机硬件接口

（a）

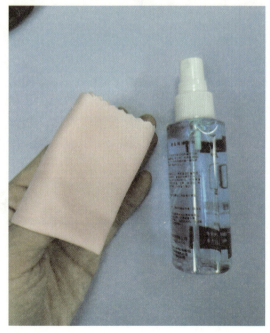

（b）

图 2-7-4　清洁工具

图 2-7-5　屏幕清洁

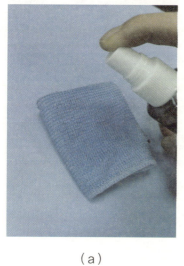

（a）　　　　　　　　　　　　　（b）

图 2-7-6　机身清洁

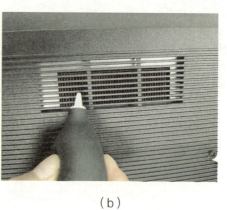

（a）　　　　　　　　　　　　　（b）

图 2-7-7　死角清洁

任务目标

1. 认识计算机的组成，掌握计算机清洁知识。

2. 科学制定清洁流程，提高劳动效率。

3. 建立保护计算机的意识，树立正确的劳动观，养成良好的劳动习惯，自觉自愿地参与劳动。

任务导引

第一步	第二步	第三步	第四步
确保手部干燥，切断电源	断开所有连接硬件	使用专业清洁剂擦拭屏幕	使用软刷和气吹清洁死角

第七步	第六步	第五步
接通电源并测试正常	待硬件、线路干燥后组装复位	用无纺布清洁机身和连接线

任务口诀

小小年龄本事大，电子设备全拿下。
切断电源是第一，硬件区分眼不花。
屏幕清洁要专用，键盘死角靠轻刷。
了解线路速组装，信息技术服务它。

任务测评

1. 拆卸硬件过程中轻拿轻放，不损坏设备。

2. 计算机设备整洁干净，摆放整齐。

3. 接通电源后计算机能够正常开机。

4. 各输入、输出设备能够正常操作。

劳动素养评价

序号	评价指标	评价结果（优、良、中、有待提高）		
		自评	互评	师评
1	自觉自愿参加劳动的态度			
2	积极肯干，主动承担劳动任务			
3	注重运用所学知识解决实际问题			
4	勤于劳动、善于管理设备的好习惯			
5	小组分工合作，劳动效率高			
学生以描述性评语表达心得体会				

任务拓展

1.基础拓展：在家长的指导下，完成家庭电脑的清洁工作，能够尝试连接其他外部设备，如打印机、音响等，能够提前安装好必备应用软件。

2.拓展提高：学习微课"主机拆卸"拓展任务（图2-7-8），利用周末时间，在家长的指导下完成主机内部的清洁。

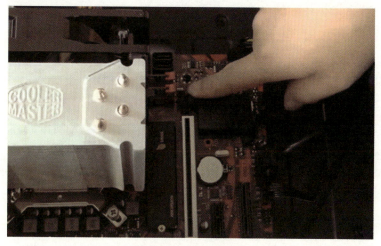

图2-7-8　主机拆卸

任务反思

学生能够通过参与学校清洁电脑的服务性劳动，体验电脑的拆卸、组装过程，感受劳动创造的价值，加深在劳动中获得幸福的理解和感受。由于学生很少参与此类劳动，动手能力比较弱，教师要有耐心，要注意培养学生自觉自愿、认真负责、安全规范、坚持不懈地参与学校电脑清洁劳动，形成良好的劳动习惯和吃苦耐劳的品质。

八年级实践任务活动

图像妙处理　海报宣传设计师

教材出处 ｜ 北京出版社八年级《信息技术》第五册第五章第六节《图像的综合处理》

学科融合

　　信息技术课程非常注重学生的实践操作能力。本节课为图像处理的最后一节课，学生学习了绘制简单图像、应用图层、调整图像色彩、简单合成图像、自由变换应用和滤镜的简单使用等知识，通过担任海报设计师，为学校运动会设计一款宣传海报，让学生在服务学校师生的劳动中，应用图像综合处理知识，在小组合作中分别承担策划、设计和宣传工作，进行初步的职业体验，形成初步的职业生涯规划意识。

劳动防护

　　1. 正确使用刀具对海报进行裁剪。

　　2. 小组合作张贴海报，谨防掉落，注意安全。

任务描述与实践

　　学生以图像处理技术为基础，以小组合作为形式，以技术融合劳动为理念，亲历真实的海报设计过程：确定主题（图 2-7-9）、搜集素材（图 2-7-10）、添加文字（图 2-7-11）、绘制图案（图 2-7-12）、成果展示（图 2-7-13），完成从前期的方案策划、设计制作到后期成果宣传全流程。学生通过自主设计电子海报，以线上线下结合的方式进行宣传，运用所学知识解决实际问题，创新劳动思维，从中感受劳动的艰辛和收获的快乐，初步形成职业生涯规划意识。

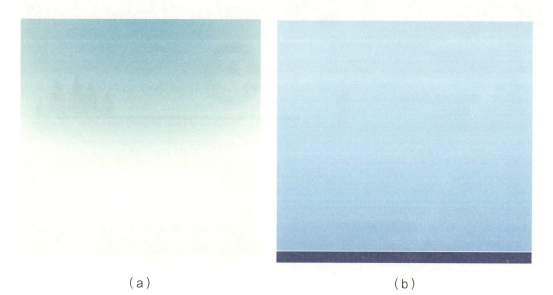

（a） （b）

图 2-7-9 确定主题

（a） （b）

图 2-7-10 搜集素材

（a） （b）

图 2-7-11 添加文字

（a） （b）

图 2-7-12 绘制图案

（a） （b）

图 2-7-13 成果展示

任务目标

1. 设计有创意的运动会海报，完成后期宣传工作。

2. 运用图像处理知识解决前期设计问题，通过小组合作、策划和动手操作，提高劳动技能。

3. 为运动会起到良好的宣传效果，领悟劳动的意义价值，激发劳动创新意识。

任务导引

第一步	第二步	第三步
确定主题，制作背景	搜集素材，抠图使用	添加文字，烘托主题

第六步	第五步	第四步
线上线下，宣传到位	综合处理，展示评价	绘制图案，丰富内容

任务口诀

学校劳动处处见，运动会前有挑战。

海报设计不简单，素材搜集要全面。

主题制定须明确，文字配备绘图案。

分工合作创意新，线上线下来宣传。

任务测评

1. 海报尺寸得当，主题鲜明。

2. 素材全面，内容新颖。

3. 图文并茂，设计精美。

4. 多种形式展示海报，具有良好的创意，宣传效果好。

劳动素养评价

序号	评价指标	评价结果 （优、良、中、有待提高）		
		自评	互评	师评
1	小组分工合作，劳动效率高			
2	积极参与，主动承担劳动任务			
3	运用所学知识解决实际问题			
4	海报等劳动成果体现创新思维			
5	具有初步的职业规划意识			
学生以描述性评语表达心得体会				

任务拓展

1. 基础任务：制作春节祝福海报，送给家人。

2. 提高任务：制作"节日祝福模板"海报，上传到"中国素材网"，能够作为原创作品供网友们参考。

任务反思

在活动中能够让学生进行初步的职业体验，锻炼学生劳动能力，注重学生创造性劳动思维的培养，但任务对于学生来说具有一定难度，学生需要在课前进行充分的准备工作。

七年级实践任务活动

美好集体　垃圾分类我参与

教材出处 | 部编版《道德与法治》七年级下册第三单元第八课《美好集体有我在》

学科融合

　　集体是学生共同学习、共同生活的家园，美好的班集体能够引领学生成长。在集体中承担责任，既是个人有所成就的基础，也是集体发展的必要前提。通过参加校园垃圾分类这一公益服务性劳动，主动维护校园环境卫生等，让学生亲历劳动过程，树立正确的劳动观念，为美好校园的建设贡献一份力量！

劳动防护

　　1. 参加校园垃圾分类劳动时，要戴好手套，正确使用劳动工具。
　　2. 在进行垃圾分类宣传活动时，要关注自身安全，做好卫生防护。

任务描述与实践

　　组织学生积极参加校园垃圾分类这一集体活动，增强学生为集体服务的意识和担当精神，认同垃圾分类对于保护环境和节约资源具有重要意义。垃圾不分类（图 2-8-1）会带来很多危害，会影响环境，而且会导致大量再生资源得不到有效再利用；将垃圾按照可回收物、有害垃圾、厨余垃圾、其他垃圾分类（图 2-8-2），是垃圾回收处理的科学有效方法之一，能实现资源的有效利用和环境保护。让学生积极参加校园垃圾分类公益服务性劳动，制定垃圾分类宣传活动方案，并在校园中进行宣传（图 2-8-3），培养学生创新意识和合作能力，为美好校园的建设贡献一份力量。

图 2-8-1 垃圾不分类

图 2-8-2 垃圾分类

（a）

（b）

图 2-8-3 校园垃圾分类宣传与指导

任务目标

1.通过参与校园垃圾分类宣传活动，学生能清晰认知垃圾分类相关知识，认同垃圾分类对于保护环境和节约资源的重要意义，并在校园中积极践行垃圾分类，从而提升对美好集体的理解，培养积极承担集体事务的意识和能力。

2.通过制定垃圾分类宣传活动方案，培养创新意识和合作能力。

3.在参与社会实践活动中，体会劳动创造美好生活，培养勤俭、奋斗、创新、奉献的劳动精神，增强公共服务意识和担当精神。

任务导引

第一步	第二步	第三步
观察总结，描述现状	发现问题，提出方案	制订计划，讨论规则

第五步	第四步
总结反思，完善计划	参加劳动，公益宣传

校园公益我参与，垃圾分类来体验。

科学分类废变宝，再生资源可利用。

发现问题思对策，先做方案后宣传。

美好集体成就我，我为集体做贡献。

任务测评

1. 对校园垃圾分类情况观察细致、全面，能从中发现问题。

2. 垃圾分类活动方案可操作，有现实意义。

3. 积极参加垃圾分类及其宣传与指导活动。

4. 根据实际问题积极完善垃圾分类方案。

劳动素养评价

序号	评价指标	评价结果（优、良、中、有待提高）		
		自评	互评	师评
1	自觉自愿参加校园垃圾分类活动			
2	清晰认知垃圾分类相关知识			
3	积极承担集体事务的意识和能力			
4	公共服务意识和担当精神			
5	小组合作，劳动效率高			
学生以描述性评语表达心得体会				

任务拓展

1. 利用周末时间，定期走进社区参加垃圾分类劳动，并积极开展宣传活动。

2. 与同学合作，分组记录校园垃圾分类情况变化，积极推动校园垃圾分类，落实垃圾分类方案。

任务反思

学生参加校园垃圾分类劳动，能亲身经历劳动过程，学会在集体生活中分担责任，积极为集体贡献自己的智慧和力量。教师在组织学生参加垃圾分类劳动前，一定要提前做好劳动动员和相应的准备，让学生做好个人防护，注意个人卫生和安全，使劳动实践能顺利进行，避免无准备地让学生参加劳动实践活动。

八年级实践任务活动

奉献社会　走进社会福利院

教材出处｜ 部编版《道德与法治》八年级上册第三单元第七课《积极奉献社会》

学科融合

　　服务和奉献社会，不是远离现实的高谈阔论，而是平凡生活中的实际行动。服务和奉献社会体现人生价值，能够促进学生的全面发展。通过"奉献社会　走进社会福利院"这一活动，学生能够在真实的社会服务性劳动中，亲历实际的劳动过程，在公益劳动、志愿服务中强化社会责任感，感受劳动的艰辛和收获的快乐，增强获得感、成就感、荣誉感。

劳动防护

1. 在社会福利院志愿服务时，关注自身安全，做好卫生防护。
2. 在参加福利院劳动时，要戴好手套，正确使用劳动工具。

任务描述与实践

　　学生发展的核心素养是指学生应具备的能够适应终身发展和社会发展需要的必备品格和关键能力，包括文化基础、自主发展、社会参与三个方面六大素养（图2-8-4）。积极奉献社会、参与志愿服务（图2-8-5）是初中学生应该具备的意识和能力，也是中国公民应有的基本素养。通过参与"奉献社会　走进社会福利院"的活动（图2-8-6），学生能够在服务性劳动中利用知识、技能等为福利院的老人服务，关心关爱他们，为他们解忧愁，送温暖，在志愿服务中实践服务技能，强化社会责任感。

图 2-8-4　中国学生发展的核心素养

图 2-8-5　志愿者行动

（a）

（b）

图2-8-6　学生关爱老人，为老人服务

任务目标

1.清晰认知积极走进社会、服务和奉献社会的重要意义，并具有志愿服务的精神和意识。

2.积极主动承担劳动任务，能够利用自己的知识、技能为他人提供服务，帮助他人。

3.在公益劳动、志愿服务中强化社会责任感，感受劳动的艰辛和收获的快乐，增强获得感、成就感、荣誉感。

任务导引

第一步	第二步	第三步
初识福利院	活动齐策划	卫生齐动手

第六步	第五步	第四步
分享与交流	技能解忧愁	关爱暖人心

任务口诀

公益活动我参与，奉献社会意识强。

清晰认知福利院，活动策划我在行。

卫生环境齐动手，关爱服务暖心肠。

知识技能解忧愁，收获颇多促成长。

任务测评

1. 参加志愿者服务，了解奉献社会的重要意义。

2. 为志愿服务建言献策，积极主动提供建设性意见。

3. 活动方案合理可行，具有操作性。

4. 积极做好志愿服务各种准备并主动参加活动。

5. 及时反思改进志愿服务。

劳动素养评价

序号	评价指标	评价结果 （优、良、中、有待提高）		
		自评	互评	师评
1	自觉自愿参加志愿者服务			
2	积极参加福利院环境卫生清洁劳动			
3	利用所学知识为福利院带来欢乐和温暖			
4	小组合作意识强，服务热情			
学生以描述性评语表达心得体会				

任务拓展

近年来，帮助贫困山区孩子上学，组织山区孩子参观科技馆、博物馆，募集闲置衣物给有需要的人，给社区贫困老人和生活困难户送米面油、送温暖等微公益活动，吸引越来越多的人参与，汇聚起推动社会文明进步的强大力量。请以"微公益、正能量"为主题，设计一份微公益活动策划方案，包括活动背景、活动目的、活动要求、活动内容、活动过程等。

任务反思

"奉献社会　走进社会福利院"这一活动，能够让学生真实体验服务性劳动的过程，使学生受到教育。活动需要学校提前与福利院等机构进行联系和沟通，教师要组织学生提前做好各种准备，才能使学生在参与公益劳动、志愿服务中发挥自己的特长和知识技能，为他人带来欢乐和温暖。活动后要及时让学生总结志愿服务中的收获与感悟，增强学生的获得感、成就感、荣誉感，使志愿服务活动能够长久坚持下去。

九年级实践任务活动

多彩职业　职业规划我先行

教材出处 | 部编版《道法与法治》九年级下册第三单元第六课第二框《多彩的职业》

学科融合

　　人的一生中，大部分时间要从事一定的职业，这是社会分工的要求，也是个人为社会做贡献、实现人生价值的基本途径。通过指导学生开展职业规划活动，在帮助他们准确分析自己的兴趣爱好和国家社会发展需要的基础上，让学生进行初步的个人职业规划，清晰认知职业体验的意义，了解个人发展路径，为未来职业发展打下基础。让学生充分利用学校的岗位进行职业体验，参与真实的生产劳动和服务性劳动，增强职业认同感和劳动自豪感，培育爱岗敬业的劳动态度，体认劳动不分贵贱，任何职业都很光荣，都能出彩。

劳动防护

　　1. 在进行职业体验时，关注自身安全，做好卫生防护。
　　2. 参与相关劳动时，要提前准备好劳动工具和防护用品。

任务描述与实践

　　随着社会大分工（图2-8-7）的不断推进，不同行业逐渐出现，职业越来越细化。职业选择越来越丰富，发展空间越来越广阔，给我们带来了更多的就业机会和挑战，出现了不同的就业观（图2-8-8）。我们应该如何更好地选择职业、做好职业准备？指导学生开展职业规划活动，让学生充分利用学校的岗位进行职业体验，如学校图书管理员、保洁员、炊事员、园丁等，在参与校园图书阅读指导、卫生保洁、垃圾分类处理、绿化美化等力所能及的公益劳动中，增强公共服务意识，初步体验种植、食品制作等简单的生产劳动，学会与他人合作劳动，懂得生活用品、食品来之不易，珍惜劳动成果。职业体验能让学生学习相关技术，形成初步的生涯规划意识，通过职业规划帮助学生更清晰地认知自我及社会发展的需要，能够在准确分析自己的兴趣爱好、个性特长与国家和社会发展需要的基础上，进行初步的职业规划，理解职业规划的重要意义，培养学生职业选择和职业规划的意愿和能力（图2-8-9）。

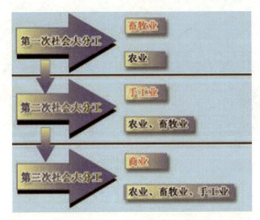

图 2-8-7 三次社会大分工

图 2-8-8 不同的就业观

（a）　　　　　　　　　　　　　　　（b）

（c）

图 2-8-9　社会分工与职业选择

任务目标

1.知道不同劳动和职业具有独特的价值，理解爱岗敬业的重要性。能清晰认知职业体验、职业规划的重要意义，并具有职业选择和职业规划的意愿和能力。

2.在准确分析自己的兴趣爱好、个性特长与国家和社会发展需要的基础上，进行初步的职业规划。

3.通过初步的职业体验，学习相关技术，形成初步的生涯规划意识，体会平凡劳动中的伟大。

任务导引

第一步	第二步	第三步
观察了解不同职业	自我特点分析判断	个人职业规划设计

第六步	第五步	第四步
再次完善规划选择	反思个人职业规划	参与校园职业体验

任务口诀

社会时代在发展，丰富职业可挑选。

职业选择多分析，认识自我很重要。

个人规划详设计，职业体验乐趣多。

反思规划再完善，未来职业攒经验。

任务测评

1. 能够对自己的未来职业生涯做出简单的规划。

2. 准确分析自己的兴趣爱好和个性特长。

3. 积极投入职业体验，主动完成相关劳动任务。

4. 对所体验的职业有清晰的认识和反思。

5. 能够及时完善职业规划。

劳动素养评价

序号	评价指标	评价结果 （优、良、中、有待提高）		
		自评	互评	师评
1	对职业了解清晰全面			
2	自我认识合理客观			
3	职业规划合理可行			
4	积极参加校园职业体验劳动			
5	动手实践、出力流汗，接受锻炼、磨炼意志的劳动品质			
学生以描述性评语表达心得体会				

任务拓展

走进社会课堂，参与职业体验。让学生利用假期时间，跟随家人走进工作单位，进行职业体验。要求：

1. 职业体验前，要通过上网查阅资料、采访家人等方式，了解相关职业。

2. 职业体验后，要及时进行总结和反思，包括对职业的认识、收获和感受等。

任务反思

开展职业规划和体验活动，教师要指导学生在准确分析自己的兴趣爱好、个性特长与国家和社会发展需要的基础上，进行初步的职业规划，并且要与学校进行沟通，为学生校园职业体验提供支持和帮助。同时也要让学生征求家长的意见，尊重家长，有利于帮助学生明晰个人发展路径，为未来职业选择打下基础。

第九节　初中历史　源远流长　创造千秋劳动

七年级实践任务活动

历史台历　感悟悠久劳动历史

教材出处 ｜ 人教版《中国历史》七年级上册第一单元第 2 课《原始农耕生活》

学科融合

在《原始农耕生活》一课中，通过介绍考古发现和文物，学生了解了中国农耕文明的悠久历史和先民的劳动状况。在学习了原始农耕生活的内容后，动手制作历史文创产品，为家人朋友制作历史台历，将中国农耕文明及劳动人民农耕劳动的悠久历史与台历制作结合起来，使学生在创造性劳动实践中，运用历史知识，掌握科学创作和制作历史文创作品的原则和方法。

劳动防护

1. 注意裁剪、打孔工具的使用安全。
2. 裁剪、打孔时要做好安全防护，佩戴必要护具。

任务描述与实践

台历是同学们生活学习中常常用到的小工具，美观实用的台历不仅能查看时间，还能传播知识、装饰环境，尤其是历史台历作为一种历史文创产品，不仅能够便利生活、美化环境，还能让人增长知识、感悟历史文化（图 2-9-1）。学生通过运用《原始农耕生活》一课中所学的与劳动相关的文物知识，自己动手设计制作历史台历，感受中华农耕文明的悠久历史，并在实践中进行设计前的信息收集整理、设计中的创意与美化、设计后的使用等环节的合理规划，在劳动任务的驱动下将历史文物知识转化为美化和便利生活的历史文创产品，提高劳动创造能力，并在活动中体验与感悟中华民族悠久的劳动文化。

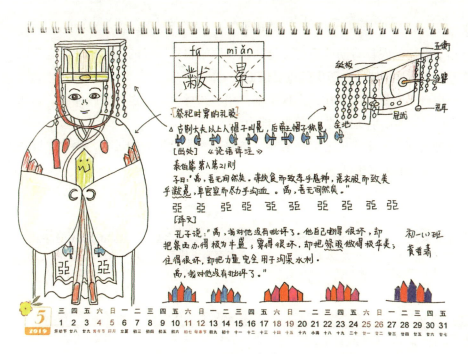

（a）

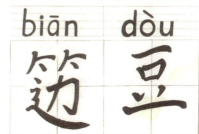

（b）

图 2-9-1　学生制作的优秀历史台历文创作品

任务目标

1. 了解和掌握原始农耕时期的历史文物知识及原始农耕居民的生活和原始农业的产生，知道考古文物是了解社会历史的重要依据。

2. 通过历史台历的设计和制作，实现手脑并用、知行合一，强化实践体验，亲历创造性劳动过程，培养动手实践的劳动创造能力。

3. 培养合理规划、分步实施的劳动素养，体验劳动改变生活的过程，美化家庭生活环境，体悟劳动创造美好生活。

任务导引

第一步	第二步	第三步	第四步
收集文物资料，知底细	分类整理，更有序	准备空白卡片与工具	粘贴文物图片要对应

第八步	第七步	第六步	第五步
展示交流，我能行	制作支架，组装台历	卡片排序，打孔穿绳	撰写介绍语要简洁

任务口诀

查找资料知底细，分类整理更有序。

备好材料和工具，对应月份与农具。

打孔穿绳做支架，文物介绍知历史。

知行合一来创造，便利生活与学习。

任务测评

1. 根据历史台历的主题，收集相关的历史资料。

2. 能够将收集的历史资料进行分类利用。

3. 制作所需工具材料准备齐全。

4. 结合主题设计台历页面。

5. 依据史实为文物撰写介绍。

6. 合理运用工具组装完成台历。

劳动素养评价

序号	评价指标	评价结果 （优、良、中、有待提高）		
		自评	互评	师评
1	台历主题与内容的设计能力			
2	台历制作中的美观实用意识			
3	台历所展现的历史学科特点			
4	历史文创作品等劳动成果具有创新性			
学生以描述性评语表达心得体会				

任务拓展

1. 我们还能将哪些历史知识融入日常生活中？把它们有机结合起来制作成美观实用的历史文创作品。

2. 在制作完成历史文创作品之后，将作品送给为自己辛勤付出的家人、老师或帮助过自己的同学、朋友，并采访他们使用自己制作的文创作品的感受，以及有何改进的建议，并对自己的文创作品做出评价。

任务反思

历史台历设计需要主题突出，具有历史学科特色，体现历史文化内涵，避免流于形式。学生设计制作时，要发挥创造性，体现个人兴趣特长。

八年级实践任务活动

口述历史　传承前辈劳动精神

教材出处｜人教版《中国历史》八年级下册第六单元第 19 课《社会生活的变迁》

学科融合

　　口述历史就是通过传统的笔录及录音、录影等现代技术手段，记录历史事件当事人或者目击者的回忆而保存的口述凭证。通过对家庭中长辈进行劳动专题访谈，用自己学习的口述历史知识记录家人的劳动奋斗历史，使学生在服务性劳动实践中了解长辈的劳动经历和生活变迁，认识改革开放以来，我国经济的快速发展和人民生活水平的提高。在采访中通过接受家人的劳动教育，使学生能够认识到劳动创造美好生活，树立正确的劳动观，树立劳动最光荣、劳动最崇高、劳动最伟大、劳动最美丽的观念，体认劳动不分贵贱，尊重普通劳动者，热爱劳动，培养勤俭、奋斗、创新、奉献的劳动精神。

劳动防护

　　1. 注意在访谈时做好安全健康防护，戴好口罩。
　　2. 分工准备采访工具，提前学会正确的使用方法。

任务描述与实践

　　在我们的身边和家中有很多辛勤的劳动者，如我们的父母、爷爷奶奶、外公外婆等，他们不仅是劳动者，也是时代的亲历者，在他们背后又有哪些劳动的经历和故事呢？采用口述历史的方式，以劳动工作经历为主题，让学生访谈家中两代长辈（如爷爷和爸爸）的劳动经历（图 2-9-2），做好访谈记录并撰写一篇访谈报告。通过对比了解改革开放以来我国社会经济的巨大变化，在访谈实践中正确理解劳动是人类发展和社会进步的根本力量，认识劳动创造人、创造价值、创造财富、创造美好生活的道理。培养热爱劳动和感恩的意识，感受家庭幸福温馨的生活。

（a）　　　　　　　　　　　　（b）

（c）

图 2-9-2　学生访谈场景

任务目标

1. 认识改革开放以来，我国经济的快速发展和人民生活水平的提高。

2. 掌握科学合理设计访谈方案的原则和方法，进一步了解口述历史的价值。

3. 在和家中长辈的访谈交流中，树立正确的劳动观，崇尚劳动，尊重劳动者，传承长辈的劳动精神，增强对劳动人民的感情，树立奉献社会的服务意识。

任务导引

第一步	第二步	第三步	第四步
明确访谈主题	依据主题，确定访谈对象	设计访谈提纲	准备记录材料或设备

第八步	第七步	第六步	第五步
展示交流，观点明确	撰写报告，思路清晰	对比整理访谈记录	开始访谈，做好记录

任务口诀

访谈主题要明确，依据主题定对象。

材料设备准备齐，访谈提问看提纲。

实事求是做记录，整理对比看变化。

联系所学写报告，劳动精神来弘扬。

任务测评

1. 根据家庭情况提出明确恰当的访谈主题。

2. 依据访谈内容确定访谈对象。

3. 依据访谈主题列出简洁明了的访谈提纲。

4. 访谈时能够准确翔实地记录信息。

5. 访谈结束后，能撰写思路清晰、观点明确的访谈报告。

劳动素养评价

序号	评价指标	评价结果（优、良、中、有待提高）		
		自评	互评	师评
1	访谈中的沟通与协调能力			
2	主动接受劳动教育的意识			
3	选取记录生活中典型事例能力			
4	关注社会生活的变迁和发展的意识			
5	实事求是整理口述资料的能力			
6	诚实守信、吃苦耐劳的劳动品质			
学生以描述性评语表达心得体会				

任务拓展

1. 访问其他长辈，从另外的角度了解我国社会生活的变迁情况。

2. 完成访谈报告之后，将访谈报告念给受访的长辈，听取他们对报告的修改意见，完善后在班级做汇报和展示。

任务反思

教师要与学生积极沟通，使访谈主题突出，让学生能够围绕主题进行访谈。访谈报告观点明确，且有访谈事实做支撑。访谈报告能反映时代变迁，体现历史学科特色。同时口述访谈最困难的是整理访谈记录，但其正是培养学生诚实守信、吃苦耐劳品质的好时机，教师要注意抓好教育时机。

九年级实践任务活动
历史板报　展现劳动发明创造

教材出处 ｜ 人教版《世界历史》九年级上册第七单元第 20 课《第一次工业革命》

学科融合

马克思说："自然界没有制造出任何机器，没有制造出机车、铁路、电报、走锭精纺机等，它们都是人类劳动的产物……人通过劳动成为人，人通过劳动解放自己。"可见劳动在人类历史发展中的作用。通过为班级设计和布置历史主题板报，使学生在校园服务性劳动实践中，运用所学的历史知识及第一次工业革命时期珍妮机、改良蒸汽机、蒸汽机车、汽船等发明的相关史实布置板报，在为师生服务、美化班级环境的同时，认识到劳动创造历史的道理。

劳动防护

1. 注意在板报绘制过程中站稳、扶好，防止跌落等意外发生。
2. 注意使用粉笔绘制板报时佩戴好口罩等防尘用具，及时清理粉尘。

任务描述与实践

板报是班级学习和宣传的一种重要方式。一次主题鲜明、内容翔实的历史板报不仅可以增长我们的历史知识，还能提升我们的历史认识，同时可优化班级的学习环境。让学生结合《第一次工业革命》中的内容（图 2-9-3），以"改变世界的劳动发明"为主题，在班级布置一次历史板报，并为同学做讲解。在板报设计实践中注意设计前的思考、设计中的选材与创意、设计后的反思交流，从中理解劳动创造历史，劳动是一切财富、价值的源泉，劳动者是国家的主人，一切劳动和劳动者都应该得到鼓励和尊重，逐步树立马克思主义劳动观。

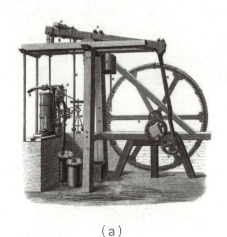

（a）

（b）

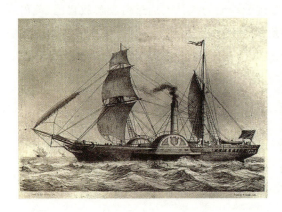

（c）

（d）

图 2-9-3　第一次工业革命期间劳动中的发明创造

任务目标

1.通过为班级设计历史板报，使学生在服务性劳动中，掌握多种途径收集、查找历史信息与资料的能力，进一步理解劳动在人类发展中的重要作用，以及劳动创造历史的道理。

2.通过板报的布置，使学生体验劳动改变环境的过程，了解人类通过劳动解放自己的历程，树立劳动创造历史的马克思主义劳动观。

3.通过手脑并用布置历史板报，培养学生合理规划、分步实施的劳动能力。

任务导引

第一步	第二步	第三步	第四步
依据主题，选素材	查找信息，来完善	设计规划，绘草稿	打印素材，备工具

第八步	第七步	第六步	第五步
展示交流，为同学讲解	依据板报，撰写解说词	优化美化，看细节	依照设计，布置板报

任务口诀

围绕主题选素材，多种渠道来完善。

设计规划要合理，草图勾画提前拟。

工具备齐巧制作，美化细节来呈现。

分步实施与合作，展示讲解要全面。

任务测评

1. 依据所学内容提出板报设计方案。
2. 依据方案多渠道查找和整理分析资料。
3. 板报整体美观、主题突出。
4. 汇报展示思路清晰，表达准确。

劳动素养评价

序号	评价指标	评价结果（优、良、中、有待提高）		
		自评	互评	师评
1	板报的设计规划与实施能力			
2	体现历史学科特点的意识			
3	合理分工、团队合作的能力			
4	利用所学知识主动服务师生的劳动意识			
5	吃苦耐劳的劳动品质			
学生以描述性评语表达心得体会				

任务拓展

1.学生以小组合作的形式，分历史专题提前安排好板报主题，定期更换历史板报的内容。

2.完成历史板报设计与布置之后，邀请老师和同学们参观板报，并为他们讲解。采访一下参观板报的师生，听取他们对板报的评价与建议，并为板报打分。

任务反思

教师要与学生积极沟通并进行指导，充分了解板报的设计思路，避免板报的设计偏离主题或存在史实错误。板报布置完毕后，组织学生参观学习，聆听设计者的讲解，提升学生对板报主题和内容的认识。

第十节　初中地理　自然人文　领略万物劳动

七年级实践任务活动

学习地图　绘制校园平面图

教材出处 ｜ 中图北京版《地理》七年级上册第一章第二节《地图》

学科融合

　　校园是学生学习、生活的主要场所。通过校园平面图的绘制，让学生掌握地图的三要素：方向标、比例尺和图例注记等地图知识，可多角度考查学生对这部分知识的掌握情况，认识地图与我们生活的密切联系，养成在日常生活中使用地图的习惯，关心学校及生活环境，形成利用地理知识、技能等为他人和社会提供服务的理念，将劳动教育与学生的个人生活、校园生活和社会生活有机结合起来，丰富学生的劳动体验，提高劳动能力，深化对劳动价值的理解。

劳动防护

　　1.在校园实地测量过程中注意自己和他人的安全。

　　2.爱护测量工具，使用时注意不要划伤自己，返回时不要遗漏工具。

任务描述与实践

　　学校有教学楼、图书馆、室内体育馆、食堂、四合院、篮球场、小菜园等区域（图2-10-1），每当有来访者到学校参观、学习的时候，经常会找不到要去的地方，学校还要安排老师和学生进行引导。根据所学的地理知识，让学生利用一些工具材料，通过实地测量、同伴合作，为学校绘制一个精准、全面又美观的平面图，会极大地方便来访者对学校各区域的了解。

　　学生以小组合作的形式，利用给校园绘制平面图的劳动实践任务，熟悉校园不同功能区所在的位置。在测量过程中可用皮尺、绳子、手机等工具（图2-10-2），积极探索、实践不同测量方法；通过室内整理数据，计算确定比例尺，掌握地图三要素，练习比例尺的换算，熟悉方向标的运用（图 2-10-3）。通过展示分享本组作品，介绍本组的绘制方案、地图绘制过程和地图三要素的选择依据，简要说明本组成果的特色与创新，分享本组在测量、绘图等环节遇到的问题及解决的方案（图 2-10-4），体会利用知识、技能等为他人和社会服务的快乐。

图 2-10-1　校园平面图

图 2-10-2　实地测量

图 2-10-3　数据整理、计算过程

图 2-10-4　展示分享

任务目标

1. 了解常见的地图，掌握地图相关知识，能够在地图上辨别方向，比较比例尺的大小，根据比例尺计算实地距离，从地图上获取有效地理信息。

2. 掌握绘图的基本步骤和方法，根据图纸计算确定合适的比例尺，并选取个性化的图例来展示校园中不同的地理事物，添加指向标，完成校园平面图的绘制。

3. 通过绘制校园平面图的劳动实践，利用地理知识、技能等为他人和社会提供服务，关注生活环境，培养对校园的热爱之情。在小组合作完成任务中增进同学间的友情及团结协作的意识。

任务导引

第一步	第二步	第三步	第四步	第五步
领取材料和测量工具	校园实地测量	计算，确定合适比例尺	将地理事物添加至图纸	设置个性化图例

第十步	第九步	第八步	第七步	第六步
学会制作校园平面图	展示、评选优秀地图	填写制图人基本信息	添加方向标	将地理事物分类标注

任务口诀

校园生活用地理，学校分区早熟悉。

平面绘图亲手测，地图要素要牢记。

常见地图会使用，查看信息定路线。

劳动实践学新知，提升地理实践力。

任务测评

1. 测量方案制定完整。

2. 室内外测量计划合理、可行。

3. 绘图的基本步骤和方法正确。

4. 平面图绘制准确、构图美观。

5. 汇报劳动实践对自己学习、生活的影响时，思路清晰，表达准确。

劳动素养评价

序号	评价指标	评价结果 （优、良、中、有待提高）		
		自评	互评	师评
1	在日常生活中使用地图的习惯			
2	关心学校及生活环境的意识			
3	利用地理知识、技能等解决问题的能力			
4	小组成员团结协作，劳动效率高			
5	平面图具有特色与创新			
学生以描述性评语表达心得体会				

任务拓展

　　基于绘制学校平面图的经验，小组合作，可以为学校的其他校区、自己生活的社区或公园等不同区域绘制平面图，巩固加深对地图知识的理解，并养成经常利用平面图为来访人员指路等服务他人的社会意识，体验劳动改变生活、劳动使我们的生活更方便快捷的益处。

任务反思

　　对于中学生来讲，要在规定的时间内走遍整个学校还是有些吃力。在绘制校园平面图的劳动实践活动中，可以将学校分区，学生分组开展活动，最后再汇总在一起形成完整的校园平面图。要充分考虑学生体力，将更多精力集中到知识的理解和运用中。在活动设计过程中，还要关注学生使用测量工具的安全问题。

八年级实践任务活动

多样气候　研学手册显特色

教材出处 | 中图北京版《地理》八年级上册第二章第三节《气候对生产和生活的影响》

学科融合

通过调查，我们发现学生在学习气候对生产和生活的影响后，很少有人将这部分知识与生产生活相结合，比如在旅游的时候并没有考虑到气候对他们出行的影响。通过引导学生从现实学习生活中发现需求，利用所学地理知识为学校设计研学手册，既可巩固气候特征的基础知识，理解气候对生产和生活的影响，又可为学校组织学生研学提供参考依据，同时也可以为他人旅游提供参考，培养学生在服务性劳动中，善于观察思考，注重运用所学知识解决实际问题，提高地理学习的实践力。

劳动防护

1. 利用网络查询资料的时候，用眼时间不要过长，要劳逸结合。
2. 制作研学手册的过程中，注意使用工具的安全。

任务描述与实践

旅游已经成为我们生活的一部分，但很多人更关注的是看美景、尝美食这样的旅游，分析气候对旅行中的风土人情的影响，赋予了旅游更多的意义。为了拓展学生的视野，让学生在实践中学会应用知识，学校每年都会组织研学活动，研学手册也是学校精心为师生策划的。学生学习了气候对生产和生活的影响的地理知识，让他们根据所学知识设计一个更合理的研学手册，创新研学手册的内容，为老师和同学开展研学提供服务，可大大提高研学的价值和意义。

根据学校确定的研学范围和地点，让学生分组选择一处研学地点进行研学手册的设计（图2-10-5），利用手机、电脑等电子设备查询资料，根据气候特征，探索当地不同的风土人情，包括衣食住行等方面；根据当地气候特征及天气情况，选择研学所带物品，体会气候对生活的影响。确定研学内容和研学路线，进行手册的设计与绘制（图2-10-6），提高地理实践力；展示与推介本组作品，说明本组设计方案及研学内容选择的依据、研学手册的重点和特色。在研学之行中还要不断完善手册（图2-10-7），体会利用地理学科知识和方法，为学校提供更好的研学方案。

（a）　　　　　　　　　　　　（b）

图 2-10-5　学生制作研学手册

图 2-10-6　不同的研学手册封面

图 2-10-7　在研学之行中完善研学手册

任务目标

1.理解气候对生产和生活的影响，巩固气候的相关知识和学习方法，提高学生综合思维能力，感受人地协调。

2.通过为学校设计研学手册，注重运用所学知识解决实际问题，提高地理学习的实践力，让学生在服务他人的劳动中，体验地理知识的应用价值，提高研学质量和意义。

任务导引

第一步	第二步	第三步	第四步
查询和收集资料，选择地点	根据气候分析当地特色	根据气候，确定研学所需物品	确定研学内容

第七步	第六步	第五步
向老师、同学宣讲手册内容，推介手册	完善、美化研学手册	设计研学手册，图文并茂

任务口诀

研学活动用地理，气候影响要分析。

收集资料定地点，地方特色知差异。

气候影响都掌握，查看气候定内容。

研学手册来体现，劳动实践见真知。

任务测评

1. 研学手册符合学校开展研学的需要。

2. 研学内容突出地理学科知识与应用。

3. 研学手册内容丰富，使用方便。

4. 研学手册设计美观、图文并茂。

5. 采取多种形式展示研学手册。

劳动素养评价

序号	评价指标	评价结果（优、良、中、有待提高）		
		自评	互评	师评
1	从现实学习生活中发现研学需求与问题的能力			
2	注重运用所学地理知识解决实际问题的能力			
3	小组合作融洽，高效完成研学手册设计任务			
4	为学校的研学提供改进依据，提高研学价值			
5	研学手册等劳动成果具有创新性			
学生以描述性评语表达心得体会				

任务拓展

根据所学内容，给家人设计一个旅游攻略，既能让家人欣赏美景，又能让自己在旅游中巩固所学地理知识，思考地理与旅游深层次的关系，提高旅游的意义和品质。

任务反思

对于初中生来讲，要准确分析气候对生产生活的影响有一定的难度。在制作研学手册劳动实践活动中，可以将气候类型及气候对生产、生活的影响分别进行分析，并在小组合作的过程中不断完善分析内容和语言的规范性，最后根据所学设计适合的研学手册。本次研学手册的设计是以气候为主线的，地理中还有其他重要的因素，比如地形、河流等的影响，随着地理知识的学习，之后可以设计出更丰富完整的研学手册，感受自然环境多要素之间的关系，提高地理核心素养，进一步为人们提供旅游参考，提高旅游价值，为学习提供研学方案，提高研学价值和意义。

附：学生研学作品

（一）

帝景学子游延安抒怀

革命圣地闻名久，今日喜成延安行。
黄河黄原黄帝裔，赤军赤旗赤子心。
万苦奋作救亡志，千难不改报国情。
初心少年永萦怀，中国梦圆从我行。

（陕西研学有感 汤雨晴）

（二）

今朝游清明上河园。园之大，鲲鹏只背差可拟。园之美，花木楼阁现淋漓。去日宋民安居乐业之幸福，尽现择端图。而今旧景依旧是。鱼龙舞，火热戏，武校场，今日再度怀。

炽火光转，暮游洛阳府。去日包公一心只为民幸福，光明正大红黑刻于心。蓦然回首，一度夕阳红。争渡回乡之路，一程唯忆开封游。

（河南研学有感 郝子渔）

第十一节　初中音乐　乐舞相融　创造艺术劳动

七年级实践任务活动

劳动工具变乐器　共谱动听新乐章

教材出处 ｜ 人音版《音乐》七年级上册第五单元《扬鞭催马运粮忙》

学科融合

在学生学习了乐器演奏、节奏选择等音乐理论知识的基础上，通过在校园日常生活劳动中变"工具"为"乐器"，用音乐助力劳动，将音乐表现与学校劳动生活紧密结合，巩固所学音乐知识，使学生能够更好地感受艺术与生活的紧密关系。通过鼓励学生在学习和借鉴他人经验、技艺的基础上，尝试新方法，推陈出新，对自身学习的音乐知识进行二度创作，去体验音乐改变校园生活的过程，赋予劳动力量，渲染劳动氛围，使学生的音乐学习动力得以保持和加强，同时提升学生劳动的兴趣，让学生处于愉快的学习氛围之中，轻松达成教学目标。

劳动防护

1. 注意劳动工具的使用安全与卫生。
2. 课堂上教师要维护好教学秩序和做好工具使用安全提示。

任务描述与实践

学校教室卫生是由班级学生轮流或排班来完成的，一些学生往往不能自觉自愿地参加劳动，不愿承担这部分工作。学习了《扬鞭催马运粮忙》中铿锵有力的节奏型及符合劳动的音乐旋律织体后，在劳动过程中，引导学生学会使用劳动工具，并观察、聆听工具所发出的声音，变"工具"为"乐器"。在学生打扫班级卫生的过程中，让学生根据音乐的节奏型选择相适应的劳动工具（图 2-11-1）进行劳动音乐节奏编创，根据工具"音色"选择适合的声部（图 2-11-2），并使用劳动工具"奏乐"（图 2-11-3），提升学生在班级劳动中的积极性及对劳动的兴趣，同时提升学生对美妙声音的敏感度，了解"艺术来源于生活"的真正含义。

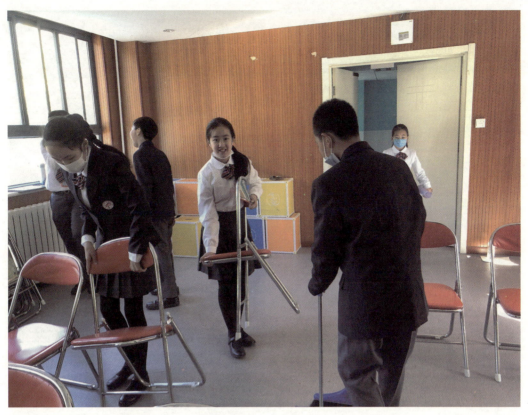

图 2-11-1　根据音乐的节奏型选择相适应的劳动工具

（a）

（b）

图 2-11-2　根据工具"音色"选择适合的"声部"

（a）　　　　　　　　　　　　（b）

图 2-11-3　使用劳动工具"奏乐"

任务目标

1. 运用所学音乐知识与劳动相匹配的节奏型进行多样组合，尝试运用劳动工具进行声音节奏、节拍、表演等方面的创作与合作，将音乐表现与学校日常生活劳动紧密结合。

2. 在劳动实践中潜移默化地提高音乐基础知识及艺术创编的能力。结合不同劳动工具及其相匹配的节奏型，熟练掌握并了解劳动工具本身特有的"音色"。

任务导引

第一步	第二步	第三步	第四步
寻找道具，选择道具所适合的"声部"	选择自己的节奏型及旋律	劳动实践，进行"奏乐"	进行展示交流，聆听"作品"

任务口诀

校园扫除开始了，叮叮当当真热闹。

扫帚拖布和水桶，劳动工具来报道。

你一拖来我一扫，咚咚刷刷配合好。

工具变身成乐器，劳动乐章真美妙。

任务测评

1. 道具选择合理。
2. 节奏型运用准确。
3. 节奏型组合多样。
4. 音乐主题突出。
5. 音乐表现力强。

劳动素养评价

序号	评价指标	评价结果 （优、良、中、有待提高）		
		自评	互评	师评
1	音乐与劳动生活紧密联系			
2	尝试新方法，推陈出新进行创作的能力			
3	使用劳动工具的安全与卫生意识			
4	小组同学相互配合完成音乐作品及展示			
5	音乐创作具有特色与创新性			
学生以描述性评语表达心得体会				

任务拓展

1. 在校内外劳动实践活动中，组织学生进行劳动奏乐的表演和推广，让更多的人爱上劳动。

2. 与家人尝试运用日常生活劳动工具的奏乐活动，活跃家庭氛围，提升劳动兴趣和积极性。

任务反思

教师要鼓励学生在活动中寻找平时不常听到的声音，利用劳动工具创造新的声音，并尝试演奏。课堂上教师要维护好教学秩序，做好安全保护，对于学生的创作要以鼓励为主，不做多余的评价，以保护学生的创新意识。

八年级实践任务活动

田埂民间乐舞兴　城市社区助服务

教材出处 ｜ 人音版《音乐》八年级上册第二单元《龙船调》

学科融合

通过学习土家族民歌及由耕种动作演变而形成的舞蹈，感受土家族人民日常的乐舞表现，理解劳动创造民族文化。通过在班级、年级及社区中展示自己编创的民间劳动集体舞，丰富学生的校园和社区文化生活，并让学生在表演中进行民间音乐和舞蹈的教授与传播，使学生在服务性劳动实践中传播民族艺术及民族劳动观念，让学生利用所学音乐、舞蹈知识、技能等为他人和社会带来快乐，树立服务社区和他人的意识，强化社会责任感。

劳动防护

1. 注意舞蹈表演场地的安全与卫生，减少扬尘吸入。
2. 课堂上教师要组织和维护好教学秩序。

任务描述与实践

城市中的学生对于农民田间的劳作了解甚少，通过学习土家族音乐及舞蹈动作（图2-11-4），并尝试推磨、纺线、插秧等劳作演变的舞蹈动作，帮助学生了解和体悟土家族劳动人民田间耕作及日常劳作过程，懂得劳动创造价值、创造美好生活的道理，鼓励学生体会平凡劳动中的伟大。学生以小组的形式，运用舞蹈动作创编舞蹈作品（图2-11-5），借助民间乐舞的形式传播农耕劳作的技术，并通过肢体和声音抒发内心的愉悦情感，进而感受劳动中的愉悦心情以及乐舞中所蕴含的我国优秀的民族艺术，并在校园及社区展示创编的舞蹈（图2-11-6）。

（a）　　　　　　　　　　　（b）

图2-11-4　土家族人民的日常劳作与歌舞

（a）　　　　　　　　　　　（b）

（c）

图2-11-5　小组编创舞蹈作品并展示

（a）　　　　　　　　　　　　　　　（b）

图 2-11-6　在社会实践中进行民间音乐与舞蹈的表演

任务目标

1. 了解土家族民歌《龙船调》及以劳动为主题的摆手舞的基本动作，感受与体验湖北地区民歌的风格特征与韵味，并知悉该艺术作品的劳动背景及人民日常的劳动氛围。

2. 以小组为单位完成舞蹈动作、组合队形的编创，深度挖掘日常生活中的劳动动作，分析其动作特征，以此为基础编创日常劳动元素的舞蹈，形成乐舞小组合，在班级和学校活动中进行展演。

3. 将所编创的舞蹈作品在校外活动或社区进行展示，或与校外进行舞蹈的互动或教授活动。

任务导引

第一步	第二步	第三步
聆听土家族民歌，感受其风格特征	学习和感受土家族舞蹈的基本动作和风格特征	小组进行劳动动作编创以及小组舞蹈编创

第五步	第四步
在校外志愿活动中进行乐舞教授和表演	在校内进行民间乐舞的展示

任务口诀

土家民族历史长，民间乐舞得益彰。
龙船调里种瓜果，摆手舞中齐欢畅。
撒种插秧纺棉线，顺沉颤动来表现。
劳动艺术相关联，民族文化要弘扬。

任务测评

1. 舞蹈动作特征与音乐节奏配合得当。

2. 舞蹈动作凸显土家族日常劳作的典型性。

3. 展示表演创新意识与表现形式。

劳动素养评价

序号	评价指标	评价结果 （优、良、中、有待提高）		
		自评	互评	师评
1	劳动动作的艺术化表现力			
2	小组合作默契，合作氛围好			
3	服务他人和社区的意识			
4	创编作品具有创新性			
学生以描述性评语表达心得体会				

任务拓展

1. 根据土家族摆手舞的劳动艺术化表现，编创日常生活劳动、生产劳动中的常见动作，将其以艺术化的形式进行展示。

2. 在走进社区、志愿服务等服务性劳动中进行展示或推广，让更多的人了解土家族劳动人民的劳作过程，热爱劳动，热爱劳动人民，珍惜劳动成果。

3. 有条件的学校可以开辟一块土地供学生进行农作物耕种的体验，将所学习的插秧、撒种等动作应用于生产劳动中，体会劳动的快乐。

任务反思

教师要鼓励学生进行创作，不要因为学生的动作不美观而批评学生，要善于引导学生观察发现日常生活中的劳动动作，激发学生的创新意识以及实践能力。

九年级实践任务活动

音乐助力劳动好　歌声相伴幸福来

教材出处 | 人音版《音乐》九年级下册第三单元《乌苏里船歌》

学科融合

通过劳动音乐类型学习，使学生在劳动实践中掌握灵活的歌唱方法，在体会演唱乐曲的同时，提高学生劳动兴趣和劳动效率，让学生运用所学到的或者自身喜爱的歌曲，在学校或日常生活劳动中，将劳动自然而然地融入音乐作品聆听与演唱的实践活动中，让音乐表现与劳动生活紧密结合，进一步理解艺术再创作的魅力。

劳动防护

1. 注意演唱环境卫生及演唱时间，保护好声带。
2. 课堂上教师要提醒学生表演动作不要太大，避免碰到同学。

任务描述与实践

学生时代的劳动主要集中在学校及家庭日常生活中，无论个人劳动还是集体劳动，学生都可以进行符合劳动情境的歌曲演唱。铿锵有力的节奏使人振奋，优美舒畅的旋律改善劳动中的情绪，积极向上的歌词更有助于促进劳动，成为劳动中的"兴奋剂"（图 2-11-7）。通过演唱劳动歌曲，提升学生劳动时的积极性，通过边舞边唱、即兴弹唱等方式体会劳动人民劳作后的喜悦心情（图 2-11-8），在同伴中进行展示交流，欣赏劳动中最动听的歌声（图 2-11-9），使学生了解"艺术来源于生活"的真正含义。

图 2-11-7　劳动后的即兴演唱

图 2-11-8　选择歌曲进行练习

图 2-11-9　班级展示

任务目标

1.根据学生现有的音乐知识基础及歌唱能力，无论歌曲学唱、歌曲处理、歌曲编创还是律动表演都要时刻把握音准节奏、歌唱状态，帮助学生挖掘劳动中音乐特有的美，在放松的劳动中提高学生的歌唱表现力，释放艺术天性。

2.体验歌唱中的劳动，强化劳动意识和劳动观念，了解艺术改变劳动生活的过程，以及音乐能够赋予劳动的力量，使学生在不同劳动的体验中感受音乐、学习音乐、表现音乐。

任务导引

第一步	第二步	第三步	第四步
分配任务，每人准备一项劳动	选择符合劳动场景的演唱曲目	劳动实践，完成劳动中最动听的歌声	进行展示交流，相互聆听

任务口诀

音乐助力劳动好，小组合作质量高。
边劳动来边唱歌，鼓劲加油心情好。
要问劳动累不累，歌声相伴真起劲。
幸福生活哪里来，要靠劳动来创造。

任务测评

1. 歌曲选择的合理性。
2. 音准节奏的准确性。
3. 充分的音乐表现力。
4. 多种形式展示音乐与歌唱。
5. 表演与展示活泼大方。

劳动素养评价

序号	评价指标	评价结果 （优、良、中、有待提高）		
		自评	互评	师评
1	歌曲与日常生活劳动相结合			
2	演唱与劳动的艺术化表现力			
3	小组合作默契，共同完成创编			
4	创编歌曲具有一定的创新性			
学生以描述性评语表达心得体会				

任务拓展

1. 将音乐课上学习的和自己熟悉的歌唱劳动的歌曲列出来，看看适合在哪类劳动中演唱（包括日常生活劳动、生产劳动和服务性劳动），让歌声带给我们在劳动中愉悦的享受。

2. 将二度创作的歌曲进行记谱、保留，与老师和同学分享。

3. 将歌唱与劳动结合，并比较与过去曾参加的劳动有何区别，谈谈感受。

4. 鼓励学生对音乐二度创作，也可自弹自唱，谱曲记录。

任务反思

对于没有音乐特长的学生，可以让他们以填词、节奏合作等形式进行参与，教师要鼓励学生全员参与活动，通过小组合作，让不同特长的学生参与不同的活动，找到适合自己的角色。

第十二节　初中体育与健康　百炼成钢　锤炼意志劳动

七年级实践任务活动

运动也规律　我为家人做计划

教材出处｜人教版《体育与健康》七年级第一章第一节《生活方式与健康》

学科融合

　　在现代生活中，人们往往因忙于工作或学习而忽略了自身的运动，长期不进行运动会造成肥胖、肌肉力量减小、骨质疏松等后果。学生学习制订运动计划的原则与方法后，通过为家人制订运动计划，在服务家人的劳动实践中，掌握科学设计运动计划的原则与方法。在参与家庭日常劳动中，培养追求卓越、精益求精的体育精神，同时将以上精神转化为认真负责的劳动意识，理解劳动创造健康生活、促进家庭和睦的道理。

劳动防护

　　1.运动前做好热身，运动后进行拉伸放松。
　　2.注意运动器材使用安全。

任务描述与实践

　　生活方式的选择对每一个人的身心健康都起着至关重要的作用，健康的生活方式包括合理膳食、适量运动、规律生活、心理平衡这四大基石（图2-12-1）。在体育课上，同学们学习过各种各样的运动项目，如篮球、太极拳等（图2-12-2），通过这些项目可以有效改善体质，促进身心健康。通过观察、总结自己的家人是否有规律运动的习惯，让学生根据所学知识，发现需要改进的地方，为家人制订简单的运动计划（图2-12-3），每天带着家人一起锻炼，并适当给予指导，实践运动计划，在服务家人的劳动中了解与掌握制订运动计划的原则与方法，手脑并用，带领家人健康生活，从实践过程中体验劳动所带来的家庭温馨与幸福。

（a）合理膳食

（b）适量运动

（c）规律生活

（d）心理平衡

图 2-12-1　健康生活方式的四大基石

（a）

（b）

图 2-12-2　各种各样的运动项目

图 2-12-3　运动计划

任务目标

1.通过为家人制订运动计划，学生在服务性劳动实践中，掌握科学设计运动计划的原则与方法，进一步理解什么是健康的生活方式，以及通过劳动创造美好生活的道理。

2.将健康生活理念传递给家人，将理论知识应用到日常生活当中，带动家人养成规律运动的健康行为习惯。

任务导引

第一步	第二步	第三步
观察总结家人运动情况	发现问题，提出改进方案	制订运动计划

第六步	第五步	第四步
定期总结、改善计划	指导、带领家人实践计划	准备相关器材

任务口诀

健康生活很重要，规律运动不可少。

有氧无氧都进行，贪吃贪睡要抛掉。

计划安排要科学，合理安全是首要。

运动过后要拉伸，共同锻炼健康保。

任务测评

1. 根据个人情况提出具有针对性的改进方案。
2. 运动计划安全、合理。
3. 指导及时、准确，态度积极、热情。
4. 坚持带领家人一起运动锻炼。
5. 根据实际情况定期总结、改进计划。

劳动素养评价

序号	评价指标	评价结果（优、良、中、有待提高）		
		自评	互评	师评
1	运动计划的制订与执行能力			
2	主动服务家人的劳动意识			
3	指导家人运动过程中的安全意识			
4	认真负责的劳动态度			
5	坚持不懈、吃苦耐劳的品质			
学生以描述性评语表达心得体会				

任务拓展

观察并采访自己的老师是否有运动的需求，为有需求的老师制订一个有针对性的运动计划，在协助老师完成计划任务的同时，加强师生间感情的交流。

任务反思

学生与家长要积极进行沟通，充分了解情况，避免计划没有针对性，或家长不配合的情况出现。实施计划时，教师要及时给予学生锻炼与指导意见，激发学生规律运动的兴趣。

八年级实践任务活动

奔跑中服务　我为班级送教具

教材出处 ｜ 人教版《体育与健康》八年级第二章《田径》

学科融合

　　耐久跑是八年级"体育与健康"课程的重要学习内容之一，而耐久跑中正确的呼吸方法与节奏则需要在实践中不断体验与完善。通过参加为班级送教具的劳动，使学生在服务性劳动实践中，掌握耐久跑的正确呼吸方法，提升一般耐力。让学生利用体育知识、技能为他人提供服务，树立服务意识，实践服务技能，强化社会责任感。

劳动防护

　　1. 在取送物品的过程中注意周围环境安全，不要一次拿太多物品。

　　2. 跑步中注意在人多的情况下要放慢速度，避免发生磕绊等安全事故。

任务描述与实践

　　跑是人类最基本的运动技能之一，耐久跑则是贯穿体育课程与日常生活的常见项目（图2-12-4），它既可以加强我们的肌肉耐力，提升心肺功能，又可以很好地培养意志力与坚韧不拔的体育精神，是一项既简单，又能有效发展运动体能、锤炼意志品质的群众性健身项目。

　　校园是同学们学习与生活的共同场所，教具又是课堂教学必不可少的物品之一（图2-12-5）。在校园中，我们常常会看到老师或同学因为拿取教具而奔走于实验室、教室、后勤部门等多个地点，有时也会由于没有提前规划而出现多次往返在同一条路线上的情况，费时又费力。通过让学生规划最优路线，绘制出校园平面图与路线图（图2-12-6），在规划好的路线上奔跑起来，为各个班级补充并送去教具（图2-12-7），同时经常开展送教具的耐久跑比赛，让学生在服务他人的劳动中出力流汗、接受锻炼、磨炼意志，培养吃苦耐劳、认真负责的劳动品质。

图 2-12-4　耐久跑

图 2-12-5　教具

（a）

（b）

图 2-12-6　校园平面图与路线图

（a）

（b）

图 2-12-7　为班级送教具

任务目标

1.通过为班级送教具，在服务性劳动实践中了解耐久跑时正确的呼吸方法，以及合理分配体力等相关知识。

2.在服务性劳动中进一步掌握耐久跑的呼吸方法，提升一般耐力，逐步养成锻炼习惯。

3.通过服务班级的劳动，养成积极进取、坚持不懈、吃苦耐劳的体育精神与合作意识，同时强化认真负责的劳动服务意识，提升合理规划、分步实施的劳动能力。

任务导引

第一步	第二步	第三步
调查目标班级所需教具	了解目标地点位置	规划送教具的最佳路线

第五步	第四步
评比、总结，改进路线	送教具计时赛

任务口诀

耐久跑步贵坚持，服务班级把腿迈。
规划路线动脑筋，护送教具要珍爱。
奔跑动作要协调，配合呼吸更轻松。
路线正确来比赛，校园生活更精彩。

任务测评

1.调查充分，分析准确。

2.路线图绘制清晰、正确。

3.送教具过程中跑动路线正确，能够坚持完赛。

4.总结充分，路线图改进具有针对性。

5.教具完好送达。

劳动素养评价

序号	评价指标	评价结果 （优、良、中、有待提高）		
		自评	互评	师评
1	小组合作完成任务的能力			
2	吃苦耐劳、认真负责的劳动品质			
3	主动服务班级的劳动意识			
4	克服困难、勇于拼搏的精神			
学生以描述性评语表达心得体会				

任务拓展

调查一下哪些老师需要送取教具的服务，列出服务教师名单，自动组成小组，合理规划路线，自觉参加到为老师送教具的服务性劳动中来。

任务反思

选定的目标点数量与跑动大致距离要符合学生能力，且具有锻炼效果。避免跑动路线中可能出现的安全问题，提前清除可能会造成伤害的物品，同时在护送教具的选择上，也要根据实际情况遵循安全原则。

九年级实践任务活动

跳绳唤温馨　我在社区做公益

教材出处 ｜ 人教版《体育与健康》九年级第九章《花样跳绳》

学科融合

　　花样跳绳是九年级《体育与健康》课程的学习内容之一，它可有效锻炼学生协调、灵敏、力量等多项身体素质，同时具有占地面积小、易上手等特点，是一种简单易行的优秀锻炼手段。通过让学生在社区进行公益跳绳教学，学生在服务性劳动实践中，掌握花样跳绳的分类与多种练习方法，在公益活动、志愿服务中，强化社会责任意识和奉献精神。

劳动防护

　　1. 注意劳动与宣传制作等工具的使用安全。

　　2. 注意社区周围环境安全，选择合适场地开展教学。

任务描述与实践

　　跳绳是一项简单易学、锻炼效果明显，且极具趣味性与健身性的体育项目（图2-12-8）。由于它具有占地小、易上手、花样多等诸多特点，因此有着广泛的群众基础，同时也受到了少年儿童的喜爱。学生从小学就开始学习跳绳项目，有着一定的运动基础，而在初中阶段又学习了更多的花样跳法（图2-12-9），通过走进社区做一名小老师，制作宣传海报（图2-12-10），并筹备一次公益教学活动，到社区中带领4~8岁的小朋友以及他们的家长跳起来，让学生面对真实的社会性服务任务情境，经历实际的"学""练""教"的过程，在服务性劳动中增强体魄、增长知识技能，同时体会服务性劳动带来的温馨与生活的美好。

图 2-12-8 跳绳运动

（a）   （b）

（c）

图 2-12-9 多种花样跳法

（a）

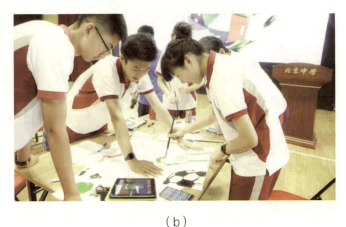

（b）

图 2-12-10　制作宣传海报

任务目标

1.了解花样跳绳的分类与练习方法，知道跳绳运动的优点与健身益处等体育知识。

2.掌握多种花样跳绳的技法与练习方法，在社区教学服务中实践与应用，养成积极参与锻炼、热爱生活的健康行为。

3.通过服务社区的劳动，培养勇敢顽强、勇于克服困难的体育精神与合作意识，同时强化公共服务意识，培养认真负责、无私奉献等优秀劳动品质，逐渐形成对社区负责任的态度和社会公德意识。

任务导引

第一步	第二步	第三步
调查儿童外出高峰时间、地点	制订公益服务计划	进行服务宣传

第五步	第四步
进行亲子跳绳公益服务	准备服务器材

任务口诀

社区宝宝很可爱，公益活动搞起来。

计划分工要细致，协同合作效率高。

要想人人来参与，前期宣传要精彩。

充分准备有热情，宝爸宝妈把手拍。

任务测评

1. 调查结果准确，并具有行动力。

2. 服务计划具有可行性，设计合理。

3. 器材准备充分。

4. 宣传工作形式多样，有效果。

5. 教学服务细致、热情、有耐心。

劳动素养评价

序号	评价指标	评价结果（优、良、中、有待提高）		
		自评	互评	师评
1	小组合作完成任务的能力			
2	认真负责、吃苦耐劳的劳动品质			
3	服务他人的劳动质量和效率			
4	海报等劳动成果具有一定的创新性			
学生以描述性评语表达心得体会				

任务拓展

你还会哪些运动技能呢？可以教一教你的家人、亲戚或者邻居，为他们进行一次教学服务性劳动，让大家都跟随你运动起来吧。

任务反思

组织走进社区的服务性劳动，要提前与社区取得联系，并要提前做好宣传准备，才能使活动顺利进行。另外小组分工要注意每位成员都有相应的工作，让每位学生都能够在活动中体会到自己劳动的价值。

第十三节　初中美术　妙笔丹青　绘就美好劳动

七年级实践任务活动

珍惜水资源　节水展板设计

教材出处 | 人美版《美术》七年级下册第 8 课《"节约水资源"宣传展板设计》

学科融合

地球有 70% 以上的面积被水覆盖，然而其中淡水资源不足 3%，且水污染、水浪费、水短缺的情况非常严重，因此，提高全民节水意识刻不容缓。通过动手设计节水展板，将效果美观的展板带到社区，为社区群众宣传普及节水知识，让学生在服务性劳动中利用所学知识、技能等为他人和社会服务，强化学生的社会责任感。

劳动防护

1. 使用剪刀、刻刀等工具时注意安全。
2. 网络搜集资料时注意用眼卫生。

任务描述与实践

通过"节约水资源"宣传展板设计课程的学习，学会展板设计。学习用图片、漫画、图形、图表（图 2-13-1）等设计节水展板，认识展板的宣传作用。在展板设计中要注意展板中的标题、色彩和版式设计（图 2-13-2），寻求视觉上的平衡与舒适，掌握用彩纸和纸质图片元素拼贴展板实物的方法，在小组合作走进社区开展宣传活动（图 2-13-3）过程中，号召人们在日常生活、生产劳动中节约用水，培养劳动节俭的意识，为可持续发展做出贡献。

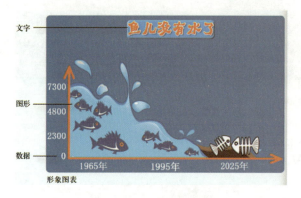

图 2-13-1　形象图表设计

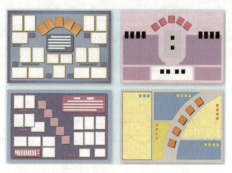

图 2-13-2　宣传展板版式

图 2-13-3　宣传展板交流

任务目标

1.通过设计节水宣传展板及宣传节约用水，学生掌握设计方法，学会使用形象的图表、海报、绘画、图片等元素，使展板起到宣传、引导的作用。

2.设计形象图表把节水理念传递给观众。在条形图、折线图、饼状图的基础上，增加形象化的图形、文字、数据，凸显图表的内涵，使观众准确把握信息，提高节水意识。

任务导引

第一步	第二步	第三步	第四步
确定分工	版式设计	色彩搭配	文字设计

第七步	第六步	第五步
宣讲评价	展板完成	添加图表

任务口诀

淡水资源很匮乏，节约用水迫眉睫。

标题色彩和版式，色调布局要和谐。

图形文字加数据，形象图表巧拼贴。

带上展板进社区，劳动节俭夸不迭。

任务测评

1. 标题设计醒目。

2. 版式设计美观。

3. 色彩搭配和谐。

4. 图表设计形象。

5. 展板修改完善。

6. 社区宣讲展示。

劳动素养评价

序号	评价指标	评价结果 （优、良、中、有待提高）		
		自评	互评	师评
1	展板设计目标、技术和计划意识			
2	积极主动，细心专注设计的劳动态度			
3	小组分工合作的能力			
4	展板等劳动成果具有一定的创新性			
学生以描述性评语表达心得体会				

任务拓展

学习节水展板设计之后，尝试设计"垃圾分类"宣传展板，在校园中向老师和同学们进行普及和宣讲。

任务反思

节水展板的制作，用美术设计表现生活和生产劳动的节水大事，充分锻炼了学生的设计应用能力，并借助网络手段将展板电子化，将信息传播得更广更远。除了手绘之外，本课也可以采用线上微课的形式介绍电脑做图的方法，将展板设计用电脑制作后并喷绘出来，有利于提升展板展示效果。

八年级实践任务活动

名画动起来　定格动画制作

教材出处 ｜ 人美版《美术》八年级上册第9课《定格动画》(选修)

学科融合

　　动画作为一种产业，将来可能会成为学生选择的职业。定格动画制作有助于学生体验生产劳动，开展职业启蒙教育，体会劳动创造美好生活，养成认真负责、吃苦耐劳的劳动品质。通过小组合作拍摄定格动画，培养学生的劳动能力及团队合作精神，关注学生在动画制作过程中的体验和感悟，引导学生感受劳动的艰辛和收获的快乐，增强学生的获得感、成就感、荣誉感，鼓励学生在学习和借鉴他人丰富经验、技艺的基础上，尝试新方法、探索新技术，拍摄出具有创意的作品。

劳动防护

　　1.注意剪刀、刻刀等工具的使用安全。

　　2.使用电子产品时注意用眼卫生。

　　3.在动画制作过程中节约耗材，物品归放有序。

任务描述与实践

　　定格动画制作是一项需要团队合作的工作，拍摄涉及多部门协调配合，学生分小组合作拍定格动画（图2-13-4），每人承担一项任务，确立故事主题，按照道具制作、场景制作、动画拍摄（图2-13-5）、调整完善的步骤完成任务。通过组间评价、互提建议、修改完善，逐步完成定格动画制作。展示作品成果，获得集体荣誉感，品尝劳动成果的甜蜜。

图2-13-4　团队合作

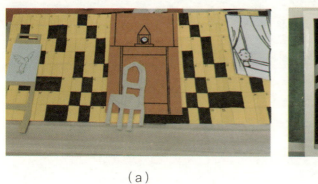

（a）

（b）

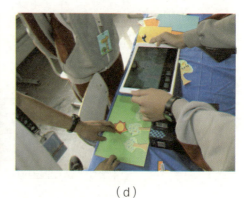

（c）

（d）

图 2-13-5　动画拍摄的步骤

任务目标

1.了解定格动画的制作方法，按照道具设计、场景设计、动画拍摄、修改完善等步骤，能做出画面稳定、动作流畅的动画视频。

2.通过小组合作制作定格动画，感受动画的独具匠心，表达对美术名画的认识。

任务导引

第一步	第二步	第三步	第四步
确定主题	责任分工	道具制作	场景制作

第七步	第六步	第五步
物品归位	修改完善	动画拍摄

任务口诀

定格动画靠协作，责任担当少不了。
制作分工要合理，人人都把劲头印。
道具场景做精细，动画拍摄画面好。
修改完毕理物品，合作共赢效率高。

任务测评

1. 明确主题创意。
2. 道具制作精美。
3. 场景画面丰富。
4. 动画拍摄流畅。
5. 展示交流多样。

劳动素养评价

序号	评价指标	评价结果（优、良、中、有待提高）		
		自评	互评	师评
1	分工合作、责任担当意识			
2	掌握动画拍摄的基本技术与方法			
3	良好的劳动习惯和品质			
4	定格动画作品具有一定的创新性			
学生以描述性评语表达心得体会				

任务拓展

各组同学课下合作为本组视频配音，将完整的动画视频上传到平台，互相点赞、评价和投票。

任务反思

定格动画的剧本创意相对较难，学生经常要花大量时间进行编剧，教师应在课前多为学生创设情境，帮助学生思考剧情，并且要为学生的创意提供抓手，设想一些编剧的办法，比如改编诗词、抽签编剧情、续编结尾等，有利于学生更顺利地编创故事。

九年级实践任务活动

绘制策划书　校园活动策划

教材出处 ｜ 人美版《美术》九年级上册第 4 课《校园主题活动美术策划》

学科融合

　　校园主题活动美术策划是一个大型的策划活动，确定校园主题活动内容，撰写和设计策划书，学生需要综合运用美术能力。通过校园艺术节的主题活动策划，引导学生在校园服务性劳动中，掌握美术知识和技能，增强体力、智力和创造力，具备完成一定劳动任务所需要的设计、操作能力及团队合作能力，在美术策划活动中体验美术策划的职业劳动，开展对学生的职业启蒙教育。

劳动防护

1. 注意剪刀、刻刀等工具的使用安全。
2. 悬挂宣传品等在高处作业时要做好安全防护。

任务描述与实践

　　校园艺术节应该是每个校园最热闹的节日之一（图 2-13-6），活动取得良好的效果离不开整体活动策划和宣传方案的拟定。学生运用美术知识和技能，设计策划书，设计宣传海报，展示活动主题，策划宣传图表，营造浓郁的文化氛围，使校园艺术节更加热烈而隆重（图 2-13-7）。在活动中培养学生的创造性劳动能力，体会劳动创造美好生活，增强服务意识和责任担当，体验美术策划人员的职业劳动，培养认真负责、吃苦耐劳的劳动品质。

（a）

（b）

图 2-13-6　校园艺术节现场

（a）

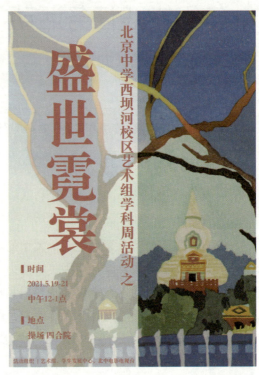

（b）

（c）

（d）

图 2-13-7　校园活动策划

任务目标

1.通过制作艺术节整体策划图表，学会运用视觉形象，如图形、图表设计策划方案，包括活动项目、项目所需场地、器材、参加人数等，展示策划方案。

2.通过宣传品设计，展示策划方案，包括彩旗、纪念册、招贴、节目单、请柬、标志、标准字、黑板报、舞台设计等。

3.在策划活动的过程中培养学生的沟通表达能力。开展分组讨论、竞标活动，完成策划书，按宣传设计方案进行宣传品的制作。

任务导引

| 第一步 确定主题 | 第二步 责任分工 | 第三步 整体策划 | 第四步 确定主色 |

| 第七步 修改完善 | 第六步 完成制作 | 第五步 确定风格 |

任务口诀

校园活动真精彩，美术策划能力强。

整体策划出图表，一目了然又美观。

宣传方案要配套，标识字体都一样。

做好别忘竞竞标，优中选优美名扬。

任务测评

1.方案主题突出。

2.整体策划直观。

3.色彩搭配和谐。

4.整体设计统一。

5.展示交流多样。

劳动素养评价

序号	评价指标	评价结果（优、良、中、有待提高）		
		自评	互评	师评
1	掌握活动策划的基本方法和技术			
2	活动策划具有目标意识及计划性			
3	小组成员分工与合作能力			
4	策划书设计等劳动成果具有一定的创新性			
5	体验美术策划职业劳动有收获			
学生以描述性评语表达心得体会				

任务拓展

尝试运用美术策划的技能，为班级策划一次以端午、中秋等传统节日为主题的班会活动，邀请任课老师参加。

任务反思

学校大型主题活动一般在学期之初的学校计划中就有安排，因此教师应提前召开设计启动会，以利于学生积累更为丰富的素材，提早进行规划，以确保设计规划活动的顺利展开。同时，教师也要及时追踪学习，引导学生进行学习反思，以便更好促进活动的持续开展。

第三章

学科劳动教育融合教学设计案例

第一节　初中语文　锦绣文章　叙写辉煌劳动

七年级教学设计

孝亲敬老　弘扬传统美德

设计要素	具体内容
教学案例与所选劳动教育融合的适切性	**教材出处：** 统编版《语文》七年级下册第四单元综合性学习《孝亲敬老，从我做起》 **学科教学与劳动教育融合：** 　　通过学习"孝亲敬老，从我做起"综合性学习的内容，引导学生在活动中深入理解"孝"的内涵和本质，倡导学生体谅父母，关心父母，敬爱老人。通过为社区设计"孝亲敬老，从我做起"宣传册，让学生走进社区，展示"孝亲敬老"宣传册并进行宣传，锻炼学生在生活中运用语文的能力，让学生在服务性劳动中学会关心父母，敬爱老人，感受"孝亲敬老"所带来的幸福感，促进家庭关系的和谐，体会劳动创造美好生活的真谛。
所选主题活动设计关键策略	"孝亲敬老"有助于家庭和社会关系的和谐，促进学生养成正确的人生观和价值观。通过合作学习、分享交流，学生在综合性学习活动中深入学习和理解"孝"的内涵和本质，引导学生反思自己对待父母、身边老人的表现。结合自己所学相关知识，从网络、书籍、期刊杂志等多种途径搜集整理资料，学习利用文字、图画、照片等多种形式为社区设计"孝亲敬老"宣传册。通过服务性劳动，不仅能引导学生进行语文知识的建构，培养审美能力，提升语文核心素养，更能引导学生学会用自己的实际行动去关心父母，敬爱老人，用劳动去创造和奉献，在服务家庭和社会的劳动实践过程中，体验劳动带来的成就感和幸福感。
学情分析	七年级学生开始进入青春期，这一年龄段的学生认识能力发展迅速，但还较为幼稚；他们情感丰富、强烈，但不稳定。此外，他们自我意识和独立意识开始增强，重视自己在家庭中的地位，不再像小学生那样依赖教师和家长，而是开始用批判的眼光看待周围事物，喜欢经过独立思考发表自己的意见，反对过多的监督与干涉。在与父母的相处中，有时不太理解父母的管束行为，容易和父母发生矛盾和冲突，在"孝亲敬老"方面存在各种各样的问题。"孝亲敬老，从我做起"综合性学习和一系列活动的开展，可为学生在生活中了解和关心父母提供机会，有利于促进他们在服务性劳动实践中更好地践行"孝亲敬老"。
教学目标	1. 了解中国传统孝文化的内涵，深入、正确理解"孝"的内涵和本质。 　　2. 反思自己在日常生活中"孝亲敬老"存在的问题，学会用自己的实际行动体谅父母，关心父母，敬爱老人。 　　3. 用自己的劳动为家庭和社区设计活动策划，在服务性劳动中锻炼提升语文知识的运用能力，提升语文核心素养。 　　4. 用劳动去创造和奉献，在服务家庭和社会的劳动实践过程中，体验劳动带来的成就感和幸福感。

设计要素	具体内容		
教学重点	引导学生正确理解"孝"的内涵和本质；为社区设计"孝亲敬老"宣传册，锻炼学生在生活中运用语文的能力，让学生在劳动实践中学会关心父母、敬爱老人。		
教学难点	引导学生积极参与到"孝亲敬老"的系列活动中来，以实际行动践行孝亲敬老，运用所学知识帮助他人解决问题，从中领悟劳动的意义价值。		
课时	2 课时		
教学过程	阶段	教学活动	教学意图
	教学准备	1. 搜集、整理学生参加"孝亲敬老"活动的图片资料。 2. 引导学生关注社会新闻，寻找生活中"孝亲敬老"的模范人物、感人瞬间。 3. 搜集古代典籍中的"孝亲敬老"故事和名言警句。	结合学生亲身体验，更有针对性地设计课堂教学内容，为引导学生深入理解"孝"的内涵，用自己的实际行动去"孝亲敬老"做好铺垫。
	教学环节	**一、创设情境，导入新课** 1. 观看图片，思考问题。 同学们在慰问敬老院老人的活动中留下了许多美好的回忆。请大家边看图片边思考：学校为什么要组织同学们开展这样的活动？ 2. 了解"孝"字演变过程，理解"孝"的内涵。 金文　小篆　楷书 《说文解字》中对"孝"的解释：善事父母者，从老省，从子，子承老也。 从"孝"的古字形可以看出，老在上，子在下，可以理解其本义为，子在下面侍奉上面的老人，引申为子女尽心尽力地奉养父母。 **二、聚焦问题，学习新知** **（一）提出问题，明确任务** 1. 孝亲敬老是中华民族的传统美德。中华五千年文明留下了许多耳熟能详的孝亲故事，你能举例说明吗？ 2. 小组合作，交流分享"孝亲敬老"故事。 3. 思考讨论：你赞同这些故事中展现出来的"孝"的内容吗？为什么？ **（二）自主学习，深入探究** 1. 孔子在我们学习过的《论语》中也有很多关于"孝"的论述。朗读以下文字，边读边思考，"孝"的内涵到底是什么。	展示学生慰问敬老院老人的图片，引发学生对"孝亲敬老"活动目的的思考，进而导入有关"孝"的课程内容。 通过了解"孝"字字形的衍变过程，解读"孝"字字形本义，引导学生关注"孝"的内涵，为之后深入、正确理解"孝"的内涵打下基础。 学生分享交流自己所知道的孝亲故事，进一步梳理"孝"在故事中的具体表现，理解传统文化中"孝"的具体内容，引导学生辩证思考。

设计要素		具体内容	
教学过程	教学环节	（1）孟懿子问孝，子曰："无违。"意思是说不要违背父母的意愿。 （2）子曰："父母在，不远游，游必有方。"意思是说父母在的时候，不要出门远游，如果非得要远游的话，要有一定的方向。 （3）子曰："父母之年不可不知也，一则以喜，一则以惧。"意思是说父母的年纪，子女要时时刻刻记在心里，一方面为他们的长寿而高兴，一方面又为他们的衰老而恐惧。 （4）子夏问孝，子曰："色难。有事，弟子服其劳；有酒食，先生馔，曾是以为孝乎？"意思是说，子夏问孔子什么是孝，孔子说："孝之难就在于侍奉父母时一定要和颜悦色。遇到事情，子女要替父母去做；有好的食物，要首先拿来孝敬父母。" 2. 深入探究：同学们分享了很多孝亲敬老的故事，我们不难发现，传统文化中也存在一些糟粕的东西。剔除传统文化中的糟粕，从当下来看，我们应该传承的孝道是什么呢？ 3. 一首歌中唱道："都说养儿为防老。"也有人说："养孩子就是简单的投资。"你怎么看？ **（三）组织教学，讨论交流** 教师引导学生从自身实际情况出发，思考日常生活中自己的"孝亲"行为，理解"孝亲"是对父母的责任，走出家门，"老吾老以及人之老"，尊重老人，就是对国家和社会负责的表现。 1. 讨论交流自己在"孝亲敬老"中存在的问题，在日常生活中跟父母的相处方式存在哪些问题？思考如何改进这些问题。 示例： （1）对父母的关心习以为常； （2）日常生活中对父母不讲礼貌； （3）不太善于表达对父母的爱和关心； （4）不愿意与父母沟通自己的学习、生活状况； （5）出现矛盾只考虑自己的感受； （6）希望摆脱父母对自己的"管束"。 2. 日常生活中，"孝亲敬老"我们可以做些什么？请大家根据同学们反映出来的问题，提出相应的切实可行的建议，记录下来，做成"孝亲敬老"宣传册，以便更好地到社区进行"孝亲敬老"宣传。 **（四）劳动实践，完成任务** 1. 任务名称：孝亲敬老　弘扬传统美德 2. 任务实践 详见本书第二章中与"任务名称"相同的"实践任务活动"。 3. 任务指导 教师要对学生劳动实践开展过程给予指导，提出要求。	在课件上展示文字资料，学生齐声朗读，进一步思考和探究"孝"的内涵。 在课件上展示含有"新二十四孝"内容的图片，学生齐声朗读，更加明确当代社会"孝"的内涵。 引导学生正确认识"孝亲"内涵，体会"孝"是从内心出发的爱与尊重，不是冰冷的利益交换，是从内心出发的感情与责任。 引导学生从自身实际情况出发，思考日常生活中自己在"孝亲敬老"方面存在的问题；并积极参与劳动实践，呼吁"孝亲敬老"。

设计要素		具体内容	
教学过程	教学环节	（1）小组合作，搜集整理资料。 要求：搜集整理古代、现代有关"孝亲敬老"的事迹、图片、名言警句等相关资料。 （2）小组讨论，确定宣传册封面设计内容。 要求：小组同学讨论，选出最合适的图片、名言警句等作为宣传册封面的内容。 （3）利用资料，确定宣传册第一部分内容。 要求：合理利用搜集的图片、故事等资料，明确"孝亲敬老"的意义，积极宣传"孝"文化。 （4）确定宣传册第二部分内容，针对身边和社会上在"孝亲敬老"方面存在的问题提出建议（可依据内容适当加页）。 要求：关注身边和社会中存在的"孝亲敬老"不到位的问题，并提出建议。 （5）确定宣传册第三部分内容，指出现代社会应如何践行"孝亲敬老"，做出具体做法的倡议（可依据内容适当加页）。 要求：结合自身和社会实际发出具体做法的倡议。 （6）设计封底页面内容，发出真情呼吁，走进社区做宣传。 要求：图文并茂，贴合实际。 **（五）评价交流，总结提升** 运用自评、互评、师评的评价方式，从以下几个方面对学生完成任务活动进行评价与总结。 1. 故事、名言、图片等资料信息准确。 2. 文字表述清晰。 3. 图文并茂。 4. 内容丰富。 5. 具有很好的教育意义。 6. 设计具有美感。 **三、任务延伸，劳动拓展** 学生可根据自己家庭实际情况设计"家庭日"活动，如从家人需求出发，设计周末"一日游"路线，担当"小导游"，体验通过自己的劳动为家庭带来的幸福与温馨，践行"孝亲敬老"。	锻炼学生在生活中运用语文的能力，让学生在服务性劳动实践中去学会关心父母，敬爱老人。 完成服务性劳动任务并进行评价，进一步深化本节课内容，提升精神内涵。
教学追踪		1. 定期和家长沟通，家长可以用文字、图片、视频等形式分享学生"孝亲敬老"的行动和家长的感受，了解学生在日常生活劳动中践行"孝亲敬老"的情况。 2. 依托劳动教育开展的系列活动，开展亲子相处方法交流活动，分享亲子相处"小妙招"，并在校内宣传推广。	

八年级教学设计

感受母爱　讲述劳动故事

设计要素	具体内容		
教学案例与所选劳动教育融合的适切性	**教材出处：** 统编版《语文》八年级上册第二单元第7课《回忆我的母亲》 **学科教学与劳动教育融合：** 　　朱德元帅在《回忆我的母亲》这篇文章中深情地回忆了母亲"勤劳的一生"，从母亲的平凡想到劳动人民的平凡，想到他们"创造了和创造着中国的历史"。学习本课内容，让学生观察自己亲人周末的一天，选取典型事件，图文并茂地记录他们一天的劳动生活，参与到家人的劳动中来，并对他们的劳动进行宣传展示。让学生感受亲人的辛勤劳作，体会亲人为家庭、为社会做出的平凡而又伟大的贡献，培养学生正确的劳动价值观。		
所选主题活动设计关键策略	"劳动"是我们每个人每天生活的主题，其因看似平凡，而不为当代青少年所重视。引导学生观察亲人周末的一天，发现亲人休息日仍然在为家庭劳动，选取典型事件图文并茂地记录下来，从中挖掘身边亲人的优秀劳动品质，不仅能培养学生的观察力，也能引导学生去关爱家人，感受到家人的辛苦付出，培养正确的劳动价值观，懂得正是这千千万万个平凡的劳动者，用自己的双手"创造了和创造着中国的历史"！		
学情分析	八年级的学生能够用自己掌握的阅读方法，自读篇幅比较长的文章，能够概括文章内容，梳理行文思路，并能体会文章的情感。但我们也发现，学生在学习这篇文章时，对文章中质朴无华的语言背后所饱含的深情理解不够深刻，尤其是因为时代久远，对文中母亲"勤劳的一生"对"我"的影响深远理解不够，所以需要教师联系学生的生活实际，由文中母亲"勤劳的一生"聚焦到学生的日常家庭生活中，通过观察亲人周末一天的劳动生活，来体验劳动的辛苦及幸福，从而体会作者蕴藏在字里行间的对母亲的深情与敬意。		
教学目标	1. 抓住文章的主线，即母亲"勤劳的一生"，通过作者回忆的具体事例，感受母亲的品格。 　　2. 把握文章主题，体会作者蕴藏在字里行间的对母亲的深情与敬意。 　　3. 通过观察亲人周末的一天，选取典型事件图文并茂地记录下来，从中挖掘身边亲人的优秀劳动品质，培养观察力及语言表达能力，学会关爱家人，感受到家人的辛苦付出，培养正确的劳动价值观，提升语文核心素养。		
教学重点	体会课文选材精当、典型、合理的谋篇布局，情感真挚，语言朴实，于质朴平实中见深刻的特色。		
教学难点	理解本文描写的母亲"勤劳的一生"，从母亲的平凡想到劳动人民的平凡，想到他们"创造了和创造着中国的历史"的深刻内涵。		
课时	2 课时		
教学过程	阶段	教学活动	教学意图
	教学准备	初步阅读第二单元以"生活的记忆和重要的他人"为主题的四篇文章。这些课文或深情回忆，叙述难忘的人与事；或怀景仰之情，展现人物的品格与精神。整体通读这些课文，有助于学生初步了解回忆性散文、传记的特点，有助于学生了解别样的人生，丰富自己的生活体验。	培养学生"大单元阅读"的习惯，整体感知单元内容，对回忆性散文有初步了解。

设计要素		具体内容	
教学过程	教学环节	**一、创设情境，导入新课** 情境一：展示《红星照耀中国》里的片段。 "他身体强健，常常从山下挑粮食到山上；他非常勤劳，早晨总是五点钟起床，晚上不到十一二点不睡；他性格温和，从未和妻子吵过架；他爱护部下，同普通士兵一起，赤脚走路，南瓜充饥，从不叫苦……" 请你猜猜他是谁？ 明确并引导：他就是我们的开国元勋朱德总司令。他说他勤劳的习惯、坚定的意志、谦逊的品格，都是受母亲的影响。究竟是怎样的一位母亲，才能培养出如此优秀的儿子？ 情境二：读挽联，猜人物。 1. 八路功勋大孝为国，一生劳动吾党之光。 ——中共中央 2. 为母当学民族英雄贤母，斯人无愧劳动阶级完人。 ——毛泽东 3. 唯有劳动人民的母性，能育劳动人民的领袖。 ——中共中央党校 阅读以上挽联，分析其中的用词，关键词是什么？请你思考这是一位怎样的母亲？（明确：关键词是"劳动"，引出母亲"勤劳的一生"） **二、聚焦问题，学习新知** **（一）提出问题，明确任务** 文章开头即说"我爱我母亲，特别是她勤劳一生，很多事情是值得我永远回忆的。"阅读文章，思考作者用哪些事情写出了"母亲"的"勤劳"？请用思维导图的形式，理清文章思路。 **（二）自主学习，深入探究** 学生独立思考后，以小组为单位，讨论建构思维导图。 比如：按文章回忆的时间顺序；分类归类母亲的高贵品质，以"勤劳"为中心，其余还有哪些品质及事件。 范例： 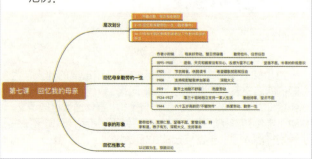	多角度创设情境，有助于学生理解母亲"勤劳的一生"，为下一环节以思维导图梳理课文、抓核心词做准备。 思维导图有利于启发学生的思维，利用关键词"勤劳"，让学生逐渐扩展，找出与关键词相关的内容并进行扩充，形成一个网状结构，简洁明了地梳理清楚作者的行文思路；必要时还可以适当补充自己的初读批语。

设计要素		具体内容	
教学过程	教学环节	**（三）组织教学，讨论交流** 1. 文章饱含了作者对母亲哪些丰富的感情？ 学生交流：有"爱""感谢""敬意""思念""赞扬""歌颂""哀思"等。 教师明确：以"爱""感谢"为主。 2. 作者由衷地感谢母亲对自己的养育之恩，是从哪几方面来写的？你能否联系自己的学习生活实际，谈谈自己的感悟。 提示：一是（文章第14自然段）感谢母亲"教给我与困难作斗争的经验"，"又给我一个强健的身体，一个勤劳的习惯"。 提示学生可结合的点：①劳动能健体——现在的中学生有劳动意识，但劳动时间/劳动实践不够。②劳动能培养品质——坚韧、有毅力、勇敢等，在当代中学生身上体现不够或缺乏。 二是（文章第15自然段）"教给我生产的知识和革命的意志，并鼓励我以后走上革命的道路"。 3. 这样一位伟大的母亲，朱德元帅如何报答母亲的深恩呢？请同学们有感情地朗读文章最后两个自然段，讨论并交流如何理解"母亲是一个平凡的人，她只是中国千百万劳动人民中的一员，但是，正是这千百万人创造了和创造着中国的历史"这句话。 明确：母亲是千千万万劳动者中普通的一员，而正是像母亲这样具有崇高美德的千百万普通劳动者创造了（已经过去了的）和创造着（现在和未来）人类历史上的物质财富和精神文明。母亲是伟大的，劳动人民是伟大的。 4. 作者是如何把对母亲的爱与对人民的爱、对革命事业的忠诚有机地结合起来写的？ 明确：作者以设问句"用什么方法来报答母亲的深恩呢？"发人深省，将对母亲的爱引向对人民、对革命事业的热爱与忠诚，将二者有机结合起来。爱母亲就要尽忠于我们的民族和人民，尽忠于党的事业，"使和母亲同样生活着的人能够过快乐的生活"。只有这样，才能报答母亲的深恩，才算是真正地爱母亲。 （补充写作背景：朱德元帅母亲去世时，正值1944年抗战期间，朱德元帅未能见母亲最后一面。） 5. 请同学们以朱德的口吻写一首小诗，表达对母亲的赞美与怀念，并深情地朗诵。 同学们，朱德元帅的母亲一生热爱劳动，你有没有发现你的家人也是如此勤劳，每天都在为家庭和社会辛苦付出呢？ **（四）劳动实践，完成任务** 1. 任务名称：感受母爱　讲述劳动故事 2. 任务实践 详见本书第二章中与"任务名称"相同的"实践任务活动"。 3. 任务指导 教师要对学生劳动实践开展过程给予指导，提出要求。 （1）认真观察亲人周末一天的劳动。 要求：细致观察亲人的劳动情形（包括但不限于家务劳动、生产劳动、服务性劳动、亲子陪伴、公益劳动等），并帮助亲人一起完成劳动。	在这个讨论交流环节设置的几个问题，环环相扣，步步深入，由作者对母亲的情感，到感谢母亲给予"我"哪些益处，引出劳动能强体、增智。 在朗诵中感悟朱德元帅对母亲的深情以及母亲"勤劳的一生"对儿子的有益影响。再聚焦到自己的家人，观察身边所发生的事情，感受家人的勤劳。

续表

设计要素		具体内容	
教学过程	教学环节	（2）图文并茂地记录这一天中家人的劳动。 要求：选取典型事件，运用多种描写手法来记录亲人劳动的情景以及自己的感受。 （3）以手抄报、展板等形式展示家人的劳动。 要求：将记录的事件精心制作成手抄报等，展现家人的劳动故事。 （4）讲述家人劳动故事。 要求：参加在班级、年级开展的讲述家人劳动故事的比赛活动。 **（五）评价交流，总结提升** 运用自评、互评、师评的评价方式，通过以下几个方面对学生完成任务活动进行评价与总结。 1. 选取典型事件或情景。 2. 文字表述生动具体，感情真挚。 3. 内容丰富，图文并茂。 4. 内容具有很好的教育意义，同学能从中获得劳动的启迪或收获。 **三、任务延伸，劳动拓展** 将自己在日常家庭生活中所学的劳动技能运用到学校、班级劳动中，争当劳动模范。	多角度进行评价，学生的实操性更强，深化本课内容。
教学追踪		教师要定期和家长、学生沟通，了解学生在日常家庭生活中的劳动表现，家校共育促进学生养成参加家庭日常生活劳动的习惯。	

附：学生劳动实践记录

当我写完作业的时候，已经快晚上十点了。客厅餐桌上的吊灯还亮着，我看到妈妈坐在桌前择菜，她把一根根绿色的豆角掰成约一寸长的小截，一边掰一边细心地撕去豆角的筋丝……妈妈是利用睡前的时间在为明天的饭菜做准备。我的心仿佛被什么东西触动了一下，不由得想到刚学的那篇课文《回忆我的母亲》。朱德的母亲一生勤俭持家，劳作不息，给了朱德一个强健的身体和一个勤劳的习惯，使他终身受益。

我的妈妈和朱德的妈妈一样，都有着勤劳不懈的习惯。她工作很忙，经常加班，还一直坚持自学考CFA，周末经常捧着厚厚的英文资料看上半天。她自己的事这么多，还要操心一家人的日常生活，妈妈真的很不容易，但她丝毫没有将这份不易当成生活的负担，反而在这样忙碌的生活中过得有滋有味。想到这儿，我走了过去，坐在妈妈旁边拿起一根豆角，学着妈妈的样子给豆角去掉筋丝，掰成小段。妈妈先是一惊，然后又笑着说："想学啊？我教你，这个豆角要这样掰……"透过她麻利熟练的动作和脸上的笑容，我看到了她在忙碌的生活中仍然过得有滋有味的原因，也看到了一种珍贵的品质——勤劳。

勤劳一直是中华民族的美德，随着时代的变迁和社会的进步，我们的生活水平与以前相比已经有了改天换地的巨大变化。但不管是在革命前辈们曾经经历的那个战乱不止、风雨飘摇的岁月，还是现在我们生活的这个幸福安详、和平发展的时代，勤劳始终是推动伟大中华文明向前发展的重要动力。我们作为祖国未来的主人公，一定要好好地继承和发扬"勤劳"这个中华民族优良传统，为实现美好的"中国梦"做出自己应有的贡献！

（北京陈经纶中学帝景分校　八一班　曾雅乔）

九年级教学设计

敬业乐业　走近"天地间第一等人"

设计要素	具体内容
教学案例与所选劳动教育融合的适切性	**教材出处：** 统编版《语文》九年级上册第二单元第6课《敬业与乐业》 **学科教学与劳动教育融合：** 本文论述了作者梁启超先生对于"敬业与乐业"的看法，认为人应当要"有业"，更要"敬业""乐业"，有业是前提，敬业是基础，乐业是最高境界。这篇文章是梁启超先生1922年在上海中华职业学校为学生所作的演讲，是对学生进行的职业道德启蒙教育，时隔百年，梁启超先生的"敬业乐业"观，对当代中学生依然有很强的教育意义。通过采访的形式，学生走进身边的"天地间第一等人"，挖掘普通劳动者的敬业与乐业精神，了解身边平凡的人在平凡的岗位上，为国家、为社会做出平凡而又伟大的贡献，树立"职业不分高低贵贱"的健康的劳动价值观。
所选主题活动设计关键策略	我们身边有无数平凡的人，在平凡的岗位上辛勤地劳动着，他们尽自己最大的努力，力求把工作做得更好。通过引导学生有意识地去观察身边的劳动者，去发现、挖掘身边普通人的优秀劳动品质，以小组合作探究的形式，让学生自拟采访提纲，精心设计问题，写出采访报道，培养学生的观察力，提升语文核心素养。引导学生去思考什么是真正的"天地间第一等人"，如何才能做"天地间第一等人"，从而树立"职业不分高低贵贱"的健康的劳动价值观。
学情分析	初三学生身体和心理与初一、初二时相比产生了一定的变化，相对来说更加成熟。但其在知识经验、心理品质方面还不够成熟，对于敬业乐业的认识还很浅薄。另外，这一年龄段的学生自我意识逐渐增强，通过《敬业与乐业》的学习，增强劳动意识、合作意识，初步养成认真负责、吃苦耐劳的品质。同时，初三学生即将中考，第一次面临人生道路选择的问题，学习这篇文章，也有利于学生思考自己的未来，初步进行人生职业规划，懂得"职业不分高低贵贱""要专注于自己的学业、事业"的道理。
教学目标	1. 把握作者关于"敬业与乐业"的观点，能对本文的观点和材料（道理、事实等）做出区分。 2. 梳理文章的层次结构，理解作者的论证思路。 3. 了解文中运用的举例论证、对比论证、道理论证等论证方法，体会这些论证方法的作用。 4. 通过对身边普通劳动者的采访，加深对"敬业与乐业"的理解。
教学重点	1. 把握作者关于"敬业与乐业"的观点，同时要注意对本文的观点和材料（道理、事实等）做出区分。 2. 梳理文章的层次结构，理解作者的论证思路。
教学难点	了解文中运用的举例论证、对比论证、道理论证等论证方法，体会这些论证方法的作用。

设计要素		具体内容	
课时		2 课时	
教学过程	阶段	教学活动	教学意图
	教学准备	初步阅读第二单元的四篇议论性文章。它们或谈人生，或议社会，或论教养，都鲜明地表达了作者的观点。整体阅读这些课文，有助于学生初步了解议论文的特点。	培养学生"大单元阅读"的习惯，整体感知单元内容，对议论文有初步了解。
	教学环节	**一、创设情境，导入新课** 　　教师朗诵：人最宝贵的是生命，生命属于人只有一次。人的一生应当这样度过：当他回首往事的时候，不会因为虚度年华而悔恨，也不会因为碌碌无为而羞耻。这样，在临死的时候，他就能够说："我的整个生命和全部精力，都已经献给世界上最壮丽的事业——为人类的解放而斗争。"同学们，这段话出自哪部名著？ 　　（生：出自《钢铁是怎样炼成的》。） 　　师：是的，这是主人公保尔·柯察金在烈士墓前，缅怀战友时的内心独白，是他革命人生观的最直接的体现，道出了他志愿为共产主义事业奋斗终生的坚定信念。 　　亲爱的同学们，你思考过人生与事业的关系吗？我们应该怎样去看待、选择、对待自己的职业？近代学者梁启超先生对于这个问题有深刻的见解，今天就让我们来学习《敬业与乐业》这篇文章，希望大家能有新的思考和认识。 **二、聚焦问题，学习新知** **（一）提出问题，明确任务** 　　1. 文章题目是《敬业与乐业》，请默读全文，并圈点勾画文中表现作者对敬业与乐业观点的语句。 　　（学法指导：如果在段落中出现总之、总而言之、所以说、因此、归根结底等词语，那么由这些词语所引出的那句话很可能就表述了作者的观点和看法。） 　　明确：（1）"敬业乐业"四个字，是人类生活的不二法门。 　　（2）我征引儒门、佛门这两段话，不外证明人人都要有正当职业，人人都要不断地劳作。 　　（3）人类一面为生活而劳作，一面也是为劳动而生活。 　　（4）凡职业没有不是神圣的，所以凡职业没有不是可敬的。 　　（5）总之，人生在世，是要天天劳作的。劳作便是功德，不劳作便是罪恶。 　　（6）因自己的才能、境地，做一种劳作做到圆满，便是天地间第一等人。 　　（7）所以敬业主义，于人生最为必要，又于人生最为有利。 　　（8）每一职业之成就，离不开奋斗；一步一步地奋斗前去，从刻苦中得快乐，快乐的分量增加。	结合正在阅读的名著，引发学生思考。 　　创设情境，营造氛围，引出"敬业与乐业"的主题，为下一环节在文中找出作者的观点看法、抓关键词做准备。 　　在阅读时对作者表达观点和看法的句子进行圈点勾画，有利于学生了解区分中心论点与分论点。

设计要素		具体内容	
教学过程	教学环节	（9）人生能从自己的职业中领略出趣味，生活才有价值。 （10）敬业即是责任心，乐业即是趣味。 …… 2. 以上观点中，哪一句话最能反映出作者的演讲意图？ 补充背景材料：《敬业与乐业》是梁启超先生于1922年8月14日在上海中华职业学校为学生所作的演讲，对学生进行职业道德启蒙教育，有很强的针对性。上海中华职业学校是中国近现代史上以试验、总结、推广职业教育而著称的一所中等职业学校，以黄炎培先生提出的"敬业乐群"为校训，提倡"手脑并用""双手万能"，着重理论联系实际，重视生产劳动实习和职业道德。 明确："敬业乐业"四个字是人类生活的不二法门。	结合背景材料，有助于学生了解梁启超先生发表这篇演讲的目的，使学生能更快地找准中心论点句。

（二）自主学习，深入探究

作者围绕这一中心论点，从哪几方面进行阐释和论证？请用思维导图的形式，理清文章思路。

学生独立思考后，以小组为单位，讨论建构思维导图。

范例：

```
敬    一、揭示中心"敬业乐业"。（1）
业
与    二、论述敬业     论述"有业"的重要性。（2～5）
      和乐业的（2～8） 论述"敬业"的重要性。（6,7）
乐    重要性。         论述"乐业"的重要性。（8）
业    三、用"责任心"和"趣味"勉励人敬业乐业。（9）
```

学生交流探讨，教师点拨指导：

有业是前提，敬业是基础，乐业是最高境界。

明确：本文分为三个部分，体现了"总—分—总"的结构。第一段揭示全篇论述的中心"敬业乐业"，然后论述有业的重要性，因为"敬业乐业"的前提是"有业"，接着论述敬业和乐业的重要性，最后总结全文，勉励人们敬业乐业。

（三）组织教学，讨论交流

1. 如何理解文中"业"的含义？

明确：这里的"业"可以是常规意义上理解的职业、事业，也可以指生活中有意义的事情。结合当代中学生的情况，也包括学生的学业等。

2. 分析"有业是前提"：请同学们结合课文2~5段，找出与"有业是前提"这一观点有关的名言与故事，并说说从中读出了什么？

明确：作者引用孔子的两段言论"饱食终日，无所用心，难矣哉！""群居终日，言不及义，好行小慧，难矣哉！"；举百丈禅师的故事，得出"百行业为先，万恶懒为首"的结论，强调"有业"是做人之本。

右侧批注：思维导图的运用有利于启发学生的思维，抓住中心论点"敬业乐业"，让学生明白"有业是前提，敬业是基础，乐业是最高境界"这三个层次，从而简洁明了地梳理清楚作者的行文思路。

设计要素		具体内容	
教学过程	教学环节	3. 分析"敬业是基础"：请同学们朗读6~7段，用原文回答，什么叫敬业？为什么要敬业？怎样才能做到敬业？作者列举了哪些名言和事例来证明自己的观点？ 明确：凡做一件事，便忠于一件事，将全副精力集中在这事上头，一点不旁骛，便是敬。凡职业没有不是神圣的，所以凡职业没有不是可敬的。忠实从心理上发出来的便是敬。引用的名言"主一无适便是敬""坐这山，望那山，一事无成""用志不分，乃凝于神""素其位而行，不愿乎其外"；列举佝偻丈人承蜩的故事，来论证"敬业是基础"。 4. 分析"乐业是最高境界"：请同学们朗读课文第8段，思考作者是怎样论述"乐业"的？ 明确：首先反驳"做工好苦"的言论，然后抛出自己的观点："苦乐全在主观的心，不在客观的事。"最后从在工作中寻找快乐、在奋斗中感受快乐、在竞争中体味快乐、在投入中享受快乐这四方面阐述"凡职业都是有趣味"的道理。 5. 同学们，你是否在日常的学习生活中达到"敬业""乐业"了呢？请用"总—分—总"的结构，联系你的学习生活实际谈谈你对"敬""乐"的理解。 指导提示：在学习过程中，心无旁骛地学习是"敬"，感受到学习的乐趣是"乐"。请同学们结合学习生活实际谈谈自己的理解，不仅要有大国工匠、劳动模范，还要有身边普通劳动者和同学。指导学生从榜样的具体事迹中领悟他们的高尚精神和优良品质。明确要求学生在日常生活学习中努力向榜样看齐。 教师小结：同学们，无论是成年人的工作，还是同学们的学业，无论是谋生的职业，还是生活中任何一件有价值的事情，只要你有责任心，尽职尽责地去做，能从中发现乐趣，就是"敬业乐业"。让我们一起来看看身边有哪些"敬业乐业"的人吧。 **（四）劳动实践，完成任务** 1. 任务名称：敬业乐业 走近"天地间第一等人" 2. 任务实践 详见本书第二章中与"任务名称"相同的"实践任务活动"。 3. 任务指导 教师要对学生劳动实践开展过程给予指导，提出要求。 （1）观察寻找身边"敬业乐业"的人。 要求：观察发现身边那些称得上"天地间第一等人"的人，以此为标准来确定采访对象。 （2）小组讨论，确定采访对象。 要求：小组合作研讨，从日常生活劳动、生产劳动、服务性劳动中确定采访对象。各组尽量从不同类别选取采访对象。采访前要学习并掌握新闻采访、人物采访的方法（结合八年级上册第一单元新闻采访）。	这个环节设置的几个问题，一步一步引导学生从"业"的含义，分析"有业是前提""敬业是基础""乐业是最高境界"这三个分论点的论证过程及论证方法。由此引出学生对"天地间第一等人"的看法，联系生活实际去发现、思考。 培养学生的观察力和感知力，培养学生在生活中运用语文的能力。 通过对身边敬业乐业的普通劳动者的采访、记录，感受平凡人的辛勤劳动，以及他们为社会做出的贡献，明白"职业没有高低贵贱之分"，以此树立健康的正确的劳动价值观。

设计要素		具体内容	
教学过程	教学环节	（3）讨论采访提纲并确定采访问题。 要求：根据选取的采访对象，设计采访提纲，精心准备问题，要从这些"天地间第一等人"身上感受到"敬业乐业"带来的精神力量。 （4）小组合作进行采访（线上、线下均可）。 要求：人物采访活动要有主持人，有拍照或摄像，有文字记录。 （5）汇集各组采访内容，进行交流展示。 要求：各组汇报交流时，要从采访的对象、内容，拍摄的照片、记录的事例、报道的文字，看是否符合"敬业""乐业"的内涵。 （6）汇集成册，形成"天地间第一等人"群像。 要求：按照日常生活劳动、社会生产劳动、社会服务劳动这几方面来分类，最后汇集成册。 **（五）评价交流，总结提升** 运用自评、互评、师评的评价方式，通过以下几个方面对学生完成任务活动进行评价与总结。 1.选择的采访对象是否符合"天地间第一等人"的标准。 2.采访提纲是否有价值。 3.拍摄照片或录制视频是否主题突出。 4.采访报告是否具有很好的教育意义。 5.小组展示是否重点突出，有代表性。 6.采访报道中，观点与材料是否相符合。 **三、任务延伸，劳动拓展** 利用周末或其他假期时间，与采访的对象一起，参加一项劳动，掌握劳动技能，并谈谈与这些"敬业乐业"的普通劳动者们一起劳动的感受和体会。	多角度进行评价，突出实操性。
教学追踪		学生在采访完"天地间第一等人"后对敬业与乐业有没有更深层次的理解，在和这些普通劳动者一起劳动与交流中，还有没有新的体会，用"观点＋材料"的方式加以论述，以此来丰富"敬业与乐业"的内涵。	

第二节　初中数学　方圆几何　勾画创意劳动

七年级教学设计

运用调查统计　科学垃圾分类

设计要素	具体内容
教学案例与所选劳动教育融合的适切性	**教材出处：** 人教版《数学》七年级下册第十章《数据的收集、整理与描述》 **学科教学与劳动教育融合：** 　　本节课通过让学生统计一周内自己家庭中各种垃圾产生重量，学习收集数据、整理数据、描述数据和分析数据的全过程，学生经历数据统计活动并能够根据结论做出简单的判断和预测，初步建立数据分析的观念。通过参加垃圾分类劳动，让学生树立正确的环保和劳动观念，强化实践体验，在亲历收集垃圾数据的劳动过程中，提升将数学知识应用于日常生活的能力。
所选主题活动设计关键策略	将数学活动的过程作为教学的内容是新课程改革的教学理念。学生通过参与活动，获得数学活动的经验，了解和掌握数学在日常生活中的应用。本节课通过让学生调查自己家庭一周之内各种垃圾的产生量，让学生发现在生活中经常遇到的统计问题，通过用样本估计总体和数据收集、整理、描述和分析过程，利用结论来帮助人们对事物发展做出合理的推断。学生通过参与活动，可以对本章的知识点产生更加深入的认识，数据处理能力得到更好的锻炼。
学情分析	七年级学生刚刚开启初中生活，对于新鲜事物充满着好奇，并且已经具备一定的开展综合实践活动的能力，但是在实施活动的能力和劳动观念上有所差异。本节课通过让学生体验收集数据、整理数据、描述数据、得出结论全过程，引导学生科学严谨地调查统计过程，利用样本估计总体，对北京市整体的家庭垃圾分类工作提出合理化建议，体验科学研究工作的规范和严谨，通过亲身实践调查统计的全过程，提高科学规范的劳动意识。
教学目标	1. 经历收集数据、整理、描述和分析数据的活动，了解数据处理的过程，通过调查自己家庭一周内各种垃圾的产生量体会数据统计全过程。 　　2. 能够解释统计结果，根据结果做出简单的判断和预测，并能够进行交流。通过调查活动，用样本估计北京市每天产生各种垃圾的数量，认识垃圾分类的重要性，提高社会责任意识。 　　3. 在参与劳动的过程中体会劳动的乐趣，树立节约资源和保护环境的意识，继承中华民族勤俭节约、敬业奉献的优良传统，弘扬开拓创新、砥砺奋进的时代精神。
教学重点	在活动中体验数据统计的全过程。
教学难点	运用综合知识提升数据分析能力并得出结论。
课时	1 课时

设计要素	具体内容		
	阶段	教学活动	教学意图
教学过程	教学准备	指导教师前期布置： 1. 在本节课开始前一周，指导教师布置活动任务，并在活动过程中进行适时的督促和指导。 2. 指导教师要求学生根据自己的数据统计过程，参与组内交流，为参与班级的活动成果展示做准备。 3. 指导教师引导小组长进行任务分工，保证每个组员积极参与和承担任务。	指导教师及时引导和督促，解决学生统计过程中的问题，保障教学任务顺利完成。
	教学环节	**一、创设情境，导入新课** 　　2020 年的"五一"劳动节，新版《北京市生活垃圾管理条例》正式实施，拉开了北京市"生活垃圾强制分类"的大幕。为响应北京市垃圾分类要求，前一段时间同学们对自己家庭每周产生的各类垃圾分别进行了统计，为我们继续研究和制定整个北京市家庭垃圾分类措施提供支持。引入课题：运用调查统计　科学垃圾分类。 **二、聚焦问题，学习新知** **（一）提出问题，明确任务** 　　问题 1：同学们想一想我们的这种调查方式属于怎样的调查？ 　　抽取我们班级内学生进行调查，然后根据调查数据，进一步推断整个北京市每周产生各类垃圾的数量，这就是另外一种调查方法——抽样调查。 　　问题 2：同学们想一想，进行抽样调查需要满足什么条件？它又有什么优势呢？ 　　我们收集数据时应该注意数据要具有代表性，也就是说，我们选择的每一个家庭都应该是普通家庭，它每周产生各类垃圾的数量能够代表北京市民的一般水平。 **（二）自主学习，深入探究** 　　学生独立思考后，将前期收集数据、统计数据、处理数据的结果放在小组内进行相互学习，指出小组成员的优点和不足，小组成员组内分享调查统计过程中的收获与感受。 **（三）组织教学，讨论交流** 　　师生活动：前期同学们经过对自己家庭一周产生的各类垃圾进行了统计，通过小组内学生的整理和归纳，学生分工展示数据统计过程，教师及时评价引导。 　　汇报要求：展示学生制作的海报或演示文稿，解释数据统计的各个环节，针对参与活动的收获或反思（知识、技能、方法等）进行总结；针对结果发现家庭垃圾分类的特点，并提出合理化建议。	引导学生从具体情境中发现数学问题，进而寻求解决问题的方法。 学生通过观察、归纳、思考、概括，了解抽样调查的有关概念，体会抽样调查蕴含的统计思想。 通过对完成活动的分析，学生对于相关概念有更加深刻的认识。 学生实践展示，教师纠错辅导、及时评价引导。

设计要素		具体内容	
教学过程	教学环节	**（四）劳动实践，完成任务** 1. 任务名称：运用调查统计　科学垃圾分类 2. 任务实践 详见本书第二章中与"任务名称"相同的"实践任务活动"。 3. 任务指导 教师要对学生劳动实践开展过程给予指导，提出要求。 （1）了解活动背景，实施任务布置。 要求：全面了解，布置科学。 （2）明确分类标准，进行详细记录。 要求：科学掌握分类方法，记录翔实、有效。 （3）整理记录数据，分析得出结论。 要求：整理规范，数据分析严谨科学。 （4）完成个人分析，进行小组分享。 要求：个人分析客观，小组内分工合作、取长补短。 （5）课堂展示交流，梳理小结过程。 要求：交流大方、互动充分，梳理具有科学研究性。 （6）针对数据统计得出有效结论。 要求：结论具有针对性和指导意义。	通过展示活动分享劳动成果，展示小组成员分工合作获得的收获。
		（五）评价交流，总结提升 师生梳理总结数据统计步骤： 1. 收集数据。 2. 整理数据（利用表格整理）。 3. 描述数据（利用统计图描述数据）。 4. 分析数据中蕴含的信息。 5. 用样本估计总体，结合北京市环境污染的形势，谈谈垃圾分类的意义，以及如何从我做起进行垃圾分类。 指导教师进行点评与总结： 1. 活动内容的完成情况。 2. 数据统计知识的应用情况及分析数据能力。 3. 用数学语言表述事件的效果。	通过梳理，学生对于研究问题深入思考，认识劳动能够创造价值的道理。 劳动在于全员参与，及时分析评价，树立劳动最光荣、最崇高、最伟大、最美丽的思想观念。
		三、任务延伸，劳动拓展 1. 本节课后根据调查统计结论持续记录家庭一个月的垃圾分类情况，以此检验和推进研究工作的逐步完善。 2. 尝试运用数据统计全过程分析班级学生家庭一个月的开支情况，并就家庭生活提出合理化建议，形成可行性评价报告。	
教学追踪		问题：同学们对数据进行分析，得到了样本情况，调查活动是否结束了？如果没有，还需要做什么？ 师生活动：突出利用学生家庭作为样本估计总体的意识，突出数学的应用意识，得出的结论可为北京市家庭垃圾分类工作建言献策。	

八年级教学设计

研究轴对称　设计汽车标志

设计要素	具体内容		
教学案例与所选劳动教育融合的适切性	**教材出处：** 人教版《数学》八年级上册第十三章《轴对称》 **学科教学与劳动教育融合：** 　　轴对称是图形变化的方法之一，它在现实生活中被广泛应用，本节课通过学习轴对称及其性质，掌握轴对称图形的画法，探究图形之间的轴对称关系。跟以往教学相比，本节课通过运用轴对称数学知识设计创作汽车品牌标志，突出学生的创造性劳动能力，从数学的角度了解品牌设计这个行业，积累职业经验，掌握基本的劳动知识和技能，具备完成一定劳动任务所需要的设计、操作及团队合作能力。		
所选主题活动设计关键策略	轴对称作为生活中比较常见的数学应用知识受到学生的喜爱，本节课立足对生活中轴对称现象的分析，概括出轴对称图形的一般性质。在教学设计上本节课采用探究性学习，通过引导学生设计轴对称图形，进一步丰富学生的数学活动经验和体验，培养学生积极的情感、态度，促进学生观察、分析、归纳、概括等一般能力的发展，让学生在实践过程中体验劳动带来的成就感与幸福感。		
学情分析	学生往往认为数学是脱离现实生活的，其实数学联系着生活的方方面面，也和日常的生产生活劳动密切相关。学生具备对称图形的感性认识，能够举出生活中的建筑、日用品等暗含的轴对称关系，但是对轴对称图形的理性认识还不到位，利用轴对称图形设计品牌标志成为学生不愿触及的难点，通过本节课内容的渗透，使学生愿意参与到这样具有职业特点的劳动中来。初中生思想活跃、想象力丰富，能设计出别具一格的劳动创意作品。		
教学目标	1. 让学生学习轴对称图形的基本概念，了解轴对称图形的基本性质，感受轴对称图形的美观。 　　2. 通过汽车标志设计活动，让学生感受几何图形的对称美在生活中的应用，激发学生学习数学的兴趣和自信心，培养学生应用数学的意识和能力。 　　3. 养成参与社会生活的劳动目标，体验现代科技条件下劳动实践新形式，通过小组竞赛，培养学生的交流意识和合作精神。		
教学重点	让学生学习轴对称的性质及轴对称图形的画法，感受数学在实际生活中的应用。		
教学难点	通过汽车标志设计活动，培养学生创新思考精神，激发学生学习数学的兴趣和自信心。		
课时	1 课时		
教学过程	阶段	教学活动	教学意图
	教学准备	指导教师提前分好小组，自主预习轴对称图形一节，可观看洋葱数学视频 App 学习，小组长分配任务，组员共同完成国产车辆图标设计。	通过预习和分工提升学生对于知识的掌握程度。

设计要素		具体内容	
教学过程	教学环节	**一、创设情境，导入新课** 师生活动：联想猜谜，请根据下列提示猜一几何名词，并说明理由。 | 提示一	提示二	提示三	提示四
全等	垂直平分线	折叠	飞机	 【参考答案】轴对称或轴对称图形。理由如下： （1）全等——关于某条直线对称的图形是全等形。 （2）垂直平分线——如果两个图形关于某直线对称，那么对称轴是对应点连线的垂直平分线。 （3）折叠——如果一个图形沿着一条直线折叠，直线两旁的部分能互相重合，那么这个图形叫作轴对称图形。 （4）飞机——飞机是轴对称图形。 **二、聚焦问题，学习新知** **（一）提出问题，明确任务** 1. 轴对称图形具有什么性质？ 2. 画轴对称图形时需要注意什么？如何完成？ 通过前面的学习，大家对于轴对称的知识有了更为深入的了解，引出课题《研究轴对称　设计汽车标志》。 **（二）自主学习，深入探究** 我国已于 2001 年 11 月正式加入世界贸易组织，为此，汽车工业必将面临国际市场更加激烈的竞争。为使我国国产汽车早日成为国际知名品牌，要做的工作很多，如何设计一款富有特色的商标就是其中一项重要的工作。请大家思考，如何设计一款富有特色的商标？ 同学们展示课前收集的有关资料。如下面的部分世界名车的商标图案。 **（三）组织教学，讨论交流** 教师组织学生交流并欣赏汽车标志图案。 追问：有没有发现，这些熟悉的车标里面很少有国产品牌？（激发学生爱国情怀）	激发学生的好奇心和求知欲，让学生主动参与教学活动，从而形成学生了解数学、应用数学的态度。 复习轴对称基本知识，通过几个关键词的诊断让学生理解轴对称的基本性质。 通过对猜谜活动的分析、讲解，为引入新课做好铺垫。 引入课题，通过布置明确的操作任务，从实践劳动角度达成教学目标。

设计要素		具体内容	
教学过程	教学环节	请大家设想一下，假如 10 年之后的某一天，已经从清华大学汽车工程专业毕业的你，真的拥有了一个可以制造自主车辆的机会，请你为它设计一个漂亮的图标。 要求：具有对称性，寓意新颖。 **（四）劳动实践，完成任务** 1. 任务名称：研究轴对称　设计汽车标志 2. 任务实践 详见本书第二章中与"任务名称"相同的"实践任务活动"。 3. 任务指导 教师要对学生劳动实践开展过程给予指导，提出要求。 （1）为国产汽车设计一个标志。 要求：全面了解国产汽车行业。 （2）小组合作，组内人员分工。 要求：小组成员内分工合理、取长补短。 （3）手工绘制出草图。 要求：绘制草图过程细致。 （4）赋予车标背后的含义。 要求：车标有设计创意和文化内涵。 （5）小组交流设计创意。 要求：互相学习，礼让谦虚。 （6）通过软件将草图标准化呈现。 要求：设计具有美感。 **（五）评价交流，总结提升** 运用师生和小组间的评价方式，通过以下几个方面对学生完成任务活动进行评价与总结。 1. 轴对称设计图案精美。 2. 发现问题，改正方案具有针对性。 3. 体会数学与劳动结合产生美。 4. 图形设计具有创意和数学智慧。 5. 汇报流畅，表达清楚。 6. 软件使用熟练。 小组展示交流后，由老师进行总结评价。肯定学生的智慧，以及小组合作的成绩，并鼓励学生将这种精神发扬到今后的学习工作中。 **三、任务延伸，劳动拓展** 数学无处不在，生活中处处充满了对称美，鼓励学生课下利用轴对称等有关知识为班级设计一枚班徽。	通过设置情境，学生对于职业设计劳动充满好奇与向往，通过角色转化和体验，深化劳动创造价值意识。 通过学生动手操作，提升劳动能力，创造劳动价值。 通过学生设计汽车标志，提升学生创造美、欣赏美，感受劳动最美的意识和能力。 通过评价展示劳动成果，学生品味劳动快乐，热爱劳动。 通过劳动拓展，提高学生在生活中应用数学的意识。
教学追踪		如何能实现早日创造出一流国产汽车的梦想？唯有从现在开始奋发图强，从我做起，才能让我们的国家越来越富强，引导学生树立用自己实际行动为祖国创造价值的理想。	

九年级教学设计

相似巧运用　丈量国旗身高

设计要素	具体内容	
教学案例与所选劳动教育融合的适切性	**教材出处：** 人教版《数学》九年级下册第二十七章《相似》 **学科教学与劳动教育融合：** 　　利用相似三角形可以计算某些不能直接测量的物体的高度，本节课通过使用测量工具完成国旗高度的测量任务，利用相似三角形的对应线段的比等于相似比计算国旗旗杆的高度，通过运用相似有关知识解决一些简单的生活问题。在实际测量和计算过程中，学生通过实际劳动操作得出国旗旗杆高度，解决生活中的实际问题，脑力体力并用，强化劳动实践体验，提升育人实效性。	
所选主题活动设计关键策略	国旗是一个国家的象征与标志，每周的升旗仪式是对学生进行爱国主义教育的重要途径和方法。面对校园内神圣的国旗，有些同学一直想知道我们的国旗旗杆到底有多高。本节课采用小组合作探究性学习，让学生在动手操作的基础上，通过运用相似三角形等有关知识，在测量、计算等环节解决国旗旗杆高问题，运用所学知识发现问题并不断改进方法，重视应用知识创造性地解决实际问题，体验劳动带来的收获。	
学情分析	九年级的学生已经具备一定的开展综合实践活动的基础，对事物求知探究欲望强，但是在组织能力、实施活动能力和劳动能力上有差异，因此本节课在实施过程中注重学生个体与小组合作作用的发挥，通过亲身实践提升学生运用知识解决问题的意识，让学生掌握劳动知识和劳动技能，具备完成一定劳动任务的能力。	
教学目标	1. 了解相似三角形的有关性质，能够应用相似三角形的性质解决简单问题。 　　2. 掌握研究几何图形的基本思路，发展数学应用意识，初步建立相似模型，渗透数学建模思想。 　　3. 体验实践活动，亲历活动过程，在此过程中积累数学操作活动经验，发展创新意识，提高分析问题和解决问题的能力。	
教学重点	能灵活应用相似三角形的性质解决有关实际问题，体验实践活动，亲历劳动过程，提升动手能力。	
教学难点	如何把实际问题转化为数学模型，并借助自然环境体验实践活动。	
课时	1 课时	
教学过程	**阶段**	**教学活动**	**教学意图**
	教学准备	指导教师提前布置： 1. 选择阳光明媚的午后，提前设计好测量内容。 2. 准备皮尺等测量工具。 3. 设计分组活动，全班交流讨论。	有助于学生亲历劳动过程。
	教学环节	**一、创设情境，导入新课** 　　1. 观看天安门庄严的升旗仪式视频。 　　2. 提出问题：我们学校每周一也在操场进行庄严的升旗仪式，我们操场的旗杆到底有多高呢？	通过情境引入，学生了解国旗有关知识，深化接下来的数学实践活动的内涵。

设计要素		具体内容	
教学过程	教学环节活动	**二、聚焦问题，学习新知** **（一）提出问题，明确任务** 1. 哪位同学能够估算我们校园操场上旗杆的高度？ 2. 同学们觉得估算得准确吗？你是怎样估计的？如果想要得出我们学校旗杆的实际高度，有什么方法？ **（二）自主学习，深入探究** 分享展示课前网上查阅测量国旗旗杆高度的方法，小组讨论哪些是在现有条件下最适合的方法。 **（三）组织教学，讨论交流** 分小组制定活动方案，小组讨论后，由小组长汇报。 1. 测量校园操场上旗杆的高度 采取利用太阳光照物体形成影子的方式测量国旗旗杆的高度。 2. 讨论交流测量结果的准确性 在误差范围内，将太阳光线看成平行线的情况下，测量结果相对准确。 **（四）劳动实践，完成任务** 1. 任务名称：相似巧运用　丈量国旗身高 2. 任务实践 详见本书第二章中与"任务名称"相同的"实践任务"。 3. 任务指导 教师要对学生劳动实践开展过程给予指导，提出要求。 （1）选择阳光明媚的午后进行测量。 要求：条件充足，保障学生安全和测量准确。 （2）小组合作，组内人员分工。 要求：小组成员内分工合理，取长补短。 （3）皮尺测量国旗旗杆影长。 要求：工具使用正确，测量规范科学。 （4）找同学站在旗杆影长顶端处。 要求：科学严谨，站姿端正。 （5）测量该同学的身高和影长。 要求：测量规范，数据准确。 （6）旗杆的影长和同学的影长做比。 要求：计算准确，原理清晰。 （7）比值乘以该同学身高。 要求：明确数学原理。 （8）求各小组所得数据的平均值。 要求：减少误差，各小组取长补短，互相合作。 **（五）评价交流，总结提升** 1. 请同学们按要求展示你们组测算学校操场旗杆高度的测算结果。	通过任务分解突出相似基础知识，突出本节课的数学应用主体。 通过小组合作增强学生互相合作的意识。 通过设计流程图，学生清楚操作步骤，保证参与实践活动的效果。 通过总结提升，清晰数学应用意识，明确数学应用价值。

设计要素		具体内容	
教学过程	教学环节	2. 要求学生汇报本组设计的过程及设计思路；展示测算过程中的疑难问题及解决方式；介绍测量的数据是多少，测算结果及对结果的分析，是否有误差，如何解决误差。 3. 本组测算的国旗旗杆的高度与国旗旗杆实际高度有差距吗？这种差距是误差吗？是什么原因造成的误差？怎样解决？ 总结：相似三角形的应用主要有如下两个方面： 测高（不能直接使用皮尺或刻度尺量的）； 测距（不能直接测量的两点间的距离）。 **三、任务延伸，劳动拓展** 你知道我国规定的小区居民楼间距的标准吗？（国家标准规定，可以用楼高：楼间距＝1：1.2比值计算）请你利用今天学到的知识测算一下你们小区楼间距是否符合国家标准。如果不符合标准请你提出改进意见。	通过设计课后延伸增加活动实践体验的厚度和内涵。
教学追踪		1. 尝试用其他方法来测量国旗旗杆的高度。 2. 比较各种测量方法之间的优劣势，形成可行性评价报告。	

第三节　初中英语　出口成章　秀出人文劳动

七年级教学设计

劳动迎新春　爱暖家庭情意浓

设计要素	具体内容
教学案例与所选劳动教育融合的适切性	**教材出处：** 外研版《英语》七年级上册 Module 10 Unit 2 My mother's cleaning our house and sweeping away bad luck **学科教学与劳动教育融合：** 　　春节是每个中国学生都很熟悉的传统节日。为了过好春节，人们通常会做一系列的准备活动，而在这个过程中，初中生真正参与到春节准备活动中的情况少之又少。通过本课学习，让学生在掌握春节习俗以及春节活动的英文表达的基础上，运用现在进行时和一般现在时介绍自己家乡的春节风俗，并记录自己在春节期间的日常家庭生活劳动，既能让学生巩固关于春节习俗的英语表达，也能让学生在日常家庭生活劳动中，体验传统文化习俗，传承中华优秀传统文化，感受浓浓的亲情，增强家庭责任意识。
所选主题活动设计关键策略	中国幅员辽阔，地区差异较大，各地区各民族过春节的风俗不尽相同。本课为阅读课，采取任务型教学法的方式，鼓励学生积极参与到即将到来的春节准备活动中，同时运用所学的英语知识，记录自己的劳动过程并拍成微视频，在第二学期课上展示。通过这样的学习和劳动方式，增强学生的语言能力和语用能力，同时在日常家庭生活劳动中体验劳动创造美好生活的重要意义。
学情分析	本节课的授课对象是七年级学生，学生在小学阶段学习过春节及春节活动的英语表达，但对春节的重要意义以及文化传承的必要性理解不深刻。大部分学生对学习英语有较浓厚的兴趣，对春节有着强烈的期待。他们喜欢有趣、快乐的课堂，因此针对这些特点，教师要提高英语教学的趣味性，将英语教学与劳动教育相融合，让学生结合所学英语知识，通过参与家庭过春节的准备活动，在日常家庭生活劳动中运用英文文章和英语视频记录劳动过程，以此来提高学生语言能力和语用能力，锤炼文化品格，让英语真正在生活中被用起来。
教学目标	1. 掌握春节习俗以及春节活动的英文表达，学会运用现在进行时和一般现在时描述春节活动。 　　2. 能够读懂关于春节的英文文章，并能将自己在迎春中的每一项劳动用英语准确、流利地表达出来，增强学生的语言能力和语用能力。 　　3. 通过本课学习，鼓励学生参加日常家庭生活劳动，体验传统文化习俗，巩固关于春节习俗的英语表达，传承中华优秀传统文化，感受浓浓的亲情，增强家庭责任意识。
教学重点	掌握春节习俗以及春节活动的英文表达，学会运用现在进行时和一般现在时描述春节活动。

续表

设计要素		具体内容	
教学难点		学生能够在掌握春节习俗以及春节活动的英文表达的基础之上，运用现在进行时和一般现在时介绍自己家乡的春节习俗并记录自己的春节劳动任务。	
课时		2 课时	
教学过程	阶段	教学活动	教学意图
	教学准备	**一、学生需要提前预习的知识** 教师提前提供关于春节的中英文词汇和短语。在线上推送关于春节的中英文双语文章及手抄报，供学生提前阅读和学习。 **二、学生需要提前思考的问题** 1. 思考春节前的各项准备工作都有哪些，用英文怎么表达及如何撰写春节的英文文章。 2. 思考如何制作关于春节的英文手抄报。	提前预习有助于培养学生自主学习的良好习惯。
	教学环节	**一、创设情境，导入新课** 播放关于庆祝春节的英文视频。 观看视频后，鼓励学生分小组讨论以下问题： When does the Spring Festival come? What do you often do before Spring Festival? What present do you get from your parents? What do you usually say to others on New Year's Day? **二、聚焦问题，学习新知** **（一）提出问题，明确任务** 提问： What people should do before and during Spring Festival?Why? Is it important for us to help our parents to do these preparations?Why? 1. 和同伴回忆学习过的有关春节活动的英文表达，并写出来。 2. 第一遍速读文章，并提取每段主旨大意及文章整体的主旨大意。 3. 第二遍分小组细读文章，并完成以下表格。	播放关于春节的英文视频，通过提问引发学生思考，并提升学生学习的兴趣，为接下来的课文学习和学习活动做好铺垫。 通过对课文主旨大意及细节信息的提取，学习庆祝春节的英文表达，为下面的学习活动做好铺垫。

续表

设计要素	具体内容		
教学过程	教学环节	（见下）	通过自主学习以及讨论交流等环节，帮助学生理清思路，进一步理解春节的重要意义以及参与家庭劳动的重要意义，为后面劳动实践的实施以及新学期的汇报奠定坚实的基础。

When	The things they are doing in the photo	The things they usually do	Why
before Spring Festival	cleaning house	buy______	
on the evening before Spring Festival	celebrating Spring Festival with ______ eating______	watch ______	
in Spring Festival	visiting______ ______ ______ new sweaters and coats	get______	

（二）自主学习，深入探究

1. 第三遍阅读，通过两个挑战问题，让学生深入思考春节的意义。学生各抒己见。

Why Spring Festival is important in China?

After the dinner,we usually watch a special programme on TV. Why do we think it “special”？

2. 鼓励学生根据以上完成的阅读表格，两人一组讨论并练习，复述文章。

3. 教师在 PPT 上呈现春节前、除夕以及春节中的图片，鼓励学生分小组进行活动，互相谈论自己最喜欢的春节活动，并讲出理由。

4. 以小组为单位，撰写庆祝春节的英文文章。

（三）组织教学，讨论交流

阅读及口语活动结束之后，鼓励学生分小组制定写作及春节实践活动方案，小组讨论后，由小组长汇总制作 PPT 进行小组汇报，汇报内容如下。

1. 阅读任务的完成情况及介绍。
2. 春节活动的英文表达。
3. 如何撰写英文文章及成果展示。
4. 根据自己的学习和讨论交流，谈谈春节的重要意义以及如何与家人进行春节准备活动。

（四）劳动实践，完成任务

1. 任务名称：劳动迎新春　爱暖家庭情意浓

2. 任务实践

详见本书第二章中与“任务名称”相同的“实践任务活动”。

3. 任务指导

教师要对学生劳动实践开展过程给予指导，提出要求。

设计要素		具体内容	
教学过程	教学环节	（1）用英文列出春节前的准备活动，并选择适合自己的劳动任务。 要求：选择力所能及的任务。 （2）积极帮助家里做好家庭日常清洁。 要求：将自己的劳动及时拍照并做好英文记录。 （3）大年三十帮助家人贴春联、美化家居等。 要求：贴春联时要注意安全。 （4）大年三十和家人一起包饺子。 要求：可以录制英文视频，展示自己学习包饺子的方法。 （5）将参加的家务劳动体会用英文记录下来，拍英语视频，新学期开学时汇报。 要求：写文章或者录制视频的时候可以参考课本相关内容。注意语法正确，语句通顺。 （6）根据自己和别人的劳动，做出英文反思及分享。 要求：着重谈谈自己对春节的进一步理解以及未来劳动的改进措施。	带着课上所学投入真实的劳动实践，有助于加深学生对春节这一传统节日的理解，同时有助于培养学生参与家庭劳动的技能以及勤劳节俭、勇于奉献的家庭责任感。
		（五）评价交流，总结提升 运用自评、互评、师评的评价方式，通过以下几个方面对学生完成任务活动进行评价与总结。 1. 选择适合自己的家庭日常清洁、烹饪、家居美化等劳动任务。 2. 努力完成好每一项劳动任务，受到家长表扬。 3. 将参加的家务劳动体会用英文记录下来，拍成英文视频。 4. 英语文章或词汇准确、语句通顺、无语法错误，图文并茂。 教师总结：我们将英语语言学习与春节家庭劳动表达相结合，将课堂所学知识真正应用到实践中，通过参加春节准备活动提升自己的英语水平，促进家庭责任意识的形成。期待新学期大家的精彩分享和表现。	评价交流有助于培养学生在劳动中反思和改进的能力。
		三、任务延伸，劳动拓展 1. 给家人讲自己此次劳动的感悟和所得。 2. 给家庭其他兄弟姐妹讲解春节的习俗及意义，以及参与家庭劳动的重要意义。 3. 尝试把自己小组的成果展示给外国友人、外教等。	劳动拓展活动有助于提升学生的表达自信和实践自信，以及巩固此次劳动教育课的延续和可持续发展。
教学追踪		1. 两人结对子，互相采访对方父母关于学生在准备过春节劳动中的表现。 2. 将自己的记录及汇报分享给其他年级的学生，帮助他们理解春节的重要意义及家庭责任担当的重要性。	

八年级教学设计

旅游与交通　国际导游我能行

设计要素	具体内容
教学案例与所选劳动教育融合的适切性	**教材出处：** 外研版《英语》八年级上册 Module 4 Planes,ships and trains **学科教学与劳动教育融合：** 　　对青少年而言，旅行是教育的一部分，也是获得阅历的重要途径。而为他人设计旅游手册并担任导游，则更是能力提升、知识增长的高效途径。通过本课学习，学生能够在掌握关于旅游的系列英文表达的基础之上，通过用最高级对比不同的交通路线，并融合自己以前学到的关于旅游的知识，最终为外国友人制作旅游手册，并担任其英文导游。以往学生在学习本课之后，仅仅是做简单的口语输出，或者进行一些假设的比较，并未真正将所学语言运用到实际生活中。通过让学生应用所学语言为外国友人制作简单的旅游计划及旅游手册，以及为友人担任导游的服务性劳动，学生能够体会劳动创造价值，树立文化传承意识，养成认真负责、吃苦耐劳的劳动品质。
所选主题活动设计关键策略	国际理解是学生未来参与国际分工的重要基础。从初中就让学生开始参与国际职业体验活动，能为未来适应国际性交流职业播下种子，并为其提供另外一种职业生涯体验。但是反观现在的英语学习，学生在学习了相关的英语知识后，并未真正用所学指导实践。 　　本课教学结合了外研版七年级下册第六模块和第十模块，以及八年级上册第四模块和第十模块的教学内容。采取项目式学习的方式，鼓励学生积极利用所学知识为友人制作旅游手册并担任导游讲解，让学生在服务性劳动中提升语言能力和语用能力，并在传承中华传统文化的过程中培育家国情怀。
学情分析	本节课的授课对象是八年级学生，大部分学生对学习英语有较浓厚的兴趣。他们在小学阶段以及七年级上学期已经学习过关于旅游的英语知识，但有意识地应用这部分知识的同学还比较少。针对这些情况，教师通过整合教学资源，设计集形象性、直观性、操作性和趣味性于一体的教学内容，同时将英语教学与服务性劳动相结合，让学生以自己动手制作旅游手册，并为友人担任英文导游的方式，在服务他人的劳动实践中应用英语。
教学目标	1. 学生能够说出关于旅游的相关表达，并能够运用最高级对不同旅游路线做出比较。 　　2. 学生能读懂关于旅游的文章并能够运用准确的英语制作出中英双语旅游手册。 　　3. 学生能够在服务性劳动中增进与外国友人的友好关系，并在服务他人的劳动中展现首都北京的美好面貌，提升自己的设计、操作以及团队合作能力。
教学重点	学生能够说出关于旅游的相关表达，并能够运用最高级对不同旅游路线做出比较。
教学难点	学生能读懂关于旅游的文章并能够运用准确的英语制作出中英双语旅游手册。
课时	2 课时

设计要素		具体内容	
	阶段	教学活动	教学意图
教学准备		**一、提前学习的知识** 1. 教师提前提供关于旅游的中英文词汇和短语，介绍一些旅游手册供学生鉴赏和学习。 2. 教师提前在线上推送关于旅游的中英文双语文章及讲解词，供学生预习、阅读和学习。 **二、学生需要提前思考的问题** 1. 思考北京的著名景点都有哪些，其英文名分别是什么。思考如何设计旅游手册。 2. 思考如何撰写英文讲解词，以及如何进行得体的现场讲解。	预习有助于培养学生自主学习的良好习惯。
教学过程	教学环节	**一、创设情境，导入新课** If you don't go to travel, miss more than just scenery. And if you travel, it is a good idea to make preparations before it is too late. 同学们，你们喜欢旅行吗？在北京生活和学习这么多年，你们了解北京的著名景点和小吃吗？每次外出旅游之前，你们都有制定旅游攻略的习惯吗？我们都知道，制定一份翔实的旅游攻略和手册是成功和开心旅游的必要条件。那么机会来啦，我们的外教 Elie 就要离开我们学校了。在离开之前，他想要了解北京的著名景点和小吃。请和你的小伙伴一起，开动脑筋，发散思维，根据他的喜好为他量身制定旅游手册，并带着他一起踏上美好的北京之旅吧！ 播放外教 Elie 在学校生活和工作的图片，让学生了解外教的特点和爱好。 **二、聚焦问题，学习新知** **（一）提出问题，明确任务** 怎样根据外教的喜好为他量身定制旅游手册，并为他担任北京之旅的导游呢？ 1. 结合自己搜集的中英文资料，和同伴讨论北京旅游景点的英文名称、路线及周围环境。 2. 分小组阅读文章（教师根据课堂需要，提供不同方面的旅游文章），阅读结束后，每组提取出每篇文章的主旨及旅行建议，并以思维导图的方式呈现。 3. 画出将要用的关键词句，结合自己搜集的中英文资料，给确定的旅游景点配英文介绍，并制作旅游手册。 **（二）自主学习，深入探究** 1. 根据自己搜集的资料以及课上学习的内容，确定旅游景点。	以自己学校外教想旅游为情境导入，提升学生学习英语的兴趣。 阅读文章为教师整合教学资源后筛选的文章。学生阅读这些文章，有助于旅游手册的制定以及导游词的撰写。

设计要素	具体内容	
教学过程	教学环节	2. 给确定好的旅游景点配英文介绍。 3. 确定本组旅游手册包含的具体内容以及所要用到的图片,制作图文并茂的旅游手册。 4. 完成旅游手册后,两人一组完成英文讲解词。 5. 完成讲解词后,组间互评,并进行演练。 **(三)组织教学,讨论交流** 分小组交流旅游活动方案。由小组长汇总制作 PPT 进行小组汇报,汇报内容如下。 1. 北京旅游景点的英文名称、路线及周围环境介绍。 2. 旅游手册成果展示及设计思路。 3. 导游讲解词展示。 4. 给外教当导游的一些建议。 **(四)劳动实践,完成任务** 1. 任务名称:旅游与交通　国际导游我能行 2. 任务实践 详见本书第二章中与"任务名称"相同的"实践任务活动"。 3. 任务指导 教师要对学生劳动实践开展过程给予指导,提出要求。 (1)询问外国友人的习俗和爱好。 要求:礼貌用语、友善沟通。 (2)确定旅游景点。 要求:结合友人爱好综合考虑。 (3)搜集旅游景点相关图片及中文信息并自己配英语解释。 要求:遇到问题,寻求老师帮助。 (4)设计一日游手册并装订成册。 要求:加上目录页。 (5)查询出游天气状况及路线,并提醒外国友人准备必带物品。 要求:礼貌用语,说明原因。 (6)自己提前准备英文导游词并在班级同学面前进行彩排和演练。 要求:演练完之后听取同学及教师建议。 (7)带领外国友人感受北京美好面貌。 要求:做好个人防护。 (8)讲解语言表达准确,仪态仪表得体、大方。 要求:观看相关视频并进行学习。 **(五)评价交流,总结提升** 运用自评、互评、师评的评价方式,通过以下几个方面对学生完成任务活动进行评价与总结。	通过自主学习及讨论汇报等环节,帮助学生理清思路,进一步交流此次课程的意义以及参与服务性劳动的重要意义,为后面劳动实践的实施奠定基础。 带着课上所学投入真实的导游实践,有助于加深学生对导游职业的理解,同时有助于培养学生参与社会劳动的系列技能以及热爱家乡的家国情怀。

设计要素		具体内容	
教学过程	教学环节	1. 一日游旅游手册主题突出，与旅游景点相匹配。 2. 旅游景点中英文介绍图文并茂，方便查询。 3. 导游准备充分，用具和材料准备齐全。 4. 出游天气、必备物品提示到位。 5. 英文流畅自如、语言准确、仪态大方。 　　教师总结：一玉口中国，一瓦顶成家。都说国很大，其实一个家。一心装满国，一手撑起家。同学们，通过学习英语文章，将英语语言学习与服务性劳动相结合，我们制作了有意义、有价值的旅游手册，并且担任了外教的英文导游员，大家将课堂所学真正用到实践中，通过担任导游，让中国美好山河走向了世界，让中国灿烂文化享誉全球。 **三、任务延伸，劳动拓展** 　　1. 将自己在导游职业体验活动中应用英语的收获及体会用英文记录下来，与同学们分享。 　　2. 尝试担任不同校区及社区英文导游员。	评价交流有助于培养学生在劳动中反思和改进的能力。 　　劳动拓展活动有助于提升学生的英语表达能力。
教学追踪		1. 和友人建立友好的关系，定期了解其对北京旅游名胜的认识和评价。 2. 根据担任实地导游情况，对自己的公益劳动进行反思和改进。	

九年级教学设计

环境保护　环保宣传进社区

设计要素	具体内容		
教学案例与所选劳动教育融合的适切性	**教材出处：** 外研版《英语》九年级上册 Module 12 Unit 1 Repeat these three words daily:reduce,reuse and recycle **学科教学与劳动教育融合：** 　　随着社会的不断发展，环保越来越受到人们的重视，环境保护从青少年抓起也越来越成为一种趋势。本课教学是关于环境保护的主题，以往学生在学习本课之后，仅仅是做简单的口语输出，并未真正身体力行地参与到环保行动中。学生通过学习并应用相关环保英文表达，在为社区制作环保宣传视频并投放到社区进行宣传的服务性劳动中，树立环保意识及奉献社会的责任感，利用所学知识、技能等为他人和社会服务。		
所选主题活动设计关键策略	俗话说："生命来于自然，健康来自环保。"保护环境关乎每个人的生命与生存。青少年是未来环境的主人，是环境保护的最大受益者，更应自觉履行保护环境的义务，从一点一滴做起，从家门口做起。本课采取任务型教学法，鼓励学生积极参与到社区环保活动中，运用所学英语知识，为社区制作中英双语视频并进行投放，提高学生的学习能力、语言能力和语用能力，同时在服务性劳动中体验劳动创造美好生活的重要意义。		
学情分析	本节课的授课对象是九年级学生，大部分学生对学习英语有较浓厚的兴趣，对环境保护也有一定的责任意识。学生在小学阶段以及七、八年级学习过环境保护的英语知识，但并未在日常生活中加以应用。因此，教师要在教学中加强英语教学的趣味性，让学生在小组合作学习中，动手制作英语环保宣传视频并投放社区进行环保宣传，在服务性劳动中提高学生语言能力和语用能力。		
教学目标	1. 学生能够说出环保的英语表达，并能提取出文中的环保措施及建议。 　　2. 学生能够撰写环保宣传的英文文章，并为社区拍摄中英文双语环保宣传视频。 　　3. 学生能够参加力所能及的社区公益劳动，为社区环保贡献自己的力量，并在服务性劳动过程中提升自己的设计、操作和创造能力，形成勇于奉献、敢于担当的社会责任意识和吃苦耐劳的劳动品质。		
教学重点	学生能够说出环保的英语表达，并能提取出文中的环保措施及建议。		
教学难点	学生能够撰写环保宣传的英文文章，并为社区拍摄中英文双语环保宣传视频。		
课时	2 课时		
教学过程	阶段	教学活动	教学意图
	教学准备	**一、学生需要提前学习的知识** 　　1. 教师提前给学生推送关于环保的英文视频。 　　2. 教师提前在线上推送中英文双语的环保文章，供学生阅读和学习。 **二、学生需要提前思考的问题** 　　1. 思考如何用英语表达环保建议和撰写英文环保文章。	提前预习有助于培养学生自主学习的良好习惯。

设计要素		具体内容	
教学过程	教学准备	2. 思考如何制作中英文环保宣传视频。 注意：本课教学在学校未来实验教室完成。（网络学习、视频拍摄设备等工具齐全）	
	教学环节	**一、创设情境，导入新课** 　　北京市朝阳区是一个国际化程度很高的区域，许多社区都居住着外国友人。我们学校旁边的社区也同样居住着一些外国友人。随着社会的不断发展，社区的环保问题层出不穷，这需要得到大家的关注，同时需要我们，尤其是青少年参与进来，共同保护我们的社区环境。 　　通过播放视频、课件展示（屏显社区环保照片）引出本课主题。 **二、聚焦问题，学习新知** **（一）提出问题，明确任务** 　　通过观看视频，请你思考当今我们生活的环境面临着怎样的危机？ 　　1. 阅读文章第一段，回答其中出现的六个问题。 　　2. 阅读文章，找出"reduce""reuse"以及"recycle"三个词的意思。 　　3. 分小组阅读文章，绘制思维导图，展示文章中提到的环保建议。 　　4. 小组初次汇报展示。出示与环保相关的关键词句，结合自己搜集的中英文资料，和同伴讨论形成本组环保中英文双语宣传文案。 　　5. 根据准备好的文案和提前搜集的图片，进行拍摄和录制方法的学习。 **（二）自主学习，深入探究** 　　1. 再次阅读文章，让学生深入思考环保的重要意义以及我们能够为环保做些什么。 　　2. 教师在 PPT 上再次呈现社区及社会中的环保问题图片，鼓励学生分小组进行讨论社区环境存在的问题以及相应的解决措施。 　　3. 以小组为单位，用英文撰写社区环保文章并互相修改、润色、定稿。 　　4. 以小组为单位，利用自己搜集到的资料制作宣传视频。 **（三）组织教学，讨论交流** 　　分小组制定活动方案，小组讨论后，由小组长汇总制作 PPT 进行小组汇报，汇报内容如下。 　　1. 阅读任务的完成情况及介绍。 　　2. 英文环保建议。 　　3. 英文环保文章及视频成果展示。	视频播放、课件展示以及分组讨论，阐述生存危机以及人们环保意识的薄弱，引发学生思考，并提升学生学习的兴趣。 　　通过学习课文，学习环保相关表达及建议，为后面撰写环保文章奠定基础。 　　通过自主学习以及讨论交流等环节，帮助学生理清思路，进一步理解环保的重要意义以及参与公益劳动的重要意义。

设计要素		具体内容	
教学过程	教学环节	4. 根据自己的学习和讨论交流，谈谈环保的重要意义以及亲身参与环保的重要意义。 **（四）劳动实践，完成任务** 1. 任务名称：环境保护　环保宣传进社区 2. 任务实践 详见本书第二章中与"任务名称"相同的"实践任务活动"。 3. 任务指导 教师要对学生劳动实践开展过程给予指导，提出要求。 （1）搜集文本及图片资料，写出中英双语环保文案。 要求：先确定中文文案，然后根据内容有针对性地搜集资料。 （2）准备手机或者相机、剪辑软件等。 要求：提前下载好剪辑软件。 （3）和同伴进行彩排并开始录制素材。 要求：每个小组先背诵文案，多彩排几遍。注意录制时屏幕不要晃动。 （4）任选快剪辑、爱剪辑或者 Pr 软件导入拍摄素材进行粗剪和细剪。 要求：在剪辑过程中及时记录问题。 （5）预览渲染效果并导出视频，并确认视频内容与主题是否统一和谐。 要求：信息技术老师会随堂指导，遇到困难可以寻求老师的帮助。 （6）和同伴一起联系社区进行投放宣传。 要求：友善沟通，注意自我防护。 （7）和同伴定期调查宣传社区，观察环保行为是否得到提升。 要求：仔细观察，做好记录。 （8）根据社区的宣传情况，对自己的公益劳动进行反思和改进。 要求：英文撰写反思。 **（五）评价交流，总结提升** 运用自评、互评、师评的评价方式，通过以下几个方面对学生完成任务活动进行评价与总结。 1. 准备充分，用具和材料齐全。 2. 文本和图片资料丰富。 3. 中英双语文案无语法错误且简洁明了。 4. 小组活动分工明确、配合默契、拍摄效率高。 5. 剪辑软件使用熟练、剪辑效果好。 6. 社区环保宣传受到欢迎，环境得到改善。	带着课上所学投入真实的劳动实践，有助于加深学生对环保重要性的理解，同时有助于培养学生参与社会劳动的系列技能，以及敢于担当、勇于奉献的社会责任。 评价交流有助于培养学生在劳动中反思和改进的能力。

续表

设计要素		具体内容	
教学过程	教学环节	教师总结：同学们，通过学习英语文章，将英语语言学习与服务性劳动相结合，我们制作了有意义、有价值的宣传视频，希望通过我们的劳动，让世界绿色成荫，游鱼成群，空气清新，生活美好，人人幸福。 **三、任务延伸，劳动拓展** 1. 将自己的劳动过程及成果用文字记录下来，分享给其他年级的同学。 2. 尝试担任学校及社区环保宣传讲解员。	劳动拓展活动有助于进一步提升学生的表达能力。
教学追踪		1. 和同伴定期调查社区环保情况，观察环保情况是否得到改善。 2. 根据社区的宣传情况，对自己的公益劳动进行反思和改进。	

第四节　初中物理　万物之理　探寻规律劳动

八年级教学设计

巧用杠杆　美化校园做贡献

设计要素	具体内容
教学案例与所选劳动教育融合的适切性	**教材出处：** 人教版《物理》八年级第十二章第一节《杠杆》 **学科教学与劳动教育融合：** 　　杠杆在我们的生活中应用非常广泛，科学地使用会带来很多便利。本节是在学习杠杆的五要素、杠杆的平衡条件的基础上，让学生对杠杆进行分类并且应用于日常生活中。以往学生在学习本课之后，并未真正地将所学的杠杆知识应用到实际生活中，对杠杆的应用原理理解不到位，通过让学生使用扫把、修树剪刀、垃圾钳等杠杆劳动工具参加美化校园的活动，纠正学生在使用与杠杆相关的劳动工具时的一些不当做法，帮助学生掌握基本的劳动知识和技能。同时，现在的学生普遍不喜欢劳动，而借助物理知识的学习可以提高学生参与日常生活劳动的兴趣，让学生出力流汗，接受锻炼、磨炼意志，培养学生正确的劳动价值观和良好的劳动品质，领悟劳动的意义价值。
所选主题活动设计关键策略	在教学上采用小组合作、探究性学习，让学生观察生活中杠杆应用的情境，并让学生亲身体验，寻找并发现其中的共同特征，进而在对生活中的杠杆进行分类的基础上，参加美化校园的劳动，在劳动中探究学习杠杆的应用原理，将劳动观念和劳动技能教育贯穿物理知识的实际应用，引导学生热爱劳动，坚持从劳动体验、动手探究中去发现和掌握知识。在学习物理知识、形成科学精神的同时，掌握必要的劳动知识和技能，形成良好的劳动习惯。
学情分析	对于杠杆的知识学生在小学已经接触过，而且已经学会了调节天平，但对于杠杆的原理没有进行过深入的探究，缺乏理性思维的深入思考。因此在教学中创设与生活紧密相连的杠杆应用情境，采用合作探究学习，引导学生将所学知识灵活运用于日常生活劳动中，通过亲身实践，利用杠杆工具美化校园，加深对杠杆原理的认识，锻炼劳动技能，强化劳动认识，体会劳动创造美好生活的幸福感。
教学目标	1. 了解生活中的杠杆种类及其应用，能从常见工具和简单机器中识别出杠杆，掌握杠杆工作的本质特征。 　　2. 能根据个人实际需要选择合适的杠杆进行美化校园的劳动，掌握基本的劳动知识和技能，正确使用常见的杠杆工具，具有必备的劳动能力，培养一定的生活能力。 　　3. 体验日常生活劳动的过程，树立劳动最光荣的思想观念，领悟劳动的意义价值，形成坚持不懈、吃苦耐劳的劳动品质。
教学重点	能从常见的工具中辨认出杠杆，指出它们的五要素；利用杠杆的平衡条件将生活中的杠杆分成三类，解释一些生活中的实际应用。
教学难点	能够利用杠杆的平衡条件将杠杆进行分类，理解生活中的杠杆工作原理。

设计要素		具体内容	
课时		1 课时	
教学过程	阶段	教学活动	教学意图
	教学准备	教师： 1. 准备上节课的知识竞赛卡片。 2. 提前在线上推送杠杆在生活中的应用视频，供学生阅读和学习。 3. 检查课上需要准备的工具、材料、设备是否完备。 学生： 1. 复习上节课所学的杠杆相关知识。 2. 拍摄自己在家用扫把、剪刀、筷子等的照片。	从教师和学生的角度分别为本节课做准备，指示明确。
	教学环节	**一、创设情境，导入新课** 1. 新闻视频：汶川地震时武警战士在北川中学用木头撬开水泥板抢救废墟下的师生。 2. 视频：地震中吊车、起重机吊起废墟中的水泥横梁抢救生命。 **二、聚焦问题，学习新知** **（一）提出问题，明确任务** 通过看视频，请同学举出生活中应用杠杆的例子。自己平时是如何使用杠杆工具的？应该如何正确使用？ 引出学生讨论交流的问题： 1. 什么是杠杆的五要素？什么是杠杆的平衡条件？ 2. 利用杠杆的平衡条件可以将杠杆分成几类？ **（二）自主学习，深入探究** 通过展示平时学生在家用扫把、镊子、剪刀等的照片，从力臂大小关系去进行分类，归纳共性，进而探究在生活中如何正确操作这些杠杆。 1. 当 $L_1 > L_2$ 时，F_1 与 F_2 的大小关系？ 2. 当 $L_1 < L_2$ 时，F_1 与 F_2 的大小关系？ 3. 当 $L_1 = L_2$ 时，F_1 与 F_2 的大小关系？ **（三）组织教学，讨论交流** 以小组合作探究的方式完成相应的任务。 任务一：杠杆知识小竞赛 分成 5 个小组，抢答知识卡片问题。 1. 什么是杠杆的五要素？ 2. 杠杆的平衡条件。 3. 展示多种杠杆的图片及实物，请同学们找到杠杆的五要素。 任务二：杠杆的分类 1. 当 $L_1 > L_2$ 时，F_1 与 F_2 的大小关系？ （1）投影家用剪刀的图片，让小组画出力和力臂、动力和阻力，通过比较力臂，得出 F_1 与 F_2 的大小关系。	通过视频创设教学情境，引发学生思考物理知识在生活中应用的重要性，激发学生的求知欲。 复习上节课的知识，为本节课学习做铺垫。 让学生了解杠杆的平衡条件 $F_1L_1 = F_2L_2$，自主探究杠杆的分类，亲身经历探究环节，培养辩证思维能力。 通过小组讨论交流，巩固所学的杠杆相关知识，为任务活动奠定基础。

设计要素		具体内容	
教学过程	教学环节	 总结归纳：$F_1 < F_2$，这种杠杆是省力杠杆。 （2）通过动力和阻力的移动距离说明省力杠杆要费距离。 （3）提问：想想你们身边哪些杠杆的应用是省力的？ 学生回答：开瓶器、核桃钳、钢丝钳等。 2. 当 $L_1 < L_2$ 时，F_1 与 F_2 的大小关系？ （1）投影镊子的图片，让小组画出力和力臂、动力和阻力，通过比较力臂，得出 F_1 与 F_2 的大小关系。 总结归纳：$F_1 > F_2$，这种杠杆是费力杠杆。 （2）比较两个力臂的长短说明脚踏板费力但是省距离。 （3）提问：想想你们身边哪些杠杆的应用是费力的？ 学生回答：筷子、钓鱼竿等。 3. 当 $L_1 = L_2$ 时，F_1 与 F_2 的大小关系？ （1）提问：根据杠杆的平衡条件还有没有不同的情况？引导学生总结出等臂杠杆。 总结归纳：当 $L_1 = L_2$ 时，$F_1 = F_2$，这种杠杆是等臂杠杆（不省力也不费距离）。 （2）列举天平的例子，分析生活中等臂杠杆的特点。 任务三：杠杆的应用 （1）提问：生活中的杠杆还有哪些？并进行分类。 学生回答。 （2）小组活动。 活动一：让学生用镊子夹螺丝钉，感受镊子的使用，并让学生分析镊子是哪种类型杠杆。 活动二：各小组用剪刀剪纸。剪刀有多种类型，最后让小组分析剪纸过程，并说明剪刀是什么杠杆。在使用的时候如何正确操作。 活动三：各组根据任务要求，体验不同杠杆的应用，体验后学生小组代表说一下本组杠杆的使用过程。 这里准备笤帚、垃圾钳、修树剪刀、铁锹等。 （3）小组派代表展示交流杠杆工具的正确使用方法。 **（四）劳动实践，完成任务** 1. **任务名称：巧用杠杆　美化校园做贡献** 分成 4 个小组，每个小组明确劳动任务：扫树叶；修剪绿植；捡垃圾；填平土地等。	引导学生利用杠杆的平衡条件，判断当 $L_1 > L_2$ 时，得出 $F_1 < F_2$，是省力的。 引导学生利用杠杆的平衡条件，判断当 $L_1 < L_2$ 时，得出 $F_1 > F_2$，是费力的。 引导学生利用杠杆的平衡条件，判断当 $L_1 = L_2$ 时，得出 $F_1 = F_2$，不省力也不费力。 学以致用，对学过的知识及时进行检测，从物理走向生活。 亲身经历劳动过程，让学生感受到知识源于实践而又作用于实践的辩证关系。

设计要素		具体内容	
教学过程	教学环节	2. 任务实践 详见本书第二章中与"任务名称"相同的"实践任务活动"。 3. 任务指导 教师要对学生劳动实践开展过程给予指导，提出要求。 （1）搜集文本及图片资料，知道杠杆在生活中的应用。 要求：检索要认真，内容全面总结。 （2）拍摄自己平时在家用杠杆等的照片，找共性。 要求：拍摄照片要还原真实生活情境。 （3）小组讨论，操作是否正确，对杠杆进行分类。 要求：分类要准确，杠杆工具尽量多一些。 （4）小组成员分配美化校园的劳动任务。 要求：设计方案要切实可行，操作性强。 （5）每个小组挑选适合自己的劳动工具。 要求：工具符合计划需求。 （6）每个小组进行美化校园的大扫除任务。 要求：劳动注意安全，过程中要认真、细致，坚持到底。 （7）每个小组展示自己在活动中的收获和体会。 要求：总结具有针对性。	带着课上所学投入真实的劳动实践，从物理走向生活，培养学生参与劳动的技能以及吃苦耐劳的品质。
		（五）评价交流，总结提升 运用自评、互评、师评的评价方式，通过以下几个方面对学生完成任务活动进行评价与总结。 1. 对使用的杠杆工具进行分类。 2. 正确选择和使用杠杆工具参与劳动。 3. 积极参加劳动，吃苦耐劳。 4. 劳动技能有所提高。 5. 劳动规划和步骤科学可行。 6. 分工明确、合作默契。 7. 劳动达到预期目标。 8. 汇报说出此次劳动对自己学习、生活的影响。 教师总结：杠杆在生活中应用广泛，正确使用会给我们的生活带来很多便利。同学们通过此次活动，掌握了杠杆劳动工具的科学使用方法和操作技能，同时在这样的日常生活劳动中，也为校园环境的美化做贡献，感受着劳动给我们学校的环境带来的改变。希望同学们多参与一些日常生活劳动和社区服务性劳动，用劳动去创造生活的美好。	完成日常生活劳动任务并进行评价，培养学生在劳动中反思和改进的能力，进一步深化本节课内容，提升对劳动精神内涵的认识。
		三、任务延伸，劳动拓展 在进行美化校园劳动后，采访各个小组成员对杠杆工具的使用有什么认识？对劳动有什么新的认识？将自己的劳动过程及成果用文字记录下来，并在日常家庭生活劳动中加以应用。	将所学知识进一步拓展延伸，从知识层面到素养层面进行升华。
教学追踪		1. 了解学生是否能够坚持不懈地进行美化校园的劳动，主动承担一些家务劳动和社区劳动，拍摄照片或视频，见证学生的成长过程。 2. 根据所学，能够自己科学地设计一些杠杆工具并且应用到生活中去。	

九年级教学设计

生活用电　安全防患我宣传

设计要素		具体内容	
教学案例与所选劳动教育融合的适切性		**教材出处：** 人教版《物理》九年级第十九章第三节《安全用电》 **学科教学与劳动教育融合：** 　　安全用电和每个人的生活息息相关，通过本节课的学习，学生能了解日常安全用电常识，规范日常用电行为，以及知晓触电后基本的救护措施。以往教学中并未关注学生在实际生活中的安全用电行为。本节课通过让学生参与社区公益服务性劳动，调查家庭、社区安全用电隐患，并制作社区安全用电宣传海报，让学生运用所学安全用电知识解决实际问题，在劳动过程中规范自己及他人的安全用电行为，提高自己和社区居民的安全防范意识，培养学生服务他人，为社会做贡献的劳动品质。	
所选主题活动设计关键策略		通过让学生了解人体的安全电压、触电事故发生急救措施以及安全用电的基本原则，在获取知识的同时，让学生以小组合作探究的学习方式，查阅资料，调查研究，分析现状，走入社区，将安全用电的一些知识通过海报的形式在社区进行普及，宣传安全用电的重要性，通过公益服务性劳动，培养学生主动服务他人、服务社会的情怀，认识到劳动创造生命价值，创造美好生活的道理。	
学情分析		本节课的授课对象是九年级学生，大部分学生对学习物理有较浓厚的兴趣，已经具备一定的科学探究及动手能力。同时，他们在小学学过关于安全用电的知识，初三对电学知识有了更深的了解，知道家庭电路的电压和用电器的连接方式，了解家庭电路电流过大的原因，知道一些安全用电的常识但是不全面，对触电事故发生的原因及安全用电的重要性理解得也不够深刻具体，缺乏一定的生活安全用电的规范意识。教学中要加强学生对物理知识的应用，让学生制作具有物理特色的社区安全用电宣传海报，提高学生物理知识的实际应用能力，在生活中树立安全用电意识，提高生活能力。	
教学目标		1. 了解一般情况下人体的安全电压、触电事故的发生原因、安全用电的原则以及触电事故发生后的一些急救措施。 　　2. 能根据个人实际情况排查家庭、社区存在的用电安全隐患，同时能提出整改措施，为社区制作安全用电宣传海报，进行相关知识讲座，提升劳动任务的设计、规划与实施能力。 　　3. 能够体验安全用电宣传劳动的过程，形成认真负责、安全规范的责任意识和劳动品质。	
教学重点		知道电压越高越危险，了解常见的触电事故及正确的处理办法。	
教学难点		了解安全用电的知识，有安全用电的意识。	
课时		2 课时	
教学过程	阶段	教学活动	教学意图
	教学准备	教师： 　　1. 提供家庭电路的结构图，触电的动画视频。 　　2. 提前在线上推送电路安全隐患视频及安全用电防范措施，供学生阅读和学习。 　　3. 做好小组的具体任务分工，制订计划。 　　4. 检查课上需要准备的工具、材料、设备是否完备。	做好课前准备，培养学生良好的预习习惯，为学习新知识做准备。

续表

设计要素		具体内容	
教学过程	教学准备	学生： 1. 拍摄家庭中关于用电安全的图片视频。 2. 调查所住小区的安全用电标志、标语。	
	教学环节	**一、创设情境，导入新课** 1. 视频：2020 年 4 月 8 日零时，上海市徐汇区一小区居民家发生火灾并致 1 人死亡。经消防部门初步分析，违规充电的电动车锂电池发生故障，是导致火灾发生的原因。这样的报道很多，怎么能够引起社区居民重视，避免类似危险再次发生呢？ 2. 提出问题：生活中还有哪些不当行为会引发触电事故？ **二、聚焦问题，学习新知** **（一）提出问题，明确任务** 1. 面对常见的触电事故如何正确处理？ 2. 安全用电的重要意义有哪些？ **（二）自主学习，深入探究** 1. 根据任务分步进行讨论，完成学案。 2. 对人体安全的电压是多少伏特？通常情况下允许经过人体的最大电流是多大？ 3. 安全用电的原则有哪些？生活中我们应该如何正确用电？ **（三）组织教学，讨论交流** 1. 电压越高越危险 （1）提供通过人体电流的大小对人体的影响（危害）和通常情况下人体电阻值的大小两方面数据材料。	通过真实的视频和问题，引发学生对生活中不当用电现象的关注，激发学生对问题的思考。 明确任务和分工，进一步理解安全用电的重要性。 小组合作学习有助于养成团队合作的意识。 引导学生运用公式 $U=IR$ 推导出一般情况下对人体的安全电压。既应用巩固了旧知识又培养了学生分析、推理的能力。

表 1　电流对人体的影响

电流 I/ mA	作用的特征	
	交变电流（50~60Hz）	恒定直流电流
0.6~1.5	开始有感觉，手轻微颤	没有感觉
2~3	手指强烈颤抖	没有感觉
5~7	手部痉挛	有痒和热的感觉
8~10	手部剧痛，勉强可以摆脱带电体	热的感觉增强
20~35	手剧痛、麻痹，不能摆脱带电体，呼吸困难	热的感觉更强，手部轻微痉挛
50~80	呼吸困难、麻痹，心室开始颤动	手部痉挛，呼吸困难
90~100	呼吸麻痹，心室颤动，经 3 秒即可使心脏麻痹而停止跳动	呼吸麻痹

设计要素		具体内容				

表2　不同条件下的人体电阻 *R*

不同条件下人体的安全电压不同，加深印象，注意条件的变化。

接触电压 /V	皮肤干燥	皮肤潮湿	皮肤浸在水中	有伤口的皮肤
10	700~18000	3500	600	500 以下
50	400~10000	1700	400	—

总结：

①电对人体造成的伤害程度与通过人体电流的大小及持续时间有关。

②触电电流大小由人体电阻和加在人体两端的电压决定。

（2）请你估算一下，假如你手接触到了家庭电路的插座，通过你身体的电流约为多大？

小组利用欧姆定律进行计算：$I=22mA$。

利用欧姆定律解决实际问题。

总结：不是每个人的电阻都一样大，而且同一个人的电阻也不是固定不变的，一般情况下，36伏以下的电压对人体才是安全的。

（3）提问：变压器的电压很高，平常见到的变压器上标有"高压危险，禁止攀登"的字样，为什么要标上这样的字样？

小组讨论交流，根据 $I=U/R$ 可知，人体电阻一定时，U 越大，I 越大，所以电压越大越危险。

教学过程　教学环节

2. 触电事故的发生

（1）学生阅读课文，对触电事故有一个初步认识。

（2）通过媒体的动态效果，展示触电类别的图片（低压触电和高压触电的发生），让学生观察、分析图片，然后进行小组讨论、相互交流出触电类别及其触电原因。

利用动态视频和图片相结合的教学方式，让学生对触电类型有直观形象的了解。

（3）出示以下问题引导学生观察、思考、讨论：

①哪些图是低压触电？哪些图是高压触电？

②低压触电是接触零线还是火线造成的？

③高压触电是接触高压带电体造成的，还是靠近高压带电体造成的？

设计要素		具体内容	
教学过程	教学环节	（4）引导学生总结触电发生的情况及原因。 3.安全用电 （1）小组讨论家庭电路中防止触电的措施： ①开关必须接在火线上。 ②螺丝口灯泡，尾部接火线。 ③有金属外壳的电器，外壳要接地。 （2）安全用电的原则： ①不接触低压带电体，不靠近高压带电体。 ②更换灯泡、搬动电器前应断开电源开关。 ③不弄湿电器，不损坏绝缘。 ④保险装置、插座、导线、家用电器等达到使用寿命应及时更换。 教师引导学生总结安全用电的原则：不接触低压带电体，不靠近高压带电体。 （3）触电事故的急救措施： 小组交流讨论：切断电源；迅速使触电人摆脱电源。 （4）注意防雷： ①小组讨论高压输电铁塔最上面的两条防雷导线的作用是什么。 ②自学雷电成因、避雷针的发明等知识。 ③了解雷电的灾害，以及如何防雷。	引导学生分析要全面，从多角度、多方面去强调安全用电的原则。 让学生感受到知识源于实践而又作用于实践的辩证关系。
		（四）劳动实践，完成任务 1.任务名称：生活用电　安全防患我宣传 2.任务实践 详见本书第二章中与"任务名称"相同的"实践任务活动"。 3.任务指导 教师要对学生劳动实践开展过程给予指导，提出要求。 （1）搜集文本及图片资料，知道安全用电的原则。 要求：文本资料要全面，总结归纳精准。 （2）排查家庭社区安全用电的隐患。 要求：提前与居民进行沟通，态度亲和。 （3）和同伴进行拍照并提出整改建议。 要求：建议合理，切实可行。 （4）制作安全用电宣传海报。 要求：尽量全面覆盖，设计合理。 （5）和同伴一起联系社区进行投放宣传。 要求：与社区沟通投放时间，文明宣传。 （6）和同伴定期调查宣传社区，观察居民安全用电意识是否提高。 要求：回访先沟通，时间确定好。 （7）根据社区的宣传情况，对自己的公益劳动进行反思和改进。 要求：采用调查问卷的形式，数据化评价。	带着课上所学投入真实的劳动实践，有助于加深学生的安全用电意识。 有助于培养学生参与社会劳动的系列技能，以及敢于担当、勇于奉献的社会责任感。

设计要素		具体内容	
教学过程	教学环节	**（五）评价交流，总结提升** 　　运用自评、互评、师评的评价方式，通过以下几个方面对学生完成任务活动进行评价与总结。 　　1. 家庭社区用电安全隐患调查较全面。 　　2. 发现问题，及时提出针对性的建议。 　　3. 制作的宣传海报科学合理。 　　4. 社区投放范围广泛。 　　5. 在劳动中认真严谨，安全规范意识强。 　　6. 体现社会担当和责任感。 　　7. 劳动规划和步骤科学可行。 　　8. 汇报中能说出此次劳动对自己学习、生活的影响。 　　教师总结：安全重于泰山，让我们行动起来，利用所学物理知识、技能等为他人和社会提供服务，在安全用电宣传等服务性劳动中强化社会责任感。通过我们的实际行动向社会呼吁：科学用电、安全用电！	让学生客观、准确地评价自己的劳动实践活动，培养学生的反思能力。
		三、任务延伸，劳动拓展 　　1. 在宣传安全用电一段时间以后，调查社区的用电隐患是否根除，社区居民生活状态如何，组间互相评价服务性劳动的成效，进行分享。 　　2. 鼓励学生担任社区安全用电宣传员。	巩固劳动教育的所获，同时延伸学习效果。
教学追踪		1. 和同伴定期回访社区居民安全用电意识是否提高。 2. 根据社区的宣传情况，对自己宣传安全用电的服务性劳动进行反思和改进。	

第五节　初中化学　解密变化　探索科学劳动

九年级（上）教学设计

保护大气　减少污染做宣传

设计要素	具体内容
教学案例与所选劳动教育融合的适切性	**教材出处：** 人教版九年级《化学》上册第二单元课题 1《空气》第 3 部分《保护空气》 **学科教学与劳动教育融合：** 　　空气是一种宝贵的资源，是自然界维持生态平衡的重要条件，是化工生产的重要资源，与人类的生活关系最为密切，是人类离不开的天然物质。本课教学是在学生学习了空气成分的探究，氧气、氮气、稀有气体的用途的基础上开展的。学生要认识到空气污染是人类文明不断发展的"副产物"，不但要了解污染的情况，而且要介绍治理的情况，比较过去的空气质量和当前的空气质量，感受到社会对环境问题的重视。在"什么是大气污染？大气污染是怎样形成的？"等驱动性问题下，从本质上多角度认识大气污染，包括化学的、物理的、生物的角度。以往学生在学习本课时之后，仅限于了解引起大气污染的气体有哪些，没有形成保护空气的意识。本课教学通过让学生调查近一个月社区的空气质量，观察社区里污染空气的现象，并对改进大气质量提出建议，使学生掌握保护大气的思路和方法，从控制污染的产生和消除两方面展开。让学生在走进社区讲解减少空气污染的服务性劳动中，将所学化学知识与生活质量改进联系起来，同时也在服务社区的劳动中，培养学生关心自然、关注社会的责任感。
所选主题活动设计关键策略	本课教学通过情境导入，让学生认识我们身边空气的状况，在自主、合作、探究中了解空气污染造成的危害，思考如何保护大气环境，加强对身边环境问题的重视。通过对比 2016 年和 2019 年的北京重污染情况，可以看出污染天数越来越少，让学生感受社会对大气污染的重视。在"什么是大气污染？大气污染物有哪些？大气污染是怎样形成的？"等驱动性问题下，促使学生多角度认识大气污染，包括化学的、物理的、生物的等方面的问题，进而思考改进与保护大气的思路和方法，并将这一思考应用到实际生活中。通过走进社区讲解如何减少空气污染，让学生在服务社区的劳动中掌握化学学科知识，体会化学学科思想，培养化学核心素养。
学情分析	空气是人人都离不开的重要物质，由于看不见、摸不着，学生只知其重要，却不十分清楚空气到底是什么。空气是初中化学中接触具体物质知识的开端，小学自然课本中对空气的知识有过介绍，学生知道空气有体积、有质量，形成大气压，空气流动形成风，知道动植物离开空气便不能生存。但并没有涉及大气污染的知识，更没有从保护空气的积极意义的角度认识空气。因此，在教学中创设保护空气的应用情境，采用合作探究学习，引导学生通过调查近一个月社区的空气质量，观察发生在自己身边的污染空气的现象以及对改进大气质量的建议等活动，走进社区，通过亲身实践，将化学知识应用到日常生活中，增强在服务性劳动中应用化学知识，保护空气的意识。

设计要素		具体内容	
教学目标		1. 初步了解空气污染的危害和形成原因。 2. 从保护空气的角度认识空气，探究保护大气的思路和方法。 3. 培养学生关心自然、关注社会的责任感，将化学知识应用到日常生活中，强化在服务性劳动中应用化学知识、保护空气的意识。	
教学重点		从保护空气的角度认识空气，探究保护大气的思路与方法。	
教学难点		在了解空气污染的危害和形成原因的基础上，学会探究保护大气的思路与方法。	
课时		2 课时	
教学过程	阶段	教学活动	教学意图
	教学准备	教师： 　　提前在线上推送 2018 年前后有关北京地区空气质量的文章，供学生阅读和学习。 　　学生： 　　1. 调查近一个月社区的空气质量"优"和"重度污染"的天数，并作图，为学习本课提前做准备。 　　2. 搜集关于空气污染和空气治理的报刊、杂志，并准备 iPad，用于资料的查询。	教师和学生分别做好课前准备工作，为本节课的顺利学习做好铺垫。
	教学环节	**一、创设情境，导入新课** 　　1. 照片：展示 2018 年之前北京空气污染及其危害的照片。 　　2. 视频：播放 2020 年 9 月 11 号《新闻 1+1》视频节选内容。 　　（视频内容概要：2016 年北京重污染天数是 34 天，2019 年是 4 天；生态环境部公布京津冀秋冬重污染的成因） **二、聚焦问题，学习新知** **（一）提出问题，明确任务** 　　1. 空气污染造成了哪些危害？ 　　2. 通过对比 2016 年和 2019 年的北京重污染天数，你有什么体会？ 　　3. 为了保护人类赖以生存的大气，你有哪些建议？ **（二）自主学习，深入探究** 　　学生带着问题进行思考，通过看书及利用 iPad 查阅资料，并通过小组合作学习弄清以下问题。 　　1. 什么是大气污染？ 　　大气有自净作用，由于人类活动或自然过程引起某些物质进入大气中，呈现出足够的浓度，达到足够的时间，当大气污染物的数量超过其自净能力，并因此危害了人类的舒适、健康和福利或环境的现象，叫作大气污染。 　　2. 大气污染物有哪些？ 　　大气污染物既包括粉尘、烟、雾等小颗粒状的污染物，也包括二氧化碳、一氧化碳、二氧化硫、一氧化氮、二氧化氮等气态污染物。	通过照片和新闻视频创设教学情境，引发学生对大气污染的思考。 带着问题查看照片、观看视频，感受社会对大气污染的重视。 根据问题的指向，讨论并搜集资料，使学生从本质上多角度认识大气污染。

设计要素		具体内容	
教学过程	教学环节	3. 大气污染是怎样形成的? 化学角度：污染物排放量超出环境容量的 50% 以上,是重污染频发的根本原因；大气中氮氧化物和挥发性有机物的浓度高,造成大气氧化性增强,是重污染期间二次 PM2.5 快速增长的关键因素。 物理角度：大气中超过两种的污染物可能产生继发性污染物,这种污染物会随着大气中的物理现象进而造成远距离的传播,不利的气象条件导致了区域环境容量大幅降低,这是重污染天气形成的必要条件。 生物角度：生物体排放的废气以及生物体腐烂释放的硫化氢等有毒气体,也会对大气造成污染。 4.《中华人民共和国大气污染防治法》简介 2000 年 4 月 29 日,第九届全国人民代表大会常务委员会第十五次会议通过了修订后的《中华人民共和国大气污染防治法》,自 2000 年 9 月 1 日开始在全国实施,这标志着我国环境保护法规的进一步完善,环境保护事业逐步走向法律化。 **（三）组织教学,讨论交流** 从保护空气的角度,探究保护大气的思路和方法。 任务：开展辩论赛 辩题：保护大气的有效方法是什么? 正方：控制污染的产生 反方：消除污染 教师总结：同学们从控制污染的产生和消除污染两方面对保护大气的有效方法进行了辩论。如何控制污染的产生方面,同学们提出可以减少或防止污染物的排放等方法；消除污染方面,同学们提出可以大面积地发展绿化等,这些都是保护大气的有效方法。 社区是人们共同生活的家园,却经常发生空气污染现象。我们知道了如何保护大气,那就让我们走进社区,积极宣传保护大气的方法吧。 **（四）劳动实践,完成任务** 1. 任务名称：保护大气　减少污染做宣传 2. 任务实践 详见本书第二章中与"任务名称"相同的"实践任务活动"。 3. 任务指导 教师要对学生劳动实践开展过程给予指导,提出要求。 （1）根据调查的近一个月社区"优"和"重度污染"的天数及曲线图,分析空气质量情况。 要求：同一社区的同学组成小组,做好分工,坚持记录和分析。	设计辩论赛,引导学生从控制污染的产生和污染的消除两方面思考如何保护大气。 保护大气的思路和方法的环节,通过辩论赛的形式展开。需要学生比赛之前,讨论并搜集大量资料支持自己的立论,培养学生的阅读能力、证据意识、表达能力以及合作能力。

设计要素		具体内容	
教学过程	教学环节	（2）观察社区污染空气的现象，思考如何改进。 要求：多角度认识大气污染，包括化学的、物理的、生物的等方面的问题，进而思考改进与保护大气的思路和方法。 （3）分析数据和图，提出改进大气质量的建议。 要求：小组讨论，围绕调查内容形成自己的观点，提出建议。 （4）走进社区，宣传讲解减少空气污染，保护大气。 要求：小组合作，做好分工，做好宣传前与社区的沟通等相关工作。 **（五）评价交流，总结提升** 运用自评、互评、师评的评价方式，通过以下几个方面对学生完成任务活动进行评价与总结。 1. 收集的数据可靠、完整，作图标准、清晰。 2. 提出的建议合理、合规。 3. 语言流畅，表达准确，逻辑清晰。 4. 小组分工明确、合作默契，任务完成较好。 教师总结：空气是一种宝贵的资源，洁净的空气对于人类和其他动植物都是非常重要的。同学们通过此次活动，将课上掌握的理论知识付诸服务性劳动实践，从化学课堂走向生活。希望同学们今后将"保护大气 从我做起"作为一种习惯、一种品质和一种责任，关注空气质量，为保护环境做出自己的贡献。 **三、任务延伸，劳动拓展** 收集校园的空气质量数据信息，根据校园里污染空气的现象提出改进空气质量的建议，在校园里向低年级同学进行宣传。	将课上掌握的理论知识付诸劳动实践，从化学课堂走向生活。培养学生合理规划、分步实施的劳动素养以及良好的劳动品质。 可运用师评、互评和自评的评价方式，培养学生在劳动中反思和改进的能力。
教学追踪		1. 继续查看社区空气质量日报，监测空气质量是否有所变化。 2. 与同学一起，定期走进社区调查，观察污染大气的现象是否有所减少，及时对自己的宣传方案进行反思和改进。	

九年级（下）教学设计

合理应用酸碱度　提升生活品质

设计要素	具体内容	
教学案例与所选劳动教育融合的适切性	**教材出处：** 人教版九年级《化学》下册第十单元课题 2《酸和碱的中和反应》第 2 课时《溶液酸碱度的表示法——pH》 **学科教学与劳动教育融合：** 　　酸具有酸性，碱具有碱性。其实，生活中有许多物质具有酸性或碱性。本课教学是在学习酸、碱与指示剂作用，常见的酸和碱以及中和反应的基础上，让学生掌握测定和表示溶液酸碱度的方法，并应用到实际生活中。以往学生在学习本课时之后，仅限于知道测定和表示溶液酸碱度的方法，而对于这种方法在生活中的应用，并没有真正地进行实践。本课教学通过学生制定家庭生活中涉及酸碱度应用的合理使用建议，如选择适宜泡茶用水、洗浴用品和绿植土壤的酸碱度应用，让学生在为家人科普 pH 的日常生活劳动中，将所学化学知识与提高生活质量联系起来，培养学生关心家人、关注家人生活质量的责任感。	
所选主题活动设计关键策略	本课教学通过情境导入激发学生探究溶液酸碱度的兴趣。采用小组合作、自主探究的方式，用 pH 试纸和 pH 计测定待测溶液的 pH，并确定它们的酸碱性。通过创设情境，让学生观看视频，了解溶液的酸碱性对生活、生产以及人类的生命活动具有重要的意义，引发学生对家庭生活中涉及酸碱度应用的思考，并将这一思考在日常生活中进行实践。通过为家人科普 pH，让学生在日常生活劳动中掌握化学学科知识，体会化学学科思想，培养化学核心素养。	
学情分析	在学习本课之前，学生虽然掌握了利用酸碱指示剂检验溶液酸碱性的方法，但是对于如何精确测定和表示溶液的酸碱度，学生并不了解，更没有在生活中应用溶液酸碱度的意识。因此，在教学中采用小组合作探究学习，使学生掌握测定和表示溶液酸碱度的方法，认识了解溶液酸碱性的意义，引导学生制定家庭生活中涉及酸碱度应用的合理使用方案。通过实践将化学知识应用到日常家庭生活中，加强学生在日常生活中应用化学知识、提高家人生活质量的意识。	
教学目标	1. 了解酸碱性对生命活动和农作物生长的影响。 　　2. 掌握测定和表示溶液酸碱度的方法，并应用到实际生活中。 　　3. 培养学生在日常家庭生活中应用化学知识，关爱家人，提高家人的生活质量的意识。	
教学重点	掌握测定溶液酸碱度的方法。	
教学难点	掌握测定溶液酸碱度的方法，学会依据溶液的 pH，判断溶液的酸碱性。	
课时	2 课时	
教学过程	阶段	教学活动	教学意图
	教学准备	教师： 　　1. 提前在线上推送涉及用 pH 表示溶液酸碱度以及 pH 试纸使用方法的相关文章，供学生阅读和学习。 　　2. 检查课上需要用的实验药品和仪器是否完备。 　　学生： 　　复习酸、碱与指示剂作用的相关知识。	从教师和学生的角度，分别做好课前准备工作，为本节课的顺利学习做好铺垫。

设计要素		具体内容	
教学过程	教学环节	**一、创设情境，导入新课** 视频：播放"酸雨"的相关视频。 （视频内容概要：酸雨的 pH 范围、形成原因以及对生命体活动和农作物生长产生的危害） **二、聚焦问题，学习新知** **（一）提出问题，明确任务** 视频中讲述酸雨造成了哪些危害？用什么表示酸雨的酸碱度？酸雨的酸碱度是多少？对于测定溶液的酸碱度，你有哪些方案？ **（二）自主学习，深入探究** 学生带着问题，看书学习，查阅资料，学习溶液的酸碱度常用 pH 来表示，溶液的酸碱性与 pH 的关系是：酸性溶液的 pH ＜ 7，碱性溶液的 pH ＞ 7，中性溶液的 pH=7。 通过提取有效信息并总结，初步确定测定溶液 pH 的方案。 **（三）组织教学，讨论交流** 以小组合作探究的方式完成相应的任务。 任务一：讨论交流，完善方案 学生： 1. 分成 4 个小组，分别汇报测定溶液 pH 的方案。 2. 针对每一组的方案，提出问题和建议，讨论交流。 3. 每个小组采纳合理的建议，完善本组方案并汇报，确定最终的测定方案。 任务二：测定溶液的 pH 实验目的：用 pH 试纸测定稀盐酸、稀硫酸、稀氢氧化钠溶液和氯化钠溶液的 pH。 实验步骤：在玻璃片上放一小片 pH 试纸，用玻璃棒蘸取待测溶液滴到 pH 试纸上，把试纸显示的颜色与标准色卡比较，读出该溶液的 pH。 教师总结：我们学会了用试纸测定溶液 pH 的方法，还有一种更精确测定溶液 pH 的仪器——pH 计，又叫酸度计。我们知道了这些测定溶液 pH 的方法，那么我们生活中一些物质的 pH 又是多少呢？对于这些物质酸碱度的合理使用，你有什么建议？请为我们家庭生活中涉及酸碱度的合理使用提出一些建议吧。 **（四）劳动实践，完成任务** 1. 任务名称：合理应用酸碱度 提升生活品质 具体任务：调查适宜泡茶用水和家庭绿植生长适宜土壤的酸碱度；测定饮用水、洗浴用品和绿植生长土壤的 pH 等，并提出合理使用建议。	通过视频创设教学情境，引发学生对物质酸碱度的思考。 针对视频内容提出问题，引导学生思考溶液的酸碱度，引入新课。 带着问题，阅读和查阅资料，提取有效信息，初步制定方案。 小组合作探究，在不断的讨论、交流和展示中，完善方案。培养学生设计实验的能力以及小组合作意识。 通过分组，学生可依据本组成熟的方案进行实验，明确实验目的和实验步骤，最后得出结论。培养学生严谨的科学思维和实验能力。

设计要素		具体内容	
教学过程	教学环节	2. 任务实践 详见本书第二章中与"任务名称"相同的"实践任务活动"。 3. 任务指导 教师要对学生劳动实践开展过程给予指导，提出要求。 （1）调查适宜泡茶用水和家庭绿植生长适宜土壤的酸碱度范围。 要求：小组合作，做好分工，做好分类记录和分析。 （2）测定饮用水、洗浴用品和绿植生长土壤的 pH。 要求：分别用 pH 试纸和 pH 计进行测试，做好记录。 （3）提出合理应用酸碱度的建议。 要求：小组讨论，围绕调查内容和测试结果，形成自己的观点，并提出建议。 （4）向家人科普酸碱度的相关知识，分享合理应用酸碱度的建议。 要求：整理酸碱度的相关知识，小组合作，做好分工。 **（五）评价交流，总结提升** 运用自评、互评、师评的评价方式，通过以下几个方面对学生完成任务活动进行评价与总结。 1. 调查的资料全面。 2. 测试数据有效，测定方法准确可靠。 3. 提出的建议合理。 4. 劳动规划合理、分工明确、合作默契。 教师总结：生活中有许多物质具有酸性或碱性。同学们通过此次活动，将课上掌握的理论知识应用于日常生活中，付诸服务性劳动实践，从化学课堂走向生活。希望同学们今后多关心家人，关注家人的生活，为提高家人的生活质量做出自己的贡献。 **三、任务延伸，劳动拓展** 调查校园生活中与酸碱度有关的方面，记录下来，制定一份《校园生活酸碱度科普方案》，与师生分享。	将课上掌握的理论知识付诸劳动实践，从化学课堂走向生活。培养学生合理规划、分步实施的劳动素养以及良好的劳动品质。 可运用自评、互评和师评的评价方式，培养学生在劳动中反思和改进的能力。
教学追踪		1. 定期测定绿植生长土壤的 pH，观察调节土壤的酸碱度之后，绿植的生长情况是否有较大的好转。 2. 观察家人对方案的评价和使用，及时对自己的方案进行反思和改进。	

第六节　初中生物　生命智慧　点亮生活劳动

七年级教学设计

乳酸菌发酵　家庭泡菜做起来

设计要素	具体内容
教学案例与所选劳动教育融合的适切性	**教材出处：** 北京版《生物学》七年级上册《我们身边的其他生物》 **学科教学与劳动教育融合：** 　　我们的身边存在许多微生物，人们可以利用微生物发酵技术，通过一定的操作过程生产相应的产品。比如乳酸菌在无氧的条件下分解有机物会产生乳酸，使制作的泡菜产生酸爽的口感。以往学生学完这节课，由于观察到微生物的机会不多，教师也多以讲解为主，学生不能感知身边微生物的广泛存在，对发酵的认识停留于表象，并不认同微生物有可利用的价值。通过让学生在制作泡菜的过程中进一步了解微生物，掌握微生物发酵的原理和过程，将传统的发酵技术应用到日常生活中，进而认识微生物的可利用价值，并与家人一起品尝亲自参与制作的泡菜，在实践过程体验劳动带来的快乐和幸福。
所选主题活动设计关键策略	在让学生探究制作泡菜活动的过程中，通过讨论泡菜的制作过程，分析出泡菜制作步骤中蕴含的微生物发酵的原理知识，学生掌握发酵食品的基本原理和方法，探索发酵的最佳条件。通过制作泡菜，学生将发酵的知识应用于日常家庭生活中，体验劳动带来的收获与喜悦，培养学生参与劳动的兴趣，承担一定的家庭日常劳动，增强家庭责任意识。
学情分析	七年级学生对发酵有一定的感性认识，对动手制作泡菜很感兴趣，能够积极参与，主动体验劳动的过程，但并不清楚发酵的本质是微生物的作用，因此通过分析泡菜的制作过程，并在家庭中亲自参与泡菜制作，让学生真实地感受到泡菜的制作过程确实是微生物在发挥作用，并且需要给它们提供生活、生长、繁殖的适宜条件，意识到日常生活中还存在许多发酵的现象，进而分析掌握发酵的原理和过程，最终落实"发酵技术利用了微生物的特性，通过一定的操作过程生产相应的产品"。 　　另外，大部分学生在家庭中劳动的实践机会较少，劳动技能、生活技能不足，因此可以通过此次活动发挥家庭在劳动教育中的基础作用，鼓励孩子积极参与，有针对性地让学生掌握一项生活技能。
教学目标	1. 认识身边广泛存在的微生物，了解微生物的种类，并能描述微生物发酵的原理和过程。 　　2. 能够利用简单的工具和材料，按照操作流程制作安全、可口、美味的泡菜，形成科学探究能力。 　　3. 通过在家庭劳动中经历制作泡菜的过程，增强家庭责任感，认识我国传统的发酵文化源远流长的历史。

续表

设计要素		具体内容	
教学重点		探究泡菜制作过程中蕴含的微生物发酵的原理。	
教学难点		指导学生亲自动手制作泡菜的过程，让学生真正地参与到家庭劳动实践中。	
课时		1课时	
教学过程	阶段	教学活动	教学意图
	教学准备	1.搜集和整理传统发酵食物的资料。 2.教学材料准备。 发酵食品：家中自制馒头、泡菜、酸奶、葡萄酒； 几种微生物显微镜观察的图片（乳酸菌、酵母菌等）。 泡菜制作材料准备：花椒、朝天椒、萝卜、圆白菜、豇豆、盐、白酒、白开水、泡菜坛或罐头瓶（高温蒸煮过）。	为课上实践活动做准备。
	教学环节	**一、创设情境，导入新课** 展示几种家中自制的发酵食品，如发面馒头、泡菜、酸奶、葡萄酒等，请学生品尝。 **二、聚焦问题，学习新知** **（一）提出问题，明确任务** 提问："这些食品是怎么制作出来的？"由此引出发酵。 出示几幅制作发酵食品用到的微生物图片，如制作发面馒头、葡萄酒需要用到的酵母菌，制作泡菜、酸奶需要用到的乳酸菌等。 以利用乳酸菌发酵的原理制作泡菜为例，分析微生物发酵的原理和过程。 **（二）自主学习，深入探究** 自主看教材，总结泡菜的制作过程，分析发酵的原理。 1.泡菜为什么是酸爽的味道？ 2.如何制作美味的泡菜？ 3.什么是发酵？泡菜制作的方法蕴含了微生物发酵的哪些生物学知识？ **（三）组织教学，讨论交流** 以小组为单位，选派代表汇报，并在讨论过程中引导学生分析泡菜的制作过程确实是微生物在发挥作用，因此需要给它们提供生活、生长、繁殖的适宜条件。 1.将泡菜坛子高温处理的目的是什么？ 2.泡菜的酸味产生原理。 （1）泡菜的酸味是如何产生的？ （2）泡菜的酸味是由乳酸菌发酵产生的物质形成的，你知道泡菜坛的乳酸菌是从哪里来的吗？ 3.泡菜生产过程中需要怎样适宜的温度和适当的时间？ 4.腌制泡菜的过程中，要用清水封严坛口；容器大时还要用重物将蔬菜间隙中的空气挤出，这是为什么呢？	引发兴趣，学习新知识。 认识什么是发酵，发酵食品有哪些，学习发酵的知识。 实践互动，以泡菜为例，讨论其制作的步骤和过程，分析微生物发酵原理，让学生感受到发酵确实是微生物在发挥作用。

设计要素		具体内容	
教学过程	教学环节	**（四）劳动实践，完成任务** 1. 任务名称：乳酸菌发酵　家庭泡菜做起来 2. 任务实践 详见本书第二章中与"任务名称"相同的"实践任务活动"。 3. 任务指导 教师要对学生劳动实践开展过程给予指导，提出要求。以小组为单位，动手制作泡菜。 （1）清洗蔬菜，器具高温处理。 （2）把凉开水倒入泡菜坛中约一半处，并放少许食用盐，搅拌均匀。 （3）泡菜坛中加入白酒、朝天椒、花椒和各种蔬菜，搅拌均匀。注意要使蔬菜完全浸入水中。 （4）盖上泡菜坛，并在泡菜坛外盖边上的槽内倒入少许水，如果是罐子用保鲜膜密封。 （5）将泡菜坛放在温暖的地方，一周左右亲自打开盖子品尝。	让学生亲自动手实践，培养学生参加日常生活劳动的兴趣及主动承担家庭劳动的意识。
		（五）评价交流，总结提升 运用自评、互评、师评的评价方式，通过以下几个方面对学生完成任务活动进行评价与总结。 1. 小组成员分工明确，协作完成任务。 2. 活动过程中操作规范、准确。 3. 制作完后桌面干净、整洁，工具归位。 教师引导学生从泡菜制作活动中归纳总结发酵的原理，并根据发酵的原理判断我国传统的发酵食物还有哪些，如腐乳、酱油、醋等。 4. 诵读、欣赏并解析唐代诗人王翰在他的《凉州词》中的诗句"葡萄美酒夜光杯，欲饮琵琶马上催"，使学生认同我国源远流长的发酵历史，增强民族自豪感。 **三、任务延伸，劳动拓展** 1. 利用家中简单工具和材料，自制酸奶或葡萄酒。 2. 从超市购买干酵母，制作发面馒头等食品。	对学生活动进行过程性评价。
教学追踪		1. 发酵过程中泡菜汤有怎样的变化？及时监测和记录。 2. 发酵过程中，发现泡菜的口感有怎样的变化？向家长解释泡菜变酸的过程。 　3. 参与制作泡菜的劳动过程中，你有怎样的感受？与家人共同品尝劳动果实的同时分享劳动经验。 注意：食用泡菜前，应确定无腐败变质，安全食用。	

八年级教学设计

用药需安全　打理家庭小药箱

设计要素		具体内容	
教学案例与所选劳动教育融合的适切性		**教材出处：** 北京版《生物学》八年级上册第十五章第四节《安全用药与急救》 **学科教学与劳动教育融合：** 　　安全用药是指人在患病的情况下，能够根据病情恰当地选择药物的品种、剂量，并按要求服用，从而达到最好的治疗效果，最大限度地避免药物的不良反应或副作用。通过让学生为家人打理家庭小药箱的探究活动，使学生认识配备家庭药箱的重要性，掌握家庭药箱的配置方法和注意事项，养成良好的用药习惯，掌握分类整理的科学方法。使家庭劳动日常化，培养学生关爱家人、关注自身健康的意识。	
所选主题活动设计关键策略		在打理家庭小药箱的探究活动过程中，需要学生了解常用药品的名称和作用，正确利用说明书中的信息对药物的使用、存放等做出判断，将药品科学整理存放，培养分类的好习惯。另外家庭不同，用药也不同，学生需要思考家庭成员的构成、年龄特点等特殊需求以及可能出现的常见疾病，通过学生之间小组交流活动，有针对性地满足特殊人群的用药需求，在服务性劳动中，关注自己和家人的健康生活。	
学情分析		初二学生学习了安全用药的知识，并具有一定的用药经验，积累了一些健康生活的知识和经验，但还未养成正确的用药习惯。建立分类整理的思想和方法，通过打理家庭小药箱的活动，培养学生关心家人、关注自我健康的意识，养成定期整理药箱及正确用药的习惯，强化实践体验，使家庭劳动教育日常化，让学生亲历劳动过程，提升育人实效性。	
教学目标		1. 让学生说出一些常用药物的名称和作用。 　　2. 通过分析家庭成员的健康状况，配置个性化的家庭小药箱的家庭劳动，培养学生科学分类的方法。 　　3. 在参与家庭劳动的过程中，培养学生关爱家人、关注自身健康的意识，养成定期整理药箱及良好用药的习惯。	
教学重点		建立分类整理的思想和方法。	
教学难点		关注自我和家人健康，能够长期坚持整理药箱，养成良好用药的习惯，提升为家庭服务的意识。	
课时		1 课时	
教学过程	阶段	教学活动	教学意图
	教学准备	1. 学生上课前需了解家庭成员的健康状况，日常服用药品的名称；列出自己家庭药品的名单和数量，提前阅读药品说明并简要记录。 　　2. 准备： 　　（1）材料准备：自己家庭药品的清单。 　　（2）技能准备：熟练阅读用药说明书（名称、OTC、用量等）；科学、安全的用药方法。	为课上配置药箱做准备。

设计要素		具体内容	
教学过程	教学环节	**一、创设情境，导入新课** 播放视频，展示某学生家中家庭药箱的整理现状，引导学生发现问题：如家中抽屉里一堆药物，凌乱难找；有些药品已经过期还在服用等问题。 **二、聚焦问题，学习新知** **（一）提出问题，明确任务** 针对以上问题，提出整理家庭药箱的必要性，并思考如何科学地整理。 **（二）自主学习，深入探究** 学生思考并参与小组讨论设置家庭药箱需要注意的事项和步骤，便于操作和实施，了解分类整理的方法，掌握整理药箱的方法，培养良好的用药习惯，制定药品分类整理方案。 1. 确定家庭成员可能出现的常见疾病和外伤，确定家庭某些成员的特殊需求，选出恰当的药品。 2. 确定所选药品的正确存放条件，列表整理。 3. 所选用的药品是否能达到最好的治疗效果以及药品如何存放，都需要学生阅读说明书进行判断。 **（三）组织教学，讨论交流** 小组充分讨论，指派一名同学根据家庭成员健康情况的不同，结合自己家庭之前的用药情况，介绍如何改进并打理自己家的药箱，具体情况具体分析，使药箱管理个性化且更加实用。思考： 1. 每个家庭中常用药箱里的药品是否一致？为什么？ 2. 准备家庭常用药品时需要注意什么问题？ 3. 除常用药品外，你认为家庭药箱中还应配备什么药品？ **（四）劳动实践，完成任务** 1. 任务名称：用药需安全　打理家庭小药箱 2. 任务实践 详见本书第二章中与"任务名称"相同的"实践任务活动"。 3. 任务指导 教师要对学生劳动实践开展过程给予指导，提出要求。 分小组设置家庭常用药箱，满足日常生活需求，将分类整理的方法应用到具体生活中。 （1）初步整理自己家庭药箱中药品的种类和数量，找出药箱存在的问题，如药品繁多没有分类、存在过期药品等。 （2）确定家庭成员可能出现的常见疾病和外伤，查看药品说明书，根据药品的功效选出恰当的常用药品并分类，适量增减，形成自家常用药品表。	发现问题，引起兴趣。 学生需要考虑家庭成员的构成、数量等方面，以此来确定需要准备的药品类型和数量。这既是对学习结果的检验，又增加了学生对常用药物的了解。

设计要素		具体内容	
教学过程	教学环节	（3）调查家庭成员的健康状况，确定家庭某些成员的特殊需求，选出恰当、特定的药品。 （4）阅读药品说明书，确定所选药品的正确存放条件，列表整理。 （5）清除过期药品，药品分类摆放，定期整理。 **（五）评价交流，总结提升** 根据设置家庭药箱的基本原则，交流评价自己家的家庭药箱设置的合理性，并提出改进建议。 1. 是否定期清理过期药物。 2. 家庭常用药物是否完备，需要增减哪些药物。 3. 是否具有特定人群的特定药物，如冠心病、糖尿病等特定人群。 4. 某些药物存放是否合适，如胰岛素等。 5. 存放药物是否过量。 6. 药物繁多，是否具有清单。 **三、任务延伸，劳动拓展** 根据配置家庭药箱的方法和注意事项，考虑不同用药需求，配置如下药箱。 1. 家庭旅行小药箱。 2. 糖尿病人或心血管病人的家庭药箱。	将所学生物学知识应用于日常生活，又使学生通过参与家庭劳动关爱和体贴家人，培养家庭责任意识。 根据评价活动的完成情况，提出改进的具体做法。
教学追踪		1. 坚持定期打理家中老人的药箱，知道常备药有哪些。 2. 了解家中老人的药品用药注意事项有哪些。 3. 陪伴家中老人去医院看病时，关注医生开了哪些药，医嘱是什么，帮助牢记并时常嘱咐老人正确用药。	

第七节　初中信息技术　智能科技　创新时代劳动

七年级教学设计

硬件巧区分　小小电脑清洁师

设计要素	具体内容
教学案例与所选劳动教育融合的适切性	**教材出处：** 北京出版社七年级《信息技术》第四册第一章第二节《信息处理的主要工具》 **学科教学与劳动教育融合：** 　　本节课学生了解了计算机的发展及计算机系统组成，初步了解了计算机信息安全含义，建立起安全使用计算机系统的意识。通过参与计算机教室电脑的清洁工作，学生亲身实践计算机的拆卸和组装，更直观地了解计算机组成的相关理论知识，在清洁电脑的日常劳动中掌握基本的电脑清洁知识和技能，了解清洁计算机所带来的益处，正确使用电脑，通过小组合作提高劳动效率，感受劳动成果带来的成就感。
所选主题活动设计关键策略	计算机的硬件清洁工作对计算机的安全使用起着重要作用，本节课采用合作学习的方式，学生在学习计算机系统的组成、线路连接方式和计算机清洁方法的基础上，分小组帮助老师清洁教室中的计算机，提高劳动效率。学生 3 人一组，分别担任组长、拆卸师和清洁师，通过承担计算机的清洁活动，体验计算机的拆卸、组装全过程，熟悉计算机的基本组成，了解清洁对使用和保护计算机的益处，形成正确使用电脑等劳动工具的意识及良好的劳动态度和习惯。
学情分析	七年级学生具备一定的计算机使用经验，了解计算机的主要构成，但前期的学习大多停留在理论层面，或观察教师演示，缺乏小组合作动手探究计算机硬件组成的经历。本节课让学生体验小组分工合作、动手拆组计算机的过程，更直观地熟悉计算机的硬件组成，通过计算机清洁劳动，使学生树立正确的劳动观，建立安全保护和使用计算机的意识。
教学目标	1.区分计算机硬件功能及线路连接方式，了解清洁计算机的流程和注意事项，掌握拆卸、清洁和组装计算机的技能。 　　2.建立保护和安全使用计算机的意识，树立积极的劳动观，形成良好的劳动态度和习惯，自觉、自愿地参与劳动。
教学重点	掌握拆卸、清洁和组装计算机的技能，了解清洁计算机的流程和注意事项。
教学难点	掌握计算机组装技能，建立保护和安全使用计算机的意识。
课时	1 课时

续表

设计要素		具体内容	
	阶段	教学活动	教学意图
教学过程	教学准备	1. 观察教室或家里的电脑都由哪些部分组成。 2. 提前学习微课"计算机清洁注意事项"。	为教学做铺垫，提醒学生注意事项。
	教学环节	**一、创设情境，导入新课** 视频：计算机的诞生。 1. 请同学们说一说计算设备的发展历程和分类。 2. 计算机的基本硬件组成。 **二、聚焦问题，学习新知** **（一）提出问题，明确任务** 阅读教材——教材中对计算机硬件的相关介绍。 提出问题——说一说不理解的问题。 看看今天学习的教材内容能否解答大家的困惑。 **（二）自主学习，深入探究** 1. 针对不理解的问题，自学课本第一章第二节第二部分，了解计算机硬件的组成部分，熟悉其名称和功能。 常见的台式计算机硬件基本组成有主机、显示器、键盘、鼠标、音箱、耳机、打印机、扫描仪等。 2. 自学微课"计算机线路连接"，认识计算机和外部设备间的 3 种基本连接线。 **（三）组织教学，讨论交流** 1. 计算设备的发展和分类 小游戏：计算机发展年代顺序猜猜看。 2. 计算机的基本硬件组成 讨论：计算机教室的电脑和常见电脑有什么不同？包括哪些硬件？ 提示：计算机教室的电脑为一体机。 3. 计算机的清洁与保护 讨论：计算机需不需要清洁？多久清洁一次？如何进行清洁和保护呢？ **（四）劳动实践，完成任务** 1. 任务名称：硬件巧区分　小小电脑清洁师 2. 任务实践 详见本书第二章中与"任务名称"相同的"实践任务活动"。 3. 任务指导 教师要对学生劳动实践开展过程给予指导，提出要求。 （1）观看"计算机清洁小技巧"微课，认识常见的计算机清洁工具，了解计算机清洁注意事项。	视频引入，激发学生兴趣，导入本节课学习内容。 了解计算机的发展，知道计算机不同硬件之间的区别和联系，认识硬件间的连接线路，掌握线路间的连接方式。

设计要素		具体内容	
教学过程	教学环节	要求： ①拆卸前务必切断电源，用手触摸暖气片消除静电，过程中轻取轻放。 ②使用屏幕清洁剂擦拭屏幕，用静电刷清洁电子元件，湿布湿润，不能滴水。 ③线路连接接口处要保持干燥，小组分工明确，保证效率。	学习计算机硬件清洁小技巧，注意清洁事项。
		（2）小组制定方案进行拆卸、清理和组装。 小组分配职责：组长、拆卸师和清洁师。 组长负责指导拆卸和清洁流程，检查清洁是否到位，全程提醒组员注意事项。拆卸师负责拆卸、组装电脑各部分硬件；清洁师负责清洁整理。全员参与，保证清洁到位。 清洁流程： ①关闭电源，断开连接线，整齐摆放硬件、连接线。 ②清洁键盘、排风、接口等死角位置灰尘。 ③清洁屏幕、外壳、连接线。 ④检查清洁完成，进行组装。 ⑤接通电源，检查各部分硬件可以正常运行。	小组合作制定方案，根据方案和流程，明确职责，提高劳动效率。
		（五）评价交流，总结提升 小组间展示成果，交流体会。 运用自评、互评、师评的评价方式，从以下5个方面对学生完成任务活动进行评价与总结。 1. 拆卸得当，摆放整齐。 2. 清洁到位，干净整洁。 3. 主机正常开机，外部设备正常运行。 4. 积极参与，主动承担劳动任务。 5. 小组分工明确，合作效率高。	组间展示交流，树立劳动积极性。
		三、任务延伸，劳动拓展 1. 基础拓展：家里的电脑是台式电脑、一体机还是笔记本呢？请在家长的帮助下，完成家庭电脑的清洁工作。 2. 拓展提高：学习微课"主机拆卸"拓展任务，利用周末时间在家长的帮助下，尝试进行主机内部的清洁。	培养学生主动参与家庭劳动的意识，养成良好的劳动习惯。
教学追踪		1. 查看微课"拓展任务"的观看次数和学习时长，了解学生的自主学习情况。 2. 浏览"家庭电脑的清洁"任务过程图片，了解学生课下主动参与劳动的情况。	

八年级教学设计

图像妙处理　海报宣传设计师

设计要素	具体内容	
教学案例与所选劳动教育融合的适切性	**教材出处：** 北京出版社八年级《信息技术》第五册第五章第六节《图像的综合处理》 **学科教学与劳动教育融合：** 本节课为图像处理的综合复习课，学生已经掌握图像处理中绘制图像、调整色彩、简单图像合成、滤镜的应用等技术。通过以解决学校实际问题为情境，让学生分组承担校园运动会的海报设计师工作，活动包括创意策划、海报设计和后期宣传，培养学生在服务性劳动中具有完成劳动任务所需的设计、操作能力及团队合作能力，在活动中进行初步的职业体验，形成初步的生涯规划意识。	
所选主题活动设计关键策略	本节课以 PBL 项目式教学理念为依托，通过小组合作学习，让学生分别担任策划师、设计师和宣传师，运用信息技术中的图像处理知识，承担学校运动会海报的设计、制作和宣传工作。学生在积极参与、小组配合中体现合作能力，在设计创作中激发劳动创新意识，在流程制作中培养劳动技能，在展示和宣传的过程中体验劳动带来的价值，进行初步的职业体验。	
学情分析	八年级学生已经具备图像处理的基本理论知识和技术，能够独立进行图像的绘制、合成和处理，但更多停留在课上的上机操作中，缺乏运用所学知识解决实际问题的能力。学生通过参与校园运动会的海报设计宣传工作，增强解决问题的意识，培养集体荣誉感，形成初步的职业生涯规划意识。	
教学目标	1.让学生掌握综合运用图像处理的基本理论知识和技术，设计有创意的运动会海报，为学校举办运动会起到良好的宣传效果，提升解决实际问题的能力。 2. 激发学生运用计算机技术创新劳动意识，形成初步的生涯规划意识。	
教学重点	掌握图像处理中绘制图像、调整色彩、简单图像合成、滤镜的应用等技术的综合应用。	
教学难点	综合运用图像处理技术设计主题鲜明的宣传海报，达到良好的宣传效果。	
课时	2 课时	
教学过程	**阶段**	**教学活动**	**教学意图**
	教学准备	1. 浏览、学习大型运动会的相关海报设计。 2. 搜集与运动会主题相关的素材。	增加设计灵感，丰富设计思路。
	教学环节	**一、创设情境，导入新课** 1. 展示：工大实验学校"校园运动会"海报征集通知。 2. 观看：2022 年北京冬奥会官方宣传海报。 3. 同学们能不能为学校运动会设计出像冬奥会那样"高大上"的宣传海报呢？ **二、聚焦问题，学习新知** **（一）提出问题，明确任务** 1. 海报设计需要哪些图像处理知识？	吸引学生兴趣，导入本节课程主要内容。

设计要素		具体内容	
教学过程	教学环节	2. 运动会海报设计需要掌握哪些要领？ **（二）自主学习，深入探究** 　　1. 在教师指导下自主学习第五章图像处理知识，绘制图像、调整图像物理特点和色彩、照片处理和调整、滤镜的混合使用等，记录不懂的知识难点。 　　2. 查看课下收集的运动会海报，确定自己喜爱的海报风格。 　　3. 确定相同海报风格的 3 名同学组成不同的海报设计小组，交流对海报设计的认识。 **（三）组织教学，讨论交流** 　1. 回顾图像处理知识 　对本章学过的图像处理知识有哪些不理解的？ 　2. 运动会海报设计的要领 　小组交流：展示本组的海报整体设计理念、主题、背景等。 **（四）劳动实践，完成任务** 　1. 任务名称：图像妙处理　海报宣传设计师 　3 人小组合作承担任务，按照特长分别承担组长、策划和技术角色，确定海报制作方案。 　2. 任务实践 　详见本书第二章中与"任务名称"相同的"实践任务活动"。 　3. 任务指导 　教师要对学生劳动实践开展过程给予指导，提出要求。 　（1）确定主题。 　要求：确定海报基调，海报背景可以自己制作，也可以使用合适的图片素材，注意按要求制定尺寸。 　"根据学校理念，将背景基调定为蓝色，左图使用渐变工具，右图使用填充、矩形工具。" 　（2）搜集素材。 　要求：搜集与主题贴合的素材图片，丰富海报内容。 　"左图为网络卡通赛道图片，可使用选区抠图，右图为往届校园运动会合照，可用作海报背景。" 　（3）添加文字。 　要求：添加主题宣传词，对文字进行变换和美化。 　如"第 ×× 届友谊第一，比赛第二""青春拼搏""热血少年"等，烘托海报的宣传主题。 　（4）绘制图案。 　要求：绘制图案，让海报更生动有趣。 　"左图在蓝色背景上绘制蓝天、白云、太阳和奖杯图案，右图添加工大实验校徽和校园植物图案。" 　（5）成果展示。 　要求：综合整理后，进行设计成果的展示宣传。	提高学生积极参与劳动和服务的意识。 巩固技术点，丰富海报设计内容。 分组合作，进行初步海报设计的职业体验。 根据海报设计流程进行实践操作。

设计要素		具体内容	
教学过程	教学环节	**（五）评价交流，总结升华** 1. 小组自选方案进行海报宣传。 （1）线上可通过公众号、H5 进行微信分享。 （2）线下可通过校园 LED 屏、升旗仪式、彩色打印楼道张贴等方式进行展示宣传。 2. 运用自评、互评、师评的评价方式，从以下 5 个方面对学生完成任务活动进行评价与总结。 （1）海报尺寸得当，主题鲜明。 （2）内容新颖，宣传效果显著。 （3）积极参与，主动承担。 （4）小组分工明确，合作效率高。 （5）形成初步的职业规划意识。	展示评价，提升学生的成果意识和劳动幸福体验。
		三、任务延伸，劳动拓展 基于本次活动经验，自己制作电子海报"全家福"，送给家人。	提升学生为家庭服务的意识。
教学追踪		采用对学生和老师进行随机访谈、问卷调查等方式，调研海报宣传效果。	

第八节 初中道德与法治 胸怀天下 勇担公益劳动

七年级教学设计

美好校园 垃圾分类我参与

设计要素	具体内容
教学案例与所选劳动教育融合的适切性	**教材出处：** 部编版《道德与法治》七年级下册第三单元第八课《美好集体有我在》 **学科教学与劳动教育融合：** 　　集体生活是每个学生成长的平台和环境，在集体中学会接纳、理解和包容；学会在不同中寻找共同，经历成长；学会互相帮助，创造更好的共同生活，成就更好的个体。同时，集体的建设需要每个人的智慧和奉献，集体的事务需要每个人分担。通过引导学生参加校园垃圾分类这一集体活动，让学生在集体中发挥特长，为集体出一份力，亲历劳动过程，提升劳动观念，养成良好的劳动习惯，提升劳动育人的实效性。
所选主题活动设计关键策略	美好集体能够促进每个学生的健康成长，美好集体能涵养品格、发展个性，成就更好的个体。通过采用合作探究的学习方式让学生制定垃圾分类方案，参加垃圾分类劳动并开展宣传活动，培养学生完成一定劳动任务所需要的设计、操作能力及团队合作能力，为美好集体贡献力量，增强集体荣誉感，体会劳动创造美好集体生活。
学情分析	青春期的学生对人、对事都有热情，但是也有一部分学生对一些事情有心尽责而无力尽责，其责任感强过其责任能力，也就是说不能把正确选择付诸恰当行动。一些学生个人意识较强，国家、社会意识较弱，在利益关系上以"我"为中心，凡事从"我"出发，忽视他人和集体的存在，特别需要学习在集体中与同学如何相处，并共建美好集体。另外，七年级学生具备一定的公益服务意识，有朴实的劳动观念，愿意承担一定的劳动，同时对垃圾分类有一定的了解，但是对具体劳动的要求不明确，因此需要教师精心设计活动，通过趣味性的活动加以引导，采用合作探究性学习方式，通过亲身实践增强劳动意识和培养劳动能力。
教学目标	1. 通过讨论"我印象深刻的集体"，正确理解和掌握美好集体的特征，知道美好集体的作用，懂得可以在哪些方面为集体建设贡献力量。 　　2. 通过搜集班级近期焦点问题及讨论对策，提升对美好集体的理解，形成对负责事务理性分析的能力，培养积极承担集体事务的意识和能力。 　　3. 通过设计校园垃圾分类宣传活动计划，在实践性劳动中体会劳动创造美好生活，培养勤俭、奋斗、创新、奉献的劳动精神，增强公共服务意识和担当精神，体验劳动所带来的成就感和幸福感。
教学重点	掌握和理解美好集体的特征。
教学难点	主动在集体中承担责任，增强集体荣誉感。

设计要素		具体内容	
课时		1 课时	
教学过程	阶段	教学活动	教学意图
	教学准备	1. 认真思考如下问题。 （1）在你的生活经历中，有过哪些让你印象深刻的集体？ （2）你参加过哪些集体活动？对你有哪些影响？请举一例说明。 2. 材料准备。 （1）学唱歌曲《团结就是力量》。 （2）搜集与集体有关的诗歌、古诗、故事等。	有助于学生的自学。
	教学环节	**一、创设情境，导入新课** 　　美好集体大 pk——用三个词来形容自己对美好集体的设想，请简单说明理由。	引发学生学习兴趣，激发学习积极性。
		二、聚焦问题，学习新知 **（一）提出问题，明确任务** 　　1. 探究与分享：集体生活给你带来了什么？ 　　预设 1：我们班级设有图书角，同学们把自己喜欢的书带来与大家分享。我们读书、交流、提高，遨游在知识的海洋，其乐无穷。 　　预设 2：我特别喜欢德育校本课。每次上课老师都让我们针对学校的问题自主选题，研究如何解决问题，设计课堂流程，同学轮流主持。德育课既培养了我们的能力，又开阔了我们的视野，还让我们学会了很多认识和解决问题的方法。 　　请你参与讨论并分享，说说集体生活给你带来了什么？ 　　2. 设想一下: 怎样的集体生活有助于我们实现共同愿景？	聚焦问题、学习新知。
		（二）自主学习，深入探究 　　小组合作探究：班级要申请学校优秀班集体，请你为班级写一份申报材料。你会从哪些方面来说明一个班级的优秀之处呢？ 　　明确：可以从如下方面说明班级的优秀——班级的文化环境、物质环境、同学关系等。	
		（三）组织教学，讨论交流 　　1. 憧憬美好集体 　　（1）在你的成长中，有过哪些印象深刻（或美好）的集体？你有何感受或收获？ 　　（2）在充分讨论的基础上，教师指导学生归纳美好集体的特征——美好集体是民主的、公正的；充满关怀与友爱的；善于合作的；充满活力的。 　　2. 典型案例分析 　　（1）搜集班级近期出现的焦点问题，分析原因、讨论影响、寻求对策。 　　（2）归纳：如何让班级更美好。	通过讲解与活动，学生间相互交流，不断巩固本节课所学知识，为完成活动任务奠定基础。

设计要素		具体内容	
教学过程	教学环节	3. 我为集体做贡献 （1）头脑风暴：我们可以为班集体、学校做哪些事情，让集体因我们更美好呢? （2）组内交流讨论展示。 **（四）劳动实践，完成任务** 1. 任务名称：美好校园　垃圾分类我参与 2. 任务实践 详见本书第二章中与"任务名称"相同的"实践任务活动"。 3. 任务指导 教师要对学生劳动实践开展过程给予指导，提出要求。 （1）观察总结，描述现状。 要求：对校园垃圾分类情况的观察细致、现状描述到位。 （2）发现问题，提出方案。 要求：根据校园垃圾分类情况，提出有针对性的宣传方案。 （3）制订计划，讨论规则。 要求：制订可行的垃圾分类宣传计划，小组讨论规则。 （4）参加劳动，公益宣传。 要求：根据方案，参加校园垃圾分类劳动，宣传指导校园垃圾分类活动。 （5）总结反思，完善计划。 要求：根据实际宣传情况，总结反思并进一步完善方案。 **（五）评价交流，总结提升** 运用自评、互评、师评的评价方式，通过以下几个方面对学生完成任务活动进行评价与总结。 1. 对校园垃圾分类情况的观察和总结细致全面。 2. 活动方案可操作、有现实意义。 3. 积极参加校园垃圾分类劳动并开展宣传指导活动。 4. 定期对活动方案进行总结完善。 教师总结：校园是我们每个人的家，这个家为我们提供了学习、生活的场所，我们也要用自己的实际行动让家变得更美好。做一名垃圾分类公益宣传员，积极推进校园垃圾分类，让更多的人参与到垃圾分类活动中，让垃圾变废为宝，让校园更美好! **三、任务延伸，劳动拓展** 设计一份社区垃圾分类宣传方案，并在社区宣传推广。利用周末时间，定期走进社区，积极开展宣传活动，参加垃圾分类劳动。	
教学追踪		与同学合作，分组记录校园垃圾分类情况变化，提出建设性意见，积极推动校园垃圾分类。	

八年级教学设计

奉献社会　走进社会福利院

设计要素	具体内容	
教学案例与所选劳动教育融合的适切性	**教材出处：** 部编版《道德与法治》八年级上册第三单元第七课《积极奉献社会》 **学科教学与劳动教育融合：** 　　积极奉献社会是初中学生应该具备的意识和能力，也是中国公民应有的基本素养。通过指导学生参加公益服务性劳动，走进社会福利院，在敬老、扶弱的服务性劳动中，体验做一名服务社会的志愿者的快乐与责任，培养学生主动服务他人、服务社会的情怀，增强社会责任感，强化社会责任意识和奉献精神。	
所选主题活动设计关键策略	通过"奉献社会　走进社会福利院"这一活动，学生在真实的社会性情境中亲历实际的劳动过程，在生动鲜活的社会课堂中接受锻炼，增强社会责任感。通过采用探究学习的方式，引导学生积极思考服务社会的意义——服务社会体现人生价值，服务社会能够促进我们全面发展，引导学生利用知识、技能等为他人和社会提供服务，强化社会责任感。	
学情分析	八年级学生已具备一定的集体观念和公益服务意识，初步认识到每个人都应该积极承担社会责任，初步体会到承担责任的快乐，愿意承担一定的公益劳动，但是受认知水平和生活阅历所限，有的学生缺乏行动力，虽然表示愿意积极主动奉献社会，但在实践中畏难情绪明显。因此，需要教师通过创设真实情境，让学生了解服务社会活动对个人成长的积极意义。如何参与公益服务，如何在公益服务中增强劳动观念、培养敬业精神，需要教师更到位的指导。	
教学目标	1. 通过探讨"疫情中志愿者的收获"了解服务社会的活动对个人成长的意义；通过"头脑风暴活动"了解中学生奉献社会的途径。 　　2. 结合生活经验说明服务社会与个人成长的关系，提高搜集、运用和整理资料的能力；增强关注社会、参与社会实践的能力。 　　3. 通过参与"走进社会福利院"活动，指导学生积极参与社会活动，在公益劳动、志愿服务中强化社会责任感。	
教学重点	理解服务和奉献社会的意义。	
教学难点	在公益劳动、志愿服务中强化社会责任感。	
课时	1 课时	
教学过程	**阶段** 教学准备	**教学活动** 1. 认真思考： （1）你知道哪些公益组织？ （2）你参加过哪些社会公益活动？ （3）参加社会公益活动，你有哪些收获？ 2. 材料准备： （1）搜集中国青年志愿者协会的相关资料。 （2）搜集志愿活动或公益活动的典型故事。	**教学意图** 有助于学生的自学。

设计要素		具体内容	
教学过程	教学环节	**一、创设情境，导入新课** 1. 观看视频：疫情下的志愿者。 疫情当前，各行各业的人都走上了抗击疫情第一线，涌现出一批又一批的"最美逆行者"。 2. 观看视频后请分析：志愿者为他人、社会做出了哪些贡献？他们有哪些收获呢？ **二、聚焦问题，学习新知** **（一）提出问题，明确任务** 思考讨论：作为初中生，我们可以为抗击疫情做哪些事情呢？ **（二）自主学习，深入探究** 公益组织知多少——从下列公益组织中任选一个，分享你所了解的故事。 深入探究：有人说，服务和奉献社会是成年人的事情。我们是未成年人，与我们无关，你赞同这个说法吗？为什么？ 明确：服务和奉献社会需要我们青年担当。我们可以积极承担社区和学校的志愿服务，积极参加社会公益服务，为发展社会生产力、提高人民生活水平，为实现"两个一百年"奋斗目标贡献自己的力量。 **（三）组织教学，讨论交流** 1. 服务社会益处多 （1）学生分享交流：你曾经参加过哪些服务社会的活动？有哪些收获？ （2）教师引导学生归纳总结：服务社会的意义——服务社会体现人生价值，服务社会能够促进我们全面发展。 2. 服务社会途径多 （1）头脑风暴：我们可以通过哪些途径服务社会呢？ （2）归纳总结：服务和奉献社会，需要我们积极参与社会公益活动。服务和奉献社会，需要我们热爱劳动、爱岗敬业。 3. 服务社会我参与 （1）小组合作：设计一个走进福利院的活动方案。 （2）全班交流活动方案。 **（四）劳动实践，完成任务** 1. 任务名称：奉献社会　走进社会福利院 2. 任务实践 详见本书第二章中与"任务名称"相同的"实践任务活动"。	通过观看视频，引发学生思考志愿者为他人、社会做出的贡献。 选取学生熟知的公益组织，引导学生分享所知所闻，激发学习兴趣。 通过讲解与活动，学生间相互交流，不断巩固本节课所学知识，为完成活动任务奠定基础。

设计要素		具体内容	
教学过程	教学环节	3. 任务指导 教师要对学生劳动实践开展过程给予指导，提出要求。 　（1）初识福利院。 　要求：通过网络查询等途径了解福利院的情况，为走进福利院做好准备。 　（2）活动齐策划。 　要求：小组合作，完成走进社会福利院活动方案策划。 　（3）卫生齐动手。 　要求：准备卫生工具，参加帮助福利院打扫卫生等劳动。 　（4）关爱暖人心。 　要求：准备符合老年人的文艺节目，关爱老年人的身心健康。 　（5）技能解忧愁。 　要求：积极利用自身的知识和技能，力所能及地为老年人解决一些实际问题。 　（6）分享与交流。 　要求：总结具有针对性。分小组对参加的公益志愿者活动进行分享与交流，提高对活动的认识。 **（五）评价交流，总结提升** 　运用自评、互评、师评的评价方式，通过以下几个方面对学生完成任务活动进行评价与总结。 　1. 对社会福利院的认识是否全面。 　2. 所设计的活动方案是否可操作、有意义。 　3. 是否积极参加为福利院老人服务的劳动活动。 　4. 活动后能否及时完善活动计划，并进行有针对性的总结。 　教师总结：服务和奉献社会能促进我们成长，更好地实现人生价值；而服务和奉献社会，我们可以积极参加社会公益活动，从实际出发，讲求实际效果。 **三、任务延伸，劳动拓展** 　近年来帮助贫困山区孩子上学，组织山区孩子参观科技馆、博物馆，募集闲置衣物给有需要的人，给社区贫困老人和生活困难户送米面油、送温暖等微公益活动，吸引越来越多的人参与，汇聚起推动社会文明进步的强大力量。 　1. 请以"微公益、正能量"为主题，设计一份微公益活动策划方案，包括活动背景、活动目的、活动要求、活动内容、活动过程等。 　2. 有人说"我没有时间参加微公益"，你会如何劝解他呢？请简要写一份劝解提纲。	
教学追踪		1. 学生拍摄参与其他志愿服务的照片、视频，在班级进行分享展示。 2. 鼓励学生分享参加其他志愿服务中的收获，增强学生的获得感、成就感、荣誉感，使志愿服务活动能够长久坚持下去。	

九年级教学设计

多彩职业　职业规划我先行

设计要素		具体内容	
教学案例与所选劳动教育融合的适切性		**教材出处：** 部编版《道德与法治》九年级下册第三单元第六课第二框《多彩的职业》 **学科教学与劳动教育融合：** 　　通过了解不同劳动和职业具有独特的社会价值，初步掌握职业生涯规划的基本程序与方法，使学生清晰认知职业体验的意义，在准确分析自己的兴趣爱好和国家社会发展需要的基础上，进行初步的职业规划。通过充分利用学校的岗位进行职业体验，培养学生职业选择和职业规划的意愿和能力，增强学生职业荣誉感，提高职业技能水平，培养学生精益求精的工匠精神和爱岗敬业的劳动态度。	
所选主题活动设计关键策略		选择职业，走上工作岗位，意味着享有工作的权利，那我们应该如何更好地选择职业、做好职业准备、规划好自己的职业生涯呢？通过让学生深入探究思考，使学生了解相关职业，获得初步的职业体验，形成初步的生涯规划意识，从中体会到平凡劳动中的伟大，认识劳动创造人、创造价值、创造财富、创造美好生活的道理，以及尊重劳动、尊重普通劳动者，牢固树立劳动最光荣、劳动最崇高、劳动最伟大、劳动最美丽的思想观念。	
学情分析		面对日新月异的社会发展、多样的职业选择，九年级学生对职业有一定的了解，但有些学生还没有做好准备，有些学生认为职业有高低贵贱之分，因此需要教师设计真实情境，以亲身实践的方式引导学生，从观念和行动上对学生进行职业启发和教育。	
教学目标		1. 通过参与讨论"我所了解的职业"知道不同劳动和职业具有独特的价值，通过参与辩论"人的一生中，应该从事一种职业还是应该尝试多种职业？"，理解爱岗敬业的重要性，初步掌握职业生涯规划的基本程序与方法。 　　2. 通过参与讨论"如何做出正确的职业选择"，能够在准确分析自己的兴趣爱好、个性特长与国家和社会发展需要的基础上，进行初步的职业规划。 　　3. 通过进行个人职业规划和参与职业体验活动，在参与中体验职业乐趣，形成初步的生涯规划意识，体会平凡劳动中的伟大。	
教学重点		初步掌握职业生涯规划的基本程序与方法。	
教学难点		在认真考虑国家发展需要和个人兴趣爱好、个性特长的基础上，形成初步的生涯规划意识，掌握职业选择的方法与策略，做出个人职业规划，体会平凡劳动中的伟大。	
课时		1 课时	
教学过程	**阶段**	**教学活动**	**教学意图**
	教学准备	1. 认真思考： （1）你对不同的职业，有哪些了解和思考？ （2）你觉得人的一生中，应该从事一种职业还是应该尝试多种职业？ （3）为什么有的职业会消失，新的职业会产生？ （4）如何更好地适应未来的职业要求？ 2. 材料准备：搜集疫情期间三种不同的职业情况，包括不同职业的特点、入职条件与能力要求、从业者的职业认同感等。	有助于学生的自学。

设计要素	具体内容	
教学过程	**一、创设情境，导入新课** 2020 年，突如其来的新冠肺炎疫情，带来新中国成立以来最大的传染病挑战。全国各行各业人员纷纷坚守在抗疫一线，保障人民的生命健康，保障中国的稳步发展。请选取一个职业，讲述、分享一个故事。 **二、聚焦问题，学习新知** **（一）提出问题，明确任务** 作为中学生，你了解哪些职业呢？你是从什么途径了解的呢？为什么会有不同的职业、不同的分工呢？ **（二）自主学习，深入探究** 通过查询、搜集资料，了解不同职业的特点、能力要求和从业者的职业认同感。 **（三）组织教学，讨论交流** 1. 说——我所了解的职业 （1）当今热门职业特点、从业要求。 （2）列举你所知道的新兴行业有哪些。 （3）讨论：为什么有些职业会消失，新的职业会产生？ 2. 思——我对职业的思考 （1）讨论：如何做出正确的职业选择？（选择职业时应考虑哪些因素？） （2）归纳：考虑自己的兴趣爱好、个性特长、能力经验、国家和社会的需要等。 （3）辩论：人的一生中，应该从事一种职业还是应该尝试多种职业？ 3. 行——我对自己的职业规划 （1）制定自己的职业规划。 （2）小组讨论分享。 **（四）劳动实践，完成任务** 1. 任务名称：多彩职业　职业规划我先行 2. 任务实践 详见本书第二章中与"任务名称"相同的"实践任务活动"。 3. 任务指导 教师要对学生劳动实践开展过程给予指导，提出要求。 （1）观察了解不同职业。 要求：通过采访、查询资料等方式了解各种职业特点等。 （2）自我特点分析。 要求：从多方面分析自己的特点与优势。	通过讲解与活动，学生间相互交流，不断巩固本节课所学知识，为完成活动任务奠定基础。

设计要素列：教学环节

234

设计要素		具体内容	
教学过程	教学环节	（3）职业规划设计。 要求：对自己未来的职业进行职业规划。 （4）参与职业体验。 要求：职业需求分析，了解不同职业要求，进行职业体验。 （5）反思个人职业规划。 要求：寻求家人建议，与家人共同分析职业规划表。 （6）再做规划选择。 要求：进一步完善职业规划表。 **（五）评价交流，总结提升** 运用自评、互评、师评的评价方式，通过以下几个方面对学生完成任务活动进行评价与总结。 1.职业规划项目是否齐全。 2.发现问题，改进方案是否有针对性。 3.制定规划是否合理、符合实际。 4.能否积极实践，进行职业体验。 5.深入反思与完善。 教师总结：初中的学习不仅使我们增长知识、培养能力，而且增强法治意识、涵养道德、健全人格，这些都会为我们将来的职业发展奠定良好的基础。我们要珍惜大好青春年华，从现在开始努力学习，提高各方面素养，为精彩的明天做好准备。 **三、任务延伸，劳动拓展** 走进社会课堂，参与职业体验。 利用假期时间，跟随家人走进工作单位，进行职业体验。 要求： 1.职业体验前，要通过网络查阅资料、采访家人等方式，了解相关职业。 2.职业体验后，要对活动进行总结和反思，包括对职业的认识、收获和感受等。	
教学追踪		1.编写提纲，围绕"职业选择与职业生涯"对父母进行采访，了解父母的工作。 2.选择你了解或感兴趣的职业，设计职业体验活动方案。	

第九节　初中历史　源远流长　创造千秋劳动

七年级教学设计

历史台历　感悟悠久劳动历史

设计要素	具体内容
教学案例与所选劳动教育融合的适切性	**教材出处：** 人教版《中国历史》七年级上册第一单元第 2 课《原始农耕生活》 **学科教学与劳动教育融合：** 　　农耕劳动在我国有悠久的历史，早在新石器时代我国就产生了原始农业，这一时期的半坡居民和河姆渡居民就是原始农耕的典型代表。但是由于这一历史时期距今久远，学生对于这一时期的历史知之甚少，因而在以往的教学中学生对本课的学习兴趣不大。因此本课在教学设计中将以考古发现的文物为主要资料，通过让学生制作文物历史台历的方式，在任务的驱动下引导学生将历史知识运用到创造性劳动中，帮助学生掌握基本的劳动知识和技能，培养学生劳动创新的意识，使学生在创造性劳动实践中获得成就感，培养学生良好的劳动品质，领悟劳动创造历史的意义价值。
所选主题活动设计关键策略	《原始农耕生活》一课教学内容距离学生的生活久远，在传统讲授式教学中较难激发学生的学习兴趣。因此在本课教学设计中首先突出了考古发现的重要作用，运用了大量考古发现中的文物材料，通过这些材料引导学生开展探究式学习，认识到考古发现是了解史前社会历史的重要依据。其次在教学设计中突出实践性，通过制作历史文物台历这样的动手实践活动，增强学生学习的体验性和创造性，引导学生在实践中探究知识、运用知识。
学情分析	原始农耕的知识距离现在时间久远，学生在生活中也很少接触。但学生对动手制作的实践活动兴趣较为浓厚。因此，在教学设计中融入学科的动手实践活动将有助于培养学生的学习兴趣，激发学生的学习动机。但七年级的学生刚刚接触历史学科，对于历史学科的知识方法相对欠缺，需在学科实践活动前给学生适当地补充讲解必要的历史背景和学习方法。同时学生在组织能力、实施活动能力和劳动能力上有所差异，因此活动设计要考虑到学生的共性和个性特点差异。
教学目标	1.通过阅读观察相关考古发现和历史文物资料，了解我国原始农业的起源，知道考古发现是了解史前社会历史的重要依据。 　　2.通过对相关文物资料进行分类整理，并开展相关的问题探究，了解半坡居民、河姆渡居民的生活状况。 　　3.运用所学知识和相关文物资料，设计制作历史台历，体验劳动实践，亲历劳动创造过程。通过劳动改变生活和学习环境，体验劳动改变生活的过程，体会劳动创造美好生活。
教学重点	认识了解我国农耕文明的起源和农耕文化，知道考古发现是了解史前社会历史的重要依据。

设计要素		具体内容	
教学难点		培养分类整理、设计方案、分步实施的能力，体验劳动改变生活的过程，体会劳动创造美好生活。	
课时		1 课时	
教学过程	阶段	教学活动	教学意图
	教学准备	1. 你知道我们生活中哪些风俗节日和农耕相关吗？ 2. 你知道中国的农耕文明起源于什么时候吗？ 3. 查找关于中国农耕文明的考古发现或历史文物资料。	通过问题引发学生思考，通过查找资料激发学生兴趣。
	教学环节	**一、创设情境，导入新课** 1. 图片：半坡遗址出土石铲、石刀、石磨盘文物图片。 2. 这些文物的用途分别是什么？它们共同反映出中国古代文明的什么特点？ **二、聚焦问题，学习新知** **（一）提出问题，明确任务** 1. 中国农耕文明起源于何时？ 2. 中国农耕文明有哪些证据？ 3. 中国原始农耕文明有何特点？ **（二）自主学习，深入探究** 学生通过预学教材相关内容，并查询资料，探究中国农耕文明起源的时间，寻找相关证据，并初步总结特点，梳理思路，完成学案。 **（三）组织教学，讨论交流** 以小组为单位进行讨论并总结归纳，推选代表回答问题。 1. 中国农耕文明起源于何时？ （1）中国原始农耕起源于什么时间？ 学生查找教材中相关史实，回答问题。 （2）中国原始农耕起源于哪些地方？ 学生查看教材和地图册中的相关历史地图，举例说明，通过考古遗址了解中国原始农耕的起源。 2. 中国农耕文明有哪些证据？ （1）在本课教材中查找收集中国原始农耕起源的证据（考古发现或文物）。 （2）对收集到的证据文物进行分类整理，如衣、食、住、行，每类分别有哪些文物。 （3）依据分类后的文物，复原原始农耕时期先民的劳动生产生活状况。 3. 中国原始农耕文明有何特点？ （1）讲解展示北方黄河流域半坡遗址。 （2）讲解展示南方长江流域河姆渡遗址。	通过图片与提问引出本节课主题，同时引起学生兴趣，使学生迅速进入上课状态。 以问题为引领，通过任务驱动，学生完成任务的同时不断巩固本节课所学知识，为完成活动任务奠定基础。

设计要素		具体内容	
教学过程	教学环节	（3）学生对比两个代表性遗址，比较不同特色，归纳共同特征。 **（四）劳动实践，完成任务** 1. 任务名称：历史台历　感悟悠久劳动历史 2. 任务实践 详见本书第二章中与"任务名称"相同的"实践任务活动"。 3. 任务指导 教师要对学生劳动实践开展过程给予指导，提出要求。 （1）查找搜寻成功的历史台历制作案例。 要求：多渠道查找，分析成功案例。 （2）收集文物素材，讨论台历设计方案。 要求：根据收集的资料设计恰当的方案。 （3）准备制作工具和材料，动手制作。 要求：按照设计方案分工、分步实施。 （4）组内成果交流展示。 要求：展示并介绍作品设计理念及特色。	用实践体验提升历史认识和劳动技能，促进学生正确劳动价值观的形成。
		（五）评价交流，总结提升 在班级中举办成果展示活动，每组同学展示本组制作的历史台历，并向其他同学简要介绍自己作品的设计理念和思路。 运用自评、互评、师评的评价方式，通过以下几个方面对学生完成任务活动进行评价与总结。 1. 根据历史台历的主题收集相关的历史资料。 2. 能够将收集的历史资料进行分类。 3. 体现了历史学科的特点。 4. 结合材料设计台历页面。 5. 依据史实为文物撰写文物介绍。 6. 能够清晰地展示台历设计思路。 教师总结：中华农耕文明历史悠久，体现了中华民族劳动的历史与精神源远流长，同学们通过此次活动，将学到的历史文物知识与创造性劳动实践相结合，在创造性劳动实践中提升我们对历史的认识，用自己的劳动创造美化我们的生活，从中体验到劳动创造的幸福感。 **三、任务延伸，劳动拓展** 1. 我们还能将哪些历史知识融入生活中？把它们有机结合起来制作成美观实用的历史文创作品。 2. 利用制作的历史文创作品宣传普及文物历史知识，在班级开展文物知识问答竞赛。	完成任务并进行评价，进一步深化本节课内容，提升精神内涵。
教学追踪		1. 通过制作原始农耕文物台历了解到哪些关于文物的知识和价值（如文物的命名、分类、用途等），整理出来在班级分享给同学们。 2. 参观农耕主题博物馆，进一步了解农耕历史文化，为同学和老师进行介绍。	

八年级教学设计

口述历史　传承前辈劳动精神

设计要素	具体内容	
教学案例与所选劳动教育融合的适切性	**教材出处：** 人教版《中国历史》八年级下册第六单元第 19 课《社会生活的变迁》 **学科教学与劳动教育融合：** 　　随着时代的发展，社会生活也在不断变迁。改革开放以来，人们衣、食、住、行等社会生活各个方面的变化，反映了我国经济的快速发展和人民生活水平的提高。而在这一过程中我们每个家庭和个人也都是历史的亲历者和创造者。因此在本课教学设计中采取口述历史的方法，可以很好地将学习内容和学生的日常家庭生活相结合，同时通过访谈让学生感受社会生活的变化和我国改革开放以来的发展成就，强化劳动意识，体会劳动创造美好生活，体会劳动不分贵贱，热爱劳动，尊重普通劳动者，培养感恩意识，感受家庭幸福温馨生活。	
所选主题活动设计关键策略	《社会生活的变迁》一课的教学内容，从时间上距离当下很近，从内容上同学生的生活密切相关。因此在教学设计中应当利用这一特点从学生的生活实际出发创设情境，让学生观察生活中衣、食、住、行等方面的变化，设计相关讨论问题，引导学生结合自身的生活经历进行探究和讨论。其次对于学生未能经历的改革开放历史变迁，则可以通过家庭访谈的方式，拉近学生与历史的距离，在实践访谈中感受历史变迁，探究变迁原因。	
学情分析	学生通过自身经历、报刊书籍、影视作品等对社会生活变迁都有一定的了解，但对这种了解大多停留在对事物的表面认识，对于变迁背后的深层原因缺少相关认识。因此在本课教学中将通过口述历史和家庭访谈的方式，引导学生从对现象的认识深入到对历史原因的探究。	
教学目标	1. 通过改革开放前后社会生活的对比，了解社会生活的变化，认识改革开放后我国经济快速发展和人民生活水平的提高，体会劳动创造美好生活，强化劳动意识。 　　2. 能够根据家庭实际情况围绕访谈主题设计并撰写访谈提纲，培养合理设计、沟通交流的能力。 　　3. 通过对家庭中的长辈进行访谈，了解改革开放前后社会生活的变化，感受家庭长辈的艰辛劳动，逐渐树立正确的劳动观，崇尚劳动、尊重劳动，增强对劳动人民的感情，报效国家，奉献社会。	
教学重点	知道改革开放以来我国社会生活的巨大变化，了解经济快速发展和人民生活水平提高。	
教学难点	设计访谈提纲，围绕提纲进行访谈并做好记录，整理访谈记录，完成访谈报告。	
课时	1 课时	
	阶段	**教学活动**	**教学意图**
教学过程	教学准备	1. 思考我们是否知道家里长辈们都从事什么工作？ 　　2. 不同时代工作的内容、方式都发生着怎样的变化？ 　　3. 查找新中国历史上不同时代的劳动楷模以及他们的主要事迹。	通过问题引发学生思考，通过查找资料产生榜样效应，激发学生兴趣。

设计要素		具体内容	
教学过程	教学环节	**一、创设情境，导入新课** 1.视频：新中国不同时代的劳动模范。 2.视频中的劳动模范都是哪些时代的？他们身上体现出哪些不同的时代特点？ **二、聚焦问题，学习新知** **（一）提出问题，明确任务** 1.改革开放前后我们的生活有何变化？ 2.社会生活发生变化背后的原因是什么？ **（二）自主学习，深入探究** 学生通过查询、搜集资料，总结改革开放前后我国在衣、食、住、行等各方面的变化，以及产生变化的原因。 思考：除了用上述方式了解社会各方面的变化外，还可以通过什么方式了解社会生活的变迁？ **（三）组织教学，讨论交流** 以小组为单位进行讨论并总结归纳，推选代表回答汇报。 1.改革开放前后我们的社会生活有何变化？ （1）日常生活的变化，举例说明。 （2）交通通信的变化，举例说明。 学生通过日常生活和交通通信方面对比，了解社会生活的变化。 2.社会生活发生变化背后的原因是什么？ （1）教师引导学生结合家中长辈的生活和工作经历，对比改革开放前后社会生活方面的变化。 （2）学生通过对比认识到改革开放前后社会生活的巨大变化，并思考导致这种变化的原因有哪些。 （3）教师引导学生通过查找资料和制订访谈计划探究社会生活变化背后的原因。 3.汇报：通过访谈了解社会生活的变迁。 （1）教师讲解展示自己家中亲历者的故事。 （2）在同学们家中是否有这一变迁的亲历者，请以工作经历为主题访谈家中的两代长辈。 （3）确定自己的访谈对象并制订计划。 **（四）劳动实践，完成任务** 1.任务名称：口述历史　传承前辈劳动精神 2.任务实践 详见本书第二章中与"任务名称"相同的"实践任务活动"。 3.任务指导 教师要对学生劳动实践开展过程给予指导，提出要求。	通过视频与提问引出本课主题，引起学生兴趣，使学生迅速进入思考状态。 以问题为引领，通过任务驱动，学生完成任务的同时不断巩固本节课所学知识，为完成活动任务奠定基础。

设计要素		具体内容	
教学过程	教学环节	（1）明确访谈主题，确定访谈对象。 要求：主题突出明确，对象恰当合适。 （2）设计并讨论完善访谈提纲。 要求：根据主题、对象设计，参考经典案例。 （3）准备访谈材料和设备，实施访谈。 要求：依据提纲分步实施访谈，如实记录。 （4）完成访谈报告，组内成果交流展示。 要求：依据记录联系所学，揭示历史变迁，展现劳动精神。 **（五）评价交流，总结提升** 在班级中举办"访谈家中长辈　记录劳动传承"主题汇报活动，每组推选出一位优秀代表在班级汇报其访谈报告，分享访谈体会。 运用自评、互评、师评的评价方式，通过以下几个方面对学生完成任务活动进行评价与总结。 1. 根据家庭情况提出明确恰当的访谈主题。 2. 确定的访谈对象具有代表性。 3. 依据访谈主题，列出简洁明了的访谈提纲。 4. 访谈时能够准确翔实地记录信息。 5. 访谈结束后，能撰写思路清晰、观点明确的访谈报告。 教师总结：同学们通过访谈家中的长辈，了解了他们的工作内容与经历，通过对比我们能够了解到改革开放以来我国社会经济的巨大变化和人民生活水平的提高。这些变化与成就离不开一代又一代劳动者的奋斗。我们应当传承这种劳动精神，用劳动与创造去建设我们的伟大祖国。 **三、任务延伸，劳动拓展** 1. 访问其他长辈，从另外的角度了解我国社会生活的变迁情况，丰富和补充已有访谈内容。 2. 通过对长辈工作经历的访谈，说说他们身上反映出来的优秀劳动品质，谈谈你的感受和自己对未来职业的想法或规划。	用实践体验提升历史认识和劳动技能，促进学生正确劳动价值观的形成。 完成任务并进行评价，进一步深化本节课内容，提升精神内涵。
教学追踪		1. 搜集长辈的工作视频或照片，做成视频集锦作品，纪念长辈光荣的劳动经历。 2. 搜集所访谈的家中长辈当年工作中的照片、视频或物品，在班级举办相关的展览活动。	

九年级教学设计

历史板报　展现劳动发明创造

设计要素	具体内容		
教学案例与所选劳动教育融合的适切性	**教材出处：** 人教版《世界历史》九年级上册第七单元第20课《第一次工业革命》 **学科教学与劳动教育融合：** 　　第一次工业革命中涌现出了大量的劳动发明与创造，如珍妮机、蒸汽机、铁路和现代工厂等。这些发明与创造都是劳动者智慧的结晶，同时也推动了历史的前进，使人类进入了工业化时代。通过让学生设计历史主题板报，可以帮助学生建构历史知识结构，形成历史认识。同时将历史知识与劳动实践相结合，引导学生热爱劳动，运用学习的知识在实践中为班级服务，美化班级环境，形成良好的劳动品质。		
所选主题活动设计关键策略	《第一次工业革命》一课教学内容，和学生的生活既有一定联系，又有一定距离，且发明创造众多，对于学生而言信息量大。因此在本课教学设计中要发挥学生的主体作用，通过发明者故事的讲述和相关问题的探究，激发学生的学习兴趣，调动学生的学习积极性。同时通过设计历史主题板报，在板报设计中引导学生自主建构知识，形成对劳动创造历史的认识。		
学情分析	九年级学生对于第一次工业革命和相关的发明创造有一定的了解，但既不全面也不深刻。他们掌握了基本的历史知识，具备一定的搜集历史材料，运用历史知识和方法开展学科实践活动的能力，因此可以引导学生利用学科知识与方法开展劳动实践活动，以使他们全面深刻地掌握所学历史知识。		
教学目标	1.通过多种途径（互联网、虚拟博物馆、专业书籍等）查找历史资料，知道珍妮机、蒸汽机、铁路和现代工厂等第一次工业革命中的重要发明与创造。 　　2.通过阅读并分析相关历史资料，了解珍妮机、蒸汽机、铁路和现代工厂等发明创造的创新之处，认识技术革新、劳动创新在人类文明发展和进步中的重要作用，理解工业时代来临的意义。 　　3.通过运用所学知识设计、布置历史主题板报，建构相关知识结构，树立劳动创造历史的马克思主义劳动观。		
教学重点	认识珍妮机、蒸汽机、铁路等发明的创新之处，理解工业时代来临的历史意义。		
教学难点	运用所学知识设计、布置历史板报，培养合理规划、分步实施的劳动素养，树立劳动创造历史的马克思主义劳动观。		
课时	1课时		
教学过程	阶段	教学活动	教学意图
	教学准备	1.思考第一次工业革命中都有哪些重要的发明？ 　　2.这些发明对人类历史产生了怎样的影响？ 　　3.阅读《第一次工业革命》一课内容，了解历史背景，并查找第一次工业革命中的重要发明创造，了解这些发明创造对人类历史的影响。	通过问题引发学生思考，通过查找资料激发学生兴趣。

设计要素		具体内容	
教学过程	教学环节	**一、创设情境，导入新课** 1. 文字材料：马克思关于劳动创新作用的论断。 2. 你从马克思的论断中能够得出怎样的认识？马克思提出这一论断的历史背景是什么？ **二、聚焦问题，学习新知** **（一）提出问题，明确任务** 1. 第一次工业革命中有哪些创新发明？ 2. 这些创新发明是如何诞生的？ 3. 这些劳动创新发明产生了怎样的影响？ **（二）自主学习，深入探究** 学生通过预习教材相关内容，列举第一次工业革命中的重要劳动发明，并查询、搜集相关资料，探究这些劳动发明有何进步？又产生了什么影响？ **（三）组织教学，讨论交流** 以小组为单位进行讨论并总结归纳，推选代表进行汇报。 1. 第一次工业革命中有哪些创新发明？ （1）第一次工业革命中有哪些重要发明？ （2）分析这些发明的进步和创新之处。 2. 这些创新发明是如何诞生的？ （1）通过阅读相关材料，了解这些发明诞生的过程。 （2）列举这些发明者，通过对比归纳他们的共同点。 3. 这些劳动创新发明产生了怎样的影响？ （1）说出这些发明创新解决的问题。 （2）分析这些发明创新对人类社会的影响。	通过材料与提问引出本节课主题，同时引发学生思考。
		（四）劳动实践，完成任务 1. 任务名称：历史板报　展现劳动发明创造 2. 任务实践 详见本书第二章中与"任务名称"相同的"实践任务活动"。 3. 任务指导 教师要对学生劳动实践开展过程给予指导，提出要求。 （1）搜集历史资料，选取板报素材。 要求：合理分类整理资料，精选素材。 （2）规划设计板报，讨论布置方案。 要求：根据资料素材设计恰当的方案。 （3）准备布置工具和材料，布置实施。 要求：按照设计方案分工分步实施。 （4）班内成果交流展示。 要求：展示并介绍板报设计理念及特色。	用实践体验提升历史认识和劳动技能，促进学生正确劳动价值观的形成。

设计要素		具体内容	
教学过程	教学环节	**（五）评价交流，总结提升** 　　组织班级学生学习观看"创新发明与人类进步"主题历史板报，并由板报设计者为班级同学进行讲解。 　　运用自评、互评、师评的评价方式，通过以下几个方面对学生完成任务活动进行评价与总结。 　　1. 依据所学内容提出板报设计方案。 　　2. 依据方案多渠道查找完善资料。 　　3. 依据方案准备齐全所需工具。 　　4. 团队合作，分步有序实施。 　　5. 展示板报成果，讲解板报内容。 　　教师总结：技术革新、劳动创新在人类文明发展和进步中起到了重要作用，同学们通过本次历史主题板报的设计布置，认识到了劳动创新在人类历史中的作用，深化了对第一次工业革命的理解，同时历史板报也美化了班级学习环境。 **三、任务延伸，劳动拓展** 　　1. 结合所学内容，策划设计下一期其他专题板报（如劳动节的历史、时代劳动楷模等），不断更新知识，并为班级营造良好学习环境。 　　2. 为班级同学介绍讲解板报后，采访同学观看学习板报后的感受及建议，找出板报可供完善之处。	完成任务并进行评价，进一步深化本节课内容，提升精神内涵。
教学追踪		1. 收集参观板报后同学们的反馈意见，及时整理总结板报设计的原则和方法。 2. 将主题板报的主要内容做成"美篇"作品，让大家在网络上观看你的主题板报作品。	

第十节　初中地理　自然人文　领略万物劳动

七年级教学设计

学习地图　绘制校园平面图

设计要素	具体内容
教学案例与所选劳动教育融合的适切性	**教材出处：** 中图北京版《地理》七年级上册第一章第二节《地图》 **学科教学与劳动教育融合：** 　　地图是地理学习的重要工具。通过本课教学学生应掌握地图三要素：方向标、比例尺和图例注记等基本概念，理解地图在地理学习中的重要作用。在以往的学习中，学生在判别方向、提取信息和比例尺应用中会出现一些问题，这与之前教学中注重讲授相关知识，而没有让学生去亲自体会、理解和应用地图三要素有关。本课教学设计注重学生地理实践力的培养，让学生在绘制教室平面图的过程中，更好地理解和掌握地图三要素的概念，明确地图在地理中的重要意义和作用；通过融合劳动教育实践活动，让学生为学校绘制平面图，应用所学知识，方便师生及来访者对学校各区域的了解，形成利用所学知识服务他人的劳动观念。
所选主题活动设计关键策略	地图是地理学习的重要工具和手段，深层理解地图三要素，学会应用地图三要素，是地理学习的关键，并且还能为学生学习和生活提供服务。首先，让学生尝试自己绘制教室平面图，自主认识地图三要素，然后在教师引导下，不断完善教室平面图的绘制，深层理解地图三要素的概念，逐步学会阅读地图的方法，培养学生地理实践力。从绘制教室平面图到绘制校园平面图的劳动实践活动，让学生巩固地图三要素的知识和阅读地图的方法，进一步培养学生的地理实践力，以及关心校园环境，热爱校园，服务他人的劳动观念。
学情分析	七年级学生在小学阶段对地图三要素知识有初步的了解，但是在地理学科中对三者的认知和应用还存在一些问题。因此设计让学生绘制教室平面图的教学环节，让学生在绘制过程中不断理解地图三要素的概念，体会地图在地理学习中的作用。同时，七年级的学生的认知具有主观性和直观性的特点，因此通过将地理事物绘制到平面图中，帮助学生理解概念，在逐渐完善的过程中，初步达到主观认识到理性认识的转化。 　　本节教学内容在地理学习中非常重要，因此，我们将本节课调整为初中地理学习的第一节课，目的是让学生理解地图三要素的内涵和重视地图在地理学习和生活中的作用。
教学目标	1.通过自主绘制教室平面图，初步认识地图三要素。 　　2.在教师指导下，完善教室平面图的绘制，进一步理解地图三要素的意义和作用，初步学会阅读一般地图的方法及提高利用地图提取信息的能力。 　　3.在绘制校园平面图的过程中，进一步巩固地图三要素的知识，熟练掌握阅读一般地图的方法，落实学生的地理实践力。

续表

设计要素		具体内容	
教学重点		1. 通过自主绘制教室平面图，初步认识地图三要素。 2. 在教师指导下，完善教室平面图的绘制，进一步理解地图三要素的意义和作用，初步学会阅读一般地图的方法，初步学会利用地图提取信息的能力。	
教学难点		1. 学生绘制地图过程中比例尺的选择。 2. 选择比例尺的过程中，理解比例尺与范围、内容之间的关系。 3. 掌握一般地图的阅读方法。	
课时		2 课时	
教学过程	阶段	教学活动	教学意图
	教学准备	1. 地理课本、A4 纸、彩铅笔、直尺、橡皮等。 2. 学生搜集生活中常用的平面图。	
	教学环节	**一、创设情境，导入新课** 学生展示自己搜集的平面图，包括公园导览图、城市交通图、地形图等。 问题：观察这些平面图，同学们都看到了哪些信息？不同的平面图反映的主题不同，那它们又分别有哪些作用呢？ 不同的地图在生活中起到了不同的作用，让我们的生活更丰富、更便捷。同时，地图是地理学习的重要工具和手段，在地理学习中有重要的作用。那这些地图是怎么形成的呢？今天我们就一起绘制教室平面图，体验地图的形成过程。 **二、聚焦问题，学习新知** **（一）提出问题，明确任务** 1. 请大家思考和讨论如何绘制教室平面图？讨论的内容包括以下几方面。 （1）绘制平面图需要测量的数据。 （2）绘制平面图的工具。 （3）绘制平面图的步骤。 2. 绘制教室平面图，在绘制过程中，发现地图必须具备的三要素，在应用过程中归纳总结地图阅读方法。 **（二）自主学习，深入探究** 1. 小组讨论 （1）两人一组，讨论完成学习任务的步骤。 （2）写出绘制教室平面图具体步骤。说出每一步骤需要的要素。明确需要测量哪些数据，如何测量这些数据。 2. 绘制教室平面图 在 A4 纸上画出教室的平面图。在画图过程中体会比例尺、图例的应用。	引起学生对本节课所学内容的关注，激发学习兴趣，同时感受地图在地理学习和生活中的重要性，体会地图的形成过程。 在绘制教室平面图中，理解地图三要素的概念，掌握地图基本知识和运用地图的基本技能。 自主讨论绘图步骤，在学习中体会和理解地图三要素，发现问题。

设计要素		具体内容	
教学过程	教学环节	可能存在的问题： （1）将立体的教室图绘制在纸上。 （2）图中的比例尺不一致。 （3）不同地理事物图例相同。 **（三）组织教学，讨论交流** 1.展示不同小组的教室平面图 （1）对比以下两幅平面图，观察两幅图的轮廓大小有什么不同。 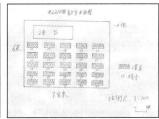 学生：通过对比发现教室轮廓大小不一样。反映出比例尺的大小不一样。 教师：讲解比例尺的概念，帮助学生理解比例尺及其应用。 （2）对比以下两幅图，观察两幅图的座位表达有什么不同。  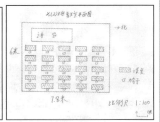 学生：通过对比发现要用不同的符号代表座位。 教师：讲解图例的概念，帮助学生理解图例的含义和作用。 2.在教室平面图上添加注记，完善图例 每位学生在平面图中添加教室中的其他设施，如下图所示。随着教室设施的增多，引导学生用图例对不同事物进行区分。 	在对比中讲解比例尺、图例的概念，帮助学生进一步理解比例尺、图例的意义，体会其在地图中的作用。 学会用不同的符号、文字进行标识，认识图例的重要性，为地图的阅读打基础。

247

设计要素		具体内容	
教学过程	教学环节	3. 描述自己在教室的位置 （1）借助绘制的教室平面图，描述自己在教室的位置。描述中会发现我们的图还缺少指向标，那如何添加指向标呢？ ①观察教室，判断教室的北方。 ②用箭头在教室平面图中添加指向标。 （2）利用完善的教室平面图，描述自己相对于另一个同学的位置。 4. 自主总结本节课重点内容 回顾整节课的内容：在绘制教室平面图的过程中，哪些要素是绘制地图必不可少的？从地图中提取信息的关键要素是什么？三个要素的作用是什么？ 学生：比例尺、方向、图例。 教师：今天我们学习了地图三要素，大家能不能应用今天所学的知识，再绘制一个校园的平面图，为各位老师、同学及校园来访者提供服务呢？ **（四）劳动实践，完成任务** 1. 任务名称：学习地图　绘制校园平面图 2. 任务实践 详见本书第二章中与"任务名称"相同的"实践任务活动"。 3. 任务指导 教师要对学生劳动实践开展过程给予指导，提出要求。 （1）借助电子地图，观察校园。 要求：借助电子地图，观察校园的轮廓和四至点，了解校园整体情况。 （2）测量校园实际距离。 要求：用卷尺准确测量校园各地理事物之间的实际距离。 （3）绘制校园轮廓。 要求：确定比例尺，准确绘制校园轮廓图。 （4）添加校园中重要地理事物。 要求：用注记或者图例区别重要地理事物，简洁准确地在地图上表达出来。 （5）标注位置。 要求：标注主要地理事物的位置，要求形象、活泼、易懂。 （6）设计去不同地点的路线。 要求：设计不同地点的路线，满足不同要求。 ①最近线路。 ②经过最多地点的路线。 **（五）评价交流，总结提升** 运用自评、互评、师评的评价方式，通过以下几个方面对学生完成任务活动进行评价与总结。 1. 校园平面图绘制认真、准确、美观。	通过辨别方向，进一步培养学生应用地图、提取信息的能力，提高学生的地理实践力。 回顾本节课的内容，总结地图中不可缺少的三要素，理解地图三要素在地图中的重要作用和意义，掌握提取信息和阅读一般地图的方法。 培养学生在生活中运用地理知识的能力，让学生在服务性劳动实践中体会劳动价值和巩固所学知识。

设计要素		具体内容	
教学过程	教学环节	2. 能准确掌握判别方位的方法。 3. 理解比例尺的意义和作用。 4. 能够用地理术语表达自己的观点。 **三、任务延伸，劳动拓展** 　　借助电子地图，绘制校园周边小区的平面图，准确标注比例尺、指向标和图例。设计早高峰汽车行驶路线和人行路线，缓解校园周边的交通拥堵，为师生出行提供依据，为广大师生提供服务性劳动。	
教学追踪		利用校园周边小区平面图，老师们、同学们和周边居民选择了最佳出行路线，请同学们采用问卷调查的方式，分析早晚高峰期校园周边交通拥堵是否得到改善。培养学生在日常生活中应用地理知识的意识，体会劳动的价值和意义。	

八年级教学设计

多样气候 研学手册显特色

设计要素	具体内容
教学案例与所选劳动教育融合的适切性	**教材出处：** 中图北京版《地理》八年级上册第二章第三节《气候对生产和生活的影响》 **学科教学与劳动教育融合：** 我们生活的世界，在自然环境上存在巨大的差异，尤其气候是自然环境中最活跃的因素，气候的差异会对我们的生产和生活产生影响。本课教学内容是让学生利用气候图，描述气候特征，掌握描述气候特征的方法。利用气候图和相关资料，分析气候对生产和生活的影响，主要是从衣食住行和农业方面进行分析。通过让学生利用所学地理知识，从气候对生产和生活的影响出发设计研学手册，既可以巩固气候特征的基础知识，理解气候对生产生活的影响，提高地理的综合思维能力，落实人地协调观，又可以为学校组织学生研学提供方案，同时也给他人提供了旅游参考，使学生感受在服务性劳动中的收获与快乐。
所选主题活动设计关键策略	利用地图和相关资料，让学生自主分析气候特征，有利于学生巩固本课的基础知识和学习方法；利用资料和气候图，小组合作分析气候对当地生活和生产的影响，主要包括对衣食住行和农业生产的影响。以气候影响为主线让学生为学校设计研学手册，提高学生分析气候对生产和生活影响的能力，综合运用所学地理知识，在不断优化研学手册的基础上，提高学生综合思维能力，落实地理实践力。
学情分析	八年级学生具有较强的自主学习和小组合作学习的能力。在学习了气候的相关知识，掌握了阅读气候图的方法，初步学会气候特征描述方法的基础上，设计让学生自主学习气候特征的活动，通过小组探究气候对生产和生活的影响，教学要以学生为主体，发挥其主观能动性。同时，随着学生年龄的增长，学生的自主意识逐渐增强，对有挑战性的任务很感兴趣，能够较好地完成劳动实践任务。但是受限于认知水平和学习环境，学生在地理综合思维能力和地理实践力方面还有所欠缺。因此，将学生生活中的体验与新知识相联系，利用生活中常见的旅游情景突破学习重点，有利于提高他们运用所学知识解决实际问题的能力。
教学目标	1.利用气候图，使学生规范描述气候特征的方法。 2.利用地图和相关资料，分析气候对当地生活和生产的影响，提高学生综合思维能力，落实地理实践力，感受人地协调观。 3.通过设计研学手册，理解气候对旅游的影响，进一步巩固气候的基础知识，提高学生综合思维能力，落实地理实践力。
教学重点	1.描述气候特征的方法。 2.分析气候对当地生产和生活的影响。
教学难点	1.用规范的语言，分析气候对生产和生活的影响。 2.通过设计研学手册，理解气候对生产和生活的影响。
课时	2课时

设计要素		具体内容	
	阶段	教学活动	教学意图
	教学准备	1. 学生整理自己去过的一个城市的风土人情的图片，包括服饰、民居、美食等方面。 2. 准备行政图、地图、气候图等相关资料。 3. A3纸、彩笔等绘图工具。	
教学过程	教学环节	**一、创设情境，导入新课** 如今，我们的生活质量越来越好，旅游成为我们生活中重要的组成部分，同学们也去了很多地方，感受到不同地区的风土人情。课前大家认真准备了不同城市不同的风土人情的图片，现在请同学们互相展示。 引出问题：你们认为当地不同的风土人情与气候有什么关系呢？ **二、聚焦问题，学习新知** **（一）提出问题，明确任务** 现在我们一起来看看这里的气候特征是什么？ 1. 当地是什么气候类型，有什么特征？ 2. 气候对当地的生产和生活有什么影响？ **（二）自主学习，深入探究** 我们学习了气候类型、气候分布，今天我们来分析气候对生产生活的影响。 1. 自主学习 对照气候类型分布图和行政图，找到相应气候类型。阅读当地气温曲线降水量柱状图，描述气候特征。 2. 小组合作 两人一组，讨论民居、服饰和农业（包括美食的原料）特色，分析气候和它们之间的关系，将讨论结果用思维导图的形式呈现。 **（三）组织教学，讨论交流** 1. 小组汇报讨论内容 （1）小组汇报员汇报气候对当地民居、服饰和农业的影响。 （2）其他学生补充回答，训练规范的语言表达。 过渡：大家能用自己的语言分析气候对生产生活的影响，我们能不能用规范的地理语言分析气候对生产生活的影响呢？先从简单的生活方面开始。 2. 用规范语言分析气候对生产生活的影响 （1）气候对民居的影响。 	从学生的旅游经历导入，拉近枯燥课堂与学生的距离，让学生感受生活中处处有地理。 提出两个重点问题，让学生将生活经验和已有知识进行联系，同时去探索未知。 巩固气候的基本知识和方法。 简单分析当地特色与气候关系，探究新知识。用思维导图帮助学生建立二者之间的逻辑关系。 用自己的语言表达观点，初步学会分析二者之间的关系，提高综合思维能力，落实人地协调观。

设计要素		具体内容	
教学过程	教学环节	①观察不同民居的特点。 提示：可以从材质、屋顶坡度、墙体厚度等方面说明。 ②找到对应气候，用规范的语言分析气候与民居之间的关系。 要点：气候特征＋相应建筑特色＋用途。 （2）气候对服饰的影响。  ①观察不同服饰的特点。 提示：可以从材质、厚度、长度等方面说明。 ②找到对应气候，用规范的语言分析气候与民居之间的关系。 要点：气候特征＋服饰特点＋用途。 （3）气候对农业的影响 作物习性： 水稻：喜高温多湿，短日照。 芒果：喜高温，不耐寒，温度15~35℃，年降水量在700mm以上。 菠萝：15~40℃范围均能生长，以降水1000~1500mm且分布均匀最为适宜。 葡萄：耐旱，喜长时间光照，降水在500~700mm。 多汁牧草：喜温和湿润、光照弱的气候。 ①观察提炼出每种作物需要的气候条件。 ②找到对应的气候类型，用规范的语言分析气候与作物之间的关系。 要点： 无数据：气候特征＋对作物的好处＋有利于作物生长。 有数据：列出具体气候数据＋符合作物的生产条件。 3.总结 正是因为各种气候的不同，使得不同地方的生活和生产方式不同，具体表现在衣食住行等方面。相信同学们学习完这节课之后，下次旅游的时候一定会从气候的角度看风土人情的差异。每年我们都会有外出研学之行，丰富了大家的知识，开阔了视野。你能以本节课学习的气候为主，设计属于你们自己的研学手册吗？ **（四）劳动实践，完成任务** 1.任务名称：多样气候 研学手册显特色 2.任务实践 详见本书第二章中与"任务名称"相同的"实践任务活动"。	总结规范，分析气候对生产生活影响的方法，训练学生用具有逻辑性的语言表达观点，提高综合思维能力。

设计要素		具体内容	
教学过程	教学环节	3.任务指导 教师要对学生劳动实践开展过程给予指导，提出要求。 （1）查询和搜集资料，选择地点。 要求：以安全为前提，查询备选地点的气候、地形等因素，选择一个最佳研学地点。 （2）根据气候，分析当地特色。 要求：气候影响下，分析当地特色，确定研学餐饮、住宿地点。 （3）根据气候，确定研学所需物品。 要求：确定当地气候类型，分析不同月份气温和降水的特点，确定研学所需物品，包括衣物的数量、类型、雨具等装备。 （4）确定研学主要内容。 要求：根据气候特征，参观当地具有代表性的建筑，品尝当地特色食物，试穿当地特色服饰。分析这些与气候的关系，设计研学任务。 （5）设计研学手册，图文并茂。 要求：根据以上分析，将研学内容进行分类，设计科学合理的研学手册。 （6）完善、美化研学手册。 要求：整体设计图文并茂，封底设计体现本次研学主题。 **（五）评价交流，总结提升** 运用自评、互评、师评的评价方式，通过以下几个方面对学生完成任务活动进行评价与总结。 1.分析合理、准确，文字表述清晰。 2.内容丰富，体现研学意义和价值。 3.设计具有美感，图文并茂。 4.具有特色和创意。 **三、任务延伸，劳动拓展** 根据所学内容，给家人设计一个旅游攻略，既能欣赏美景，又能在旅游中对所学内容进行巩固，提高自己的思维能力，提高旅游的意义和品质。	培养学生在生活中运用地理知识的能力，让学生在服务性劳动实践中巩固所学知识和方法，体会劳动价值。 提出具体要求，降低任务难度，让每位同学都可操作，提高每位同学的地理实践力，感受利用所学知识帮助他人的劳动意义和价值。 多角度评价学生，关注学生的知识掌握情况。
教学追踪		对学生家人利用学生设计的旅游攻略进行旅游的情况进行采访。这次旅游体验和以往相比有什么不同？让家人对这次旅游进行评价，可从学生地理学习内容掌握情况和旅游品质提升方面进行评价。	

第十一节　初中音乐　乐舞相融　创造艺术劳动

七年级教学设计

劳动工具变乐器　共谱动听新乐章

设计要素	具体内容
教学案例与所选劳动教育融合的适切性	**教材出处：** 人音版《音乐》七年级上册第五单元《扬鞭催马运粮忙》 **学科教学与劳动教育融合：** 　　劳动人民运用音乐来提高生产能力，人们学会了吹响兽骨牛角，模仿兽叫鹿鸣，以达到诱捕围猎之目的；人们敲打出节奏以协调劳动中的动作，呼喊号子聚集众人的力量来抬重物，改造自然环境。通过音乐鉴赏及让学生参加校园劳动变"工具"为"乐器"的实践活动，使学生感受乐器演奏与劳作相结合，在劳动体验的过程中感受心情随着节奏的一系列变化。
所选主题活动设计关键策略	通过《扬鞭催马运粮忙》这首竹笛作品的赏析，分析其劳动适配的音乐旋律及节奏特点，组织学生进行音乐活动。通过将音乐表现与学生日常生活劳动紧密结合，变劳动"工具"为"乐器"，用音乐助力劳动，使学生更好地感受艺术与生活的紧密关系，理论联系实际，巩固所学音乐知识，同时通过营造劳动情境与艺术创作的氛围，增强学生劳动体验的乐趣，使学生能更深刻地理解"艺术来源于生活"的真正含义。
学情分析	七年级学生对于音乐理论知识、基础的节奏型均已灵活掌握，相对于较复杂的节奏组合及创编，对学生来说有一定挑战性。教师指导学生进行节奏创编并开展劳动实践活动，既有利于知识的巩固又与劳动相融合，边奏边动，打破单独学习节奏的枯燥，提高学习的效率，让音乐与劳动相融合，使音乐与劳动相得益彰。
教学目标	1. 正确把握《扬鞭催马运粮忙》的音乐情绪，能运用恰当的节奏、准确的旋律表达乐曲情感。 　　2. 高质量地完成劳动情境编创任务，通过音乐与劳动的结合，调动学生的积极参与意识，培养他们的节奏感和创造力，加深对乐曲风格的理解。 　　3. 根据所学到的音乐知识，尝试运用清洁物品等工具进行声音节奏律动、表演等方面的创作与合作，能够较全面地认识到音乐表现与劳动生活的紧密结合，在与他人合作和自身表现过程中获得欢乐。
教学重点	体验音乐节奏律动在劳动中的乐趣及提升劳动效果。
教学难点	学生运用基本节奏创编音乐并与他人协作配合。

设计要素		具体内容		
课时		2 课时		
	阶段	教学活动		教学意图
	教学准备	1. 鉴赏七年级上册第五单元竹笛独奏《扬鞭催马运粮忙》，感受音乐与劳作之间的紧密融合。 2. 复习常用节奏型，提前筹备适合大扫除场景的音乐旋律。		提升学生学习的积极性，有助于活动实践的开展。
教学过程	教学环节	**一、创设情境，导入新课** 呈现农民劳动的图片并解说：当我们正在沐浴着明媚的春光时，农民们此时正在辛勤地耕耘，他们在春天播下希望的种子，到了秋天才能享受丰收的喜悦，那时我们感受到的不仅仅是稻子金黄，还有人们在喜庆丰收时的鼓乐欢歌。引出课题：竹笛独奏《扬鞭催马运粮忙》，进行音乐分析及感受音乐与劳动相融合。 音乐分析：		引出主题，为实践活动做铺垫。

旋律	节奏特点	速度	情绪
A 段 1~4 小节			
A 段 9~12 小节			
B 段 1~4 小节			

二、聚焦问题，学习新知

（一）提出问题，明确任务

通过我们一起对音乐的分析，请同学们思考：不同劳动相匹配的节奏特点、速度和情绪是怎样的？

1. 学生复习常用节奏型，思考哪些是适合进行大扫除场景的音乐旋律。

2. 选择教室里的打击乐器、劳动工具或其他物品，并尝试发出不同的音响效果。

（二）自主学习，深入探究

1. 观看并借鉴相关文件视频，运用已有知识与经验，理解音乐主题，体会节奏、旋律的规律。

2. 以众人一同劳动、干劲十足的情感为主题，分小组创编劳动中的打击乐合奏。运用已有的经典节奏型（切分音、前八后十六、附点节奏型等）尝试创编一条 8 小节的节奏。

（三）组织教学，讨论交流

1. 分组将个人道具、节奏的选择等进行分享，并用手、脚或击打桌面等奏出创编的节奏。师生相互提出改进建议，以便顺利进行创编实践。

教学意图（右栏续）：聚焦新任务的同时复习巩固并运用已有的知识经验（学过的节奏型等），知识与实践相融合，创造劳动的愉悦氛围。

255

设计要素		具体内容	
教学过程	教学环节	2.各组选择利用教室里的劳动工具或其他物品创编出不同的音响效果，师生聆听后提出改进建议。 **（四）劳动实践，完成任务** 1.任务名称：劳动工具变乐器　共谱动听新乐章 2.任务实践 详见本书第二章中与"任务名称"相同的"实践任务活动"。 3.任务指导 教师要对学生劳动实践开展过程给予指导，提出要求。 （1）选择自己的节奏型及旋律。 要求：学生复习常用节奏型，提前筹备适合大扫除场景的音乐旋律。 （2）寻找道具，选择道具适合的"声部"。 要求：学生准备道具或者自备乐器。 （3）劳动实践，进行"奏乐"。 要求：小组进行个人道具节奏等运用的分享，给予意见。 （4）进行展示交流，聆听"作品"。 要求：通过展示，选出最佳道具奖、最美劳动旋律奖、乐章合作奖等奖项。 **（五）评价交流，总结提升** 运用自评、互评、师评的评价方式，通过以下几个方面对学生完成任务活动进行评价与总结。 1.音乐表现与劳动密切结合。 2.运用多种工具材料，音色丰富。 3.节奏律动体现劳动的快乐。 4.全员参与，配合默契。 通过班级内小组评比、年级内班级评比，选出最佳道具奖、最美劳动旋律奖、乐章合作奖等奖项。 **三、任务延伸，劳动拓展** 1.与家人尝试运用日常生活劳动工具的奏乐活动，活跃家庭氛围，提升劳动兴趣和积极性。 2.在走进社区、志愿服务等活动中进行展示或劳动音乐的推广，让更多的人了解劳动与音乐的紧密结合带来的劳动愉悦感。	将劳动还原到现实中，深刻体会艺术来源于生活，生活为艺术的一部分。
教学追踪		1.运用乐器奏出的旋律还能表现哪些劳动生活？ 2.你身边还有哪些劳动工具可以奏出美妙动听的声音呢？	

八年级教学设计

田埂民间乐舞兴　城市社区助服务

设计要素	具体内容	
教学案例与所选劳动教育融合的适切性	**教材出处：** 人音版《音乐》八年级上册第二单元《龙船调》 **学科教学与劳动教育融合：** 　　民歌和民族舞蹈是了解少数民族劳动人民日常劳作及民俗文化的重要途径之一。本课通过模拟土家族劳作氛围，帮助学生了解劳动动作的艺术化呈现，进一步认识劳动创造价值、创造美好生活的道理，体会劳动创造美好生活的意义，并进一步以服务性劳动的方式推广到校园展示及社区实践活动中，感受劳动人民在平凡劳动中的伟大。	
所选主题活动设计关键策略	民歌是音乐文化的源头，是认识民族历史、社会，了解民风民俗的途径之一。民族舞蹈是一种起源于人民生活的肢体动作语言，以日常活动抽象化为表现形式。摆手舞的舞蹈动作多是土家族人生产、生活、征战场面的再现：有表现打猎生活的"赶野猪""拖野鸡尾巴""岩鹰展翅"等；有表现农活的"挖土""撒种""种苞谷"等。然而，学生对少数民族的舞蹈动作缺乏深入了解，通过小组合作，让学生互相学习，并尝试学习具有代表性的推磨、纺线、插秧等舞蹈动作，帮助学生了解和体悟土家族劳动人民田间耕作及日常劳作过程，感受劳动创造美好生活的意义，并鼓励学生将编创的乐舞推广到社区乃至其他平台进行服务性展示活动。	
学情分析	1. 八年级学生对五声调式已经有一定认知，本节课将通过对五声调式内部结构的进一步学习，使学生能够自主对音乐进行调式分析。这是本课学习的基础。 　　2. 学生学习过很多民族歌曲，但对少数民族的舞蹈动作缺乏深入了解，通过采取将歌唱与舞蹈相融合的方法，可以增进学生对民间乐舞及其与日常劳动之间融合关系的认识与理解。 　　3. 城市中的学生对于农民田间的劳作了解不多，对于农民的劳动技术也知之甚少。通过让学生小组合作学习土家族舞蹈动作，不仅可以学习一些土家族劳动的知识与技术，还可以间接了解民间劳作的过程和技术等，更有利于调动学生的艺术表现参与度。	
教学目标	1. 聆听土家族民歌《龙船调》（又称《种瓜调》），感受与体验湖北地区民歌的风格特征与韵味，了解《龙船调》的劳动背景，感悟土家族人民的日常生活劳动。 　　2. 学习土家族以劳动为主题的摆手舞基本动作，如撒种、插秧、推磨、纺线等，再现劳动生活的动作，提升肢体协调性、灵敏度，对劳动中的动作、知识、技能有所了解，并加深对"艺术来源于生活且高于生活"的理解。 　　3. 编创舞蹈短剧或小作品，在综合实践课程、志愿服务等活动中进行民间音乐和舞蹈的教授与展示，树立正确的劳动观，将民族艺术及民族劳动观念进行传播。	
教学重点	掌握土家族民间乐舞中具有劳动特点的动作。	
教学难点	1. 模仿民间舞蹈中具有劳动特点的动作，感受日常劳动中的辛劳和乐趣。 2. 将所学的劳动动作进行舞蹈创编。	
课时	2 课时	
教学过程	**阶段** / **教学活动** / **教学意图**	

教学过程	阶段	教学活动	教学意图
	教学准备	1. 收集《龙船调》、摆手舞等视频片段。 　　2. 了解土家族民间劳作的动作，并能够在线下与其他同学分享。	提升学生学习的积极性，有助于学生的自学。

设计要素		具体内容	
教学过程	教学环节	**一、创设情境，导入新课** 　　民歌和民族舞可以代表一个民族的精神，还可以作为一个民族的文化标志，是认识民族历史、认识社会、了解民风民俗的途径之一。今天我们就一起来学习土家族的民间乐舞。 　　1. 音乐：聆听《龙船调》，了解其产生的劳动背景（采莲、种瓜等）。 　　2. 视频：观看《摆手舞》视频，分析舞蹈动作模仿了哪些农民在田间劳作的技术。 **二、聚焦问题，学习新知** **（一）提出问题，明确任务** 　　听了《龙船调》和观看了《摆手舞》后，请同学们思考：反映劳动生活的音乐与舞蹈有哪些特点？ 　　1. 学习民间劳动与舞蹈相关的动作，总结出其特点。 　　播种、插秧、推磨、纺线动作。 　　2. 挖掘日常生活中的劳动动作，并分析其艺术性。 　　擦玻璃、扫地、做饭等。 　　3. 编创日常的劳动中具有舞蹈元素的动作。 **（二）自主学习，深入探究** 　　1. 借助民间乐舞的形式，引导学生进一步探究民间劳作和农耕中代表性的劳动动作的艺术呈现，并了解肢体和声音是抒发内心的愉悦情感的途径。 　　2. 学习日常生活中的劳动技能，如扫地、擦窗户等动作，将其进行艺术化的创编，进而感受到乐舞中所蕴含的我国优秀的民族艺术及其与生活劳动的密切关系。 **（三）组织教学，讨论交流** 　　1. 小组进行个人劳动创编动作的分享，包括劳动动作的选取、改编，并将改编动作排练成一个舞蹈小作品。 　　2. 将艺术化的劳动动作改编为班级舞蹈，感受动作编创与实际劳动的融合，提升班集凝聚力，感悟艺术来源于生活的含义。 **（四）劳动实践，完成任务** 　　1. 任务名称：田埂民间乐舞兴　城市社区助服务 　　2. 任务实践 　　详见本书第二章中与"任务名称"相同的"实践任务活动"。 　　3. 任务指导 　　教师要对学生劳动实践开展过程给予指导，提出要求。	通过劳动教育引出民族乐舞的学习，提升学生的学习兴趣。 　　鼓励学生创意改编日常生活中的劳动技能动作，加强学生的劳动意识和观念。

设计要素		具体内容	
教学过程	教学环节	（1）聆听土家族民歌，学习民族民间舞蹈。 要求：认真聆听《龙船调》，学习《摆手舞》。 （2）学习土家族舞蹈的基本动作和风格特征。 要求：学习具有代表性的撒种、插秧、推磨、纺线等舞蹈动作，了解和体悟土家族劳动人民田间耕作及日常生活劳动。 （3）小组进行劳动动作创编以及小组舞蹈编创。 要求：小组编创的舞蹈作品在班级进行展示。 （4）在校内外进行民间乐舞的展示与教学。 要求：进一步完成班级集体舞蹈的编排，并在年级中进行评比和集体性表演。 在社会实践、志愿服务等活动中进行民间音乐和舞蹈的推广和表演。 **（五）评价交流，总结提升** 运用自评、互评、师评的评价方式，通过以下几个方面对学生完成任务活动进行评价与总结。 1. 创意新颖。 2. 配合默契。 3. 呈现完整。 4. 表现力好。 5. 参与度高。 进行班级内小组互相评比、年级内班级评比，选出劳作动作创新奖、劳作动作效率奖、合作奖等奖项。 **三、任务延伸，劳动拓展** 1. 在走进社区、志愿服务等活动中进行展示或乐舞推广，让更多的人了解土家族劳动人民的劳作过程，从而更加热爱劳动，珍惜劳动成果。 2. 有条件的学校可以开辟一块土地供学生进行农作物耕种的体验，将所学习的撒种、插秧等动作应用于现实的生产劳动中，体会劳动的快乐。	将劳动还原到现实中，体会劳动人民的不易，珍惜劳动成果。
教学追踪		1. 运用所学、所编创的动作参与了家庭、学校、社会的什么劳动？（视频作业） 2. 艺术化动作改编是否有助于提高劳动质量？（问卷调查）	

九年级教学设计

音乐助力劳动好　歌声相伴幸福来

设计要素	具体内容	
教学案例与所选劳动教育融合的适切性	**教材出处：** 人音版《音乐》九年级下册第三单元《乌苏里船歌》 **学科教学与劳动教育融合：** 　　劳动人民运用音乐演绎着民间风情和风俗，长期积淀民间的风俗渗透在人们生活的方方面面，与歌唱相结合的民俗活动层出不穷。学生通过《乌苏里船歌》不同版本演唱（演奏）的赏析及其他船歌的聆听，对比不同地域同一劳作的音乐情绪，体会根据所要表达的劳动情绪与歌唱旋律风格相融合的特点，使学生感受演唱歌曲与劳作相结合，劳动心情的一系列变化，并通过音乐的力量促进劳动更好更快地完成。	
所选主题活动设计关键策略	音乐产生的过程，实用的功能先于审美的感情。最初的音乐是与生产劳动紧密相关的，音乐的实践产生于劳动实践之中，最初的音乐歌舞也是从劳动中产生的。无论在个人劳动还是集体劳动中，让学生选择符合劳动情境的歌舞来抒发情感，或是在劳动间歇时歌唱一段作为娱乐或鼓舞士气。通过课程模拟劳动场景的方式，让学生在歌舞的同时提高劳动积极性和劳动效率，愉悦身心并享受音乐的美好。	
学情分析	九年级学生有很好的音乐理论基础，大部分学生都学过乐器，个别同学还可以编创歌曲，歌唱表现力较强。但将音乐与劳动相结合，在劳动中边唱边劳动，增加了歌唱的难度，特别是对于没有音乐特长的学生，可以让他们以填词、节奏合作等形式参与小组的演唱活动，教师要鼓励学生采取多种形式参加活动。	
教学目标	1. 欣赏歌曲《乌苏里船歌》，了解当地人民的生活风俗习惯，拓宽音乐视野。通过劳动背景的介绍，体会劳动人民丰收后的喜悦心情，感受艺术来源于生活。 　　2. 富有感情地演唱自选歌曲，提高音乐创编能力及歌唱的情感表现力。 　　3. 歌曲经过艺术加工及二度创作，将音乐表现与劳作生活紧密结合，将所学或者自身喜爱的歌曲融入学校或家庭的某项劳动中，感受音乐赋予劳动的力量。	
教学重点	结合学生现有的音乐知识储备及歌唱能力，让学生根据劳动自选歌曲并进行有感情的演唱。	
教学难点	学生选择表现不同劳动的歌曲，编创歌曲或改编歌词进行二度创作。	
课时	2 课时	
	阶段	教学活动	教学意图
教学过程	教学准备	1. 鉴赏九年级下册第三单元《乌苏里船歌》，感受歌唱带给劳动的鼓舞氛围。 　　2. 选择一项劳动，演唱符合劳动氛围的歌曲或二度创作。	通过歌曲的学习营造氛围，有助于音乐活动实践的开展。

设计要素		具体内容	
教学过程	教学环节	**一、创设情境，导入新课** 乌苏里江边生活着赫哲族人民，捕鱼和狩猎是赫哲族人民衣食的主要来源。聆听《乌苏里船歌》，思考：他们在唱什么？表达什么？ 引出歌曲的内容为江里捕鱼，歌唱捕鱼时的愉悦心情及美好生活。 **二、聚焦问题，学习新知** **（一）提出问题，明确任务** 1.听完《乌苏里船歌》，思考一下它的词曲表达了什么？（用歌声赞美劳动或劳动人民） 2.小组讨论：还有哪些歌曲赞美了某项具体的劳动？ **（二）自主学习，深入探究** 1.找出一些不同劳动主题的歌曲进行分享。 2.选择一首劳作的歌曲进行练习演唱，查阅歌谱及音乐相关知识。 小组讨论：确定用歌声赞美劳动的具体方式（编创歌曲或改编歌词）。 **（三）组织教学，讨论交流** 1.小组内进行个人想法分享，相互给出改进意见。 2.小组选出代表，分享本组将歌唱与劳动相结合的歌曲创意。 3.确定符合某项劳动的歌曲的展现方式，或编创歌曲或改编歌词等，将歌唱与劳动相结合。学生进行展示前的准备。 **（四）劳动实践，完成任务** 1.任务名称：音乐助力劳动好　歌声相伴幸福来 2.任务实践 详见本书第二章中与"任务名称"相同的"实践任务活动"。 3.任务指导 教师要对学生劳动实践开展过程给予指导，提出要求。 （1）分配各自任务，每人准备一项劳动。 要求：明确任务内容，进行活动前的准备，学生可以选择符合某项劳动的歌曲或编创歌曲或改编歌词等，将歌唱与劳动相结合，边唱边动。 （2）选择符合劳动场景的演唱曲目。 要求：小组讨论，各自进行活动前的筹备。选择符合劳作场景的歌曲进行练习演唱。	引出主题，为任务实践打好基础。 学生之间进行讨论实践互动，根据歌曲的选择及演唱形式相互给意见。

设计要素		具体内容	
教学过程	教学环节	（3）劳动实践，完成劳动中最动听的歌声。 要求：与同学一同劳动，并融入快乐的音乐。 （4）进行展示交流，相互聆听。 要求：将歌唱与劳动相结合，采取多种方式进行展示。 **（五）评价交流，总结提升** 运用自评、互评、师评的评价方式，通过以下几个方面对学生完成任务活动进行评价与总结。 1. 歌曲选择的合理性。 2. 音准节奏的准确性。 3. 小组合作默契，共同完成创编。 4. 表演与展示活泼大方。 班级内评比，选出最佳劳动歌曲奖、最佳创作奖、劳动表演奖等，激发学生积极参与音乐创作的积极性。 **三、任务延伸，劳动拓展** 1. 将音乐课上学习的和自己熟悉的歌唱劳动的歌曲列出来，看看适合在哪类劳动中演唱，让歌声带给我们劳动中愉悦的享受。（日常生活劳动、生产劳动和服务性劳动） 2. 将二度创作的歌曲进行记谱、保留，与老师、同学分享。	课程之外的延伸让歌声围绕在你我身边，带给身边人美的享受。
教学追踪		1. 将歌唱与劳动结合，并与过去曾参加的劳动比较有何区别，谈谈感受。 2. 鼓励学生对音乐的二度创作，也可自弹自唱，谱曲记录。	

第十二节　初中体育与健康　百炼成钢　锤炼意志劳动

七年级教学设计

运动也规律　我为家人做计划

设计要素	具体内容
教学案例与所选劳动教育融合的适切性	**教材出处：** 人教版《体育与健康》七年级第一章第一节《生活方式与健康》 **学科教学与劳动教育融合：** 　　健康的生活方式是保持身心健康的重要手段之一，通过本课教学使学生在正确理解健康生活方式的基础上，掌握设计运动计划的原则。同时通过为家人制订运动计划的服务性劳动，让学生更好地理解与实践本节课的教学内容，并指导他人掌握进行规律运动的科学方法，在指导服务他人的过程中，树立健康生活理念，体会劳动创造美好生活，感受家庭健康、幸福的温馨生活。
所选主题活动设计关键策略	规律运动是一种健康的生活方式，将日常运动进行科学、系统的梳理与计划，能够帮助人们形成良好的健康行为。本节课通过探究性学习，让学生自主调查家庭成员日常运动情况，从中发现问题，并提出具有针对性的解决方案，进一步制订与完善运动计划，将课堂上学习到的体育理论知识运用到生活当中。在服务性劳动中，提升自身与家庭成员的身体素质，影响他人形成规律运动的良好习惯，在过程中体会劳动带来健康与幸福的家庭生活。
学情分析	七年级学生具有一定的体育健康理论知识，对健康生活方式有一定认识，非常渴望健康生活，但他们也存在情绪化、做事缺乏持久性等问题，因此需要教师通过趣味性的活动加以引导，采用探究性学习，引导学生将健康生活理念通过自身服务性劳动传递给家人，通过亲身实践，探究家庭运动计划制订的原则并应用运动计划，学习、巩固体育知识，锻炼劳动技能，手脑并用，强化劳动意识，提高创造性劳动能力。
教学目标	1. 了解什么是健康的生活方式，知道科学规律的运动所带来的益处，掌握设计撰写简单运动计划的原则与方法。 　　2. 能够根据个人实际情况设计并撰写简单的运动计划，同时进行实施与完善，发展各项身体素质，提升劳动任务的设计与规划能力。 　　3. 在服务中体验运动与劳动的乐趣，培养创新、坚忍不拔、认真负责、热心细致的体育与劳动品质。
教学重点	了解并运用制订运动计划的科学性原则，以及在日常生活中带领家人积极运动的方法。
教学难点	了解并运用制订运动计划的个性化原则，培养学生坚持不懈的体育精神，以及认真负责、热心细致的劳动品质。

设计要素		具体内容	
课时		2 课时	
	阶段	教学活动	教学意图
教学过程	教学准备	1. 自己家庭的生活方式健康吗？ 2. 思考自己平时是怎样运动的，是否是规律运动的践行者？ 3. 查找关于钟南山院士规律运动的相关资料，看看他是怎么做的。	通过问题引发学生思考，通过查找资料产生榜样效应，激发学生兴趣。
	教学环节	**一、创设情境，导入新课** 1. 视频：规律运动践行者。 2. 你认为怎样做可以称之为"规律运动"？ **二、聚焦问题，学习新知** **（一）提出问题，明确任务** 1. 规律运动有哪些好处？ 2. 你身边有没有关于规律运动的人或事？请介绍一下。 3. 运动计划有哪些原则？ **（二）自主学习，深入探究** 通过查询、搜集资料，总结有哪些运动计划你认为设计得比较好？为什么？ **（三）组织教学，讨论交流** 以小组为单位进行讨论并总结归纳，推选代表回答问题。 1. 规律运动好处多 （1）规律运动有哪些益处？ （2）长期不运动会造成哪些后果？ （3）你是否是规律运动的受益者？举例说明。 2. 规律运动身边事 （1）教师讲解展示自己规律运动的故事。 （2）组内交流发生在自己身边的规律运动故事。 3. 运动计划有原则 （1）设计运动计划的原则。 （2）为自己设计一个运动计划。 组内成果交流展示。 **（四）劳动实践，完成任务** 1. 任务名称：运动也规律　我为家人做计划 2. 任务实践 详见本书第二章中与"任务名称"相同的"实践任务活动"。 3. 任务指导 教师要对学生劳动实践开展过程给予指导，提出要求。	通过视频与提问引出本节课主题，同时引起学生兴趣，使学生迅速进入上课状态。 通过讲解与活动，学生间相互交流，不断巩固本节课所学知识，为完成活动任务奠定基础。

续表

设计要素		具体内容	
教学过程	教学环节	（1）观察总结家人平时的运动习惯。 要求：观察细致，总结到位。 （2）发现问题，提出改进方案。 要求：根据实际情况提出具有针对性的方案。 （3）制订运动计划。 要求：计划安全、有效，可操作性强。 （4）根据计划准备运动器材。 要求：器材符合个人计划需求。 （5）指导并带领家人实施运动计划。 要求：指导耐心、细致，以身作则，坚持到底。 （6）根据实际完成情况定期总结、完善计划。 要求：总结具有针对性。 **（五）评价交流，总结提升** 运用自评、互评、师评的评价方式，通过以下几个方面对学生完成任务活动进行评价与总结。 1. 家人运动情况总结全面。 2. 发现问题，改进方案有针对性。 3. 制订运动计划合理。 4. 准备运动器材恰当。 5. 积极带领家人实施运动计划。 6. 指导动作规范。 7. 定期总结与完善。 教师总结：规律运动对每个人的健康都有着巨大的作用，同学们通过此次活动掌握了科学的锻炼方法以及科学制订运动计划的技能，同时在这样的家庭服务劳动中，也为家人的健康做出了自己的一份贡献，感受着劳动给家庭带来的改变与温馨。希望同学们能够进一步实践规律运动，同时带动更多的人加入规律运动的行列，让更多的人受益。 **三、任务延伸，劳动拓展** 观察自己的老师是否有运动的需求，为有需求的老师制订一个具有针对性的运动计划，在指导老师完成运动计划的同时，加强师生间情感的交流。	用亲历体验提升体育与劳动技能，促进学生正确劳动价值观的形成。 完成任务并进行评价，进一步深化本节课内容，提升精神内涵。
教学追踪		1. 每周拍摄运动视频或照片，做成视频集锦作品，让大家见证你家规律运动的进行情况。 2. 记录一下在实践运动计划过程中家人身体指标的变化，做成表格或图表，以科学锻炼的方法来总结规律运动的作用。	

八年级教学设计

奔跑中服务　我为班级送教具

设计要素	具体内容	
教学案例与所选劳动教育融合的适切性	**教材出处：** 人教版《体育与健康》八年级第二章《田径》 **学科教学与劳动教育融合：** 　　跑是田径运动的基础项目，长期从事耐久跑运动可有助于提高呼吸系统和心血管系统机能，提高心脏供血能力。学生在正确掌握耐久跑呼吸方法的基础上，设计校园服务路线，利用耐久跑技术为班级送去所需教具，增强一般耐力。在服务班级、服务他人的服务性劳动中，体会劳动带来的幸福感，形成吃苦耐劳的劳动品质，提高服务意识。	
所选主题活动设计关键策略	一般耐力是重要的身体素质之一，而耐久跑是一个提升心肺耐力十分有效的运动项目，但由于常见的练习方法相对枯燥，因此本课采用探究性学习的方法，在任务活动中让学生自成小组，自主调查目标班级所需教具，并绘制学校地图，探究最优路线，使学生的一般耐力在服务性劳动中得到有效锻炼，也让劳动任务在耐久跑技能的正确运用下得以高效完成，同时也在这样的过程中培养学生勇于克服困难的体育精神，形成认真负责的正确劳动观。	
学情分析	八年级学生在体能上已有一定基础，具有一般耐力与跑的能力，同时具有开展一般综合实践活动的能力。此年龄段的学生处在青春期，有一定思维能力与判断能力，但相对自我，缺少吃苦耐劳的精神，欠缺动手实践能力，因此教师在教学中应进行引导与激励，使学生通过亲身实践送教具的服务性劳动，利用小组合作学习的方法，激发学生兴趣，在完成劳动任务的同时，磨炼学生意志。	
教学目标	1.了解耐久跑的呼吸方法、呼吸节奏，以及它的重要性。 　　2.掌握耐久跑的呼吸方法，能够在呼吸与跑步正确节奏的配合下，按要求跑完1200~1500米的距离；发展跑的一般耐力，提高心肺机能，同时提升劳动任务的设计与操作能力。 　　3.体验运动与劳动的乐趣，在送教具的服务性劳动中，培养学生勇敢顽强、坚持不懈、团结协作、吃苦耐劳的体育精神与劳动品质。	
教学重点	掌握耐久跑的呼吸方法，能够在呼吸与跑步正确节奏的配合下，按要求跑完1200~1500米的距离。	
教学难点	发展跑的一般耐力，提高心肺机能，体验运动与劳动的乐趣，提升劳动任务的设计与操作能力。	
课时	2 课时	
教学过程	**阶段** 教学准备	**教学活动** 　　1.回顾耐久跑的技术要点与练习方法。 　　2.思考：自己可以为学校和班级做哪些服务？ 　　3.查找资料：练习耐久跑对人体有哪些好处？在日常生活中有哪些劳动或者职业需要运用耐久跑？	**教学意图** 　　回顾相关知识，通过问题引发学生思考，引起兴趣，为正式学习活动奠定基础。

续表

设计要素		具体内容	
教学过程	教学环节	**一、创设情境，导入新课** 从学生熟悉的校园中经常出现的场景启发学生思考。 1. 同学们在校园中是否看到或经历过由于某些原因，老师、同学多次往返在同一条路线上的情况？与同学交流并讨论如何避免类似的情况出现。 2. 说一说在日常生活中还有哪些劳动或者职业需要运用耐久跑。 **二、聚焦问题，学习新知** **（一）提出问题，明确任务** 1. 耐久跑的要领是什么？ 2. 班级需要补充哪些教具？ 3. 最优服务路线应该怎样规划？请绘制出来。 **（二）自主学习，深入探究** 1. 确定目标班级以及调查校园服务所需的相关信息，进行总结，并简单记录。 2. 根据所收集的信息，尝试为送教具的服务活动提出几条提升速度与效率的建议。 **（三）组织教学，讨论交流** 分小组进行活动，小组内成员协同开展调查与绘制等任务，并进行汇报。 1. 班级所需服务调查 调查目标班级需要补充或上课需要相关教具的种类、数量等信息。 2. 校园平面图绘制 根据以上调查结果，找到相应拿取物品地点，并绘制简单校园平面图，标注目标地点。 3. 奔跑路线选定 根据定点图组内成员每人绘制一条护送教具的路线图，经过组内讨论，综合组员意见，选取并完善一条最佳取送路线（考虑距离、障碍、任务分配等因素）。 4. 学习耐久跑呼吸方法 教师讲解后，学生根据教师提示进行呼吸模仿练习。 **（四）劳动实践，完成任务** 1. 任务名称：奔跑中服务　我为班级送教具 2. 任务实践 详见本书第二章中与"任务名称"相同的"实践任务活动"。 3. 任务指导 教师要对学生劳动实践开展过程给予指导，提出要求。	通过思考耐久跑的实际应用，以及校园中的现象，引出本节课的主题。 通过布置相关任务，学生间相互交流、相互协作，培养创新与团队合作精神。

设计要素		具体内容	
教学过程	教学环节	（1）进行准备活动并复习耐久跑呼吸方法。 要求：充分热身，积极配合练习。 （2）根据不同目标服务班级确定竞赛小组。 要求：认真听分组要求与竞赛方法。 （3）小组成员根据不同任务分配，逐一进行护送服务工作。 要求：需按照原定计划跑动服务，不可更改路线；跑步时注意动作协调，呼吸配合。 （4）宣布服务计时赛结果。 要求：态度端正，正视比赛结果，相互鼓励。 （5）放松拉伸。 要求：认真练习，放松身心。 **（五）评价交流，总结提升** 运用自评、互评、师评的评价方式，通过以下几个方面对学生完成任务活动进行评价与总结。 1. 充分调查目标班级所需教具。 2. 目标地点所在位置定位准确。 3. 最佳路线图规划准确，绘制清晰。 4. 送教具计时赛参与积极。 5. 总结后改进路线图及时、准确。 教师总结：同学们在服务班级送教具的过程中出力流汗、接受锻炼、增强体质、磨炼意志、吃苦耐劳、认真负责。希望同学们都能够将本次课所学习到的技能以及劳动精神带到生活当中，不断磨砺自己、提升自己，做最好的自己。 **三、任务延伸，劳动拓展** 调查一下老师们是否需要取送教具服务，自动形成小组，再次规划路线，自行组织一次服务小比赛。	用亲历体验提升体育与劳动技能，促进学生正确劳动价值观的形成。 完成任务并进行评价，进一步深化本节课内容，提升精神内涵。
教学追踪		1. 访问一下你进行服务的班级对此次服务活动的评价。 2. 通过自我总结，反思自己在活动中还有哪些地方可以改进。 3. 打卡记录，挑战最多服务地点。	

九年级教学设计

跳绳唤温馨　我在社区做公益

设计要素	具体内容		
教学案例与所选劳动教育融合的适切性	**教材出处：** 人教版《体育与健康》九年级第九章《花样跳绳》 **学科教学与劳动教育融合：** 花样跳绳练习方式多样，趣味性极强，是一项具有较强群众基础的优秀体育项目。通过本课学习，使学生在能够掌握 3~4 个花样跳绳技术的基础上进行社区宣传，组织跳绳公益教学活动，巩固技术，发展体能。本课教学设计融合劳动教育就是要让学生通过服务社区、服务幼小的服务性劳动，在活跃、温馨的氛围中，体会劳动造就幸福生活、增进人际情感的道理。		
所选主题活动设计关键策略	花样跳绳形式多样，可单人练习，也可多人合作练习，是一种既可有效提高身体素质，又可培养合作精神的体育项目。本课通过采用探究性学习的方法，让学生自主调查周边小区人流聚集情况，制定公益教学方案，并进行有效宣传，将课上所学的花绳技巧教给小区内的小朋友，将体育知识与技能通过社区公益服务劳动的形式学以致用，亲身体会劳动带来的快乐。		
学情分析	九年级学生处于青春发育期，具备一定观察、分析、解决问题的能力，具有较强的求知欲，运动能力与体能得到一定发展。但此年龄段学生相对自主、独立性较差，组织能力与团队协作能力较弱，需要增强动手实践能力。因此，本课采用合作式与探究性教学的方法，以小组为单位进行社区跳绳教学的服务性劳动，相互鼓励，共同进步，提高学生兴趣的同时，通过亲身实践，更好地完成教学与活动任务。		
教学目标	1. 了解跳绳的优点与功能，知道花样跳绳的分类与多种练习方法。 2. 掌握并巩固花样跳绳的 3~4 种单人与双人技术，能对他人开展简单教学，发展下肢力量、心肺机能，提升协调、灵敏等身体素质，同时提升劳动任务的设计与操作能力。 3. 在服务社区的跳绳教学指导中体验乐趣，培养合理规划、分步实施的劳动素养，以及创新、协作、勇敢、认真负责、无私奉献的体育精神与劳动品质。		
教学重点	花样跳绳 3~4 种单人与双人技术。		
教学难点	花样跳绳的教学与练习方法，并在服务社区的跳绳教学指导中进行巩固。		
课时	2 课时		
教学过程	**阶段**	**教学活动**	**教学意图**
	教学准备	1. 复习自己能够完成的跳绳技术。 2. 查找资料：练习跳绳对人体有哪些好处？ 3. 调查社区情况：以小组为单位，调查社区儿童外出高峰时间与地点。社区人流聚集地在哪里？什么时段人流量较大？ 4. 思考利用自己的跳绳技术可以为社区儿童提供哪些服务性劳动？	回顾相关知识，通过问题引发学生思考与兴趣，为正式学习活动奠定基础。

设计要素		具体内容	
教学过程	教学环节	**一、创设情境，导入新课** 1. 视频欣赏：花样跳绳精彩表演。 2. 提出问题：你有过教他人跳绳的经历吗？ **二、聚焦问题，学习新知** **（一）提出问题，明确任务** 1. 单人花样跳绳有哪些技术？你会几种？请挑战一下。 2. 双人花样跳绳你会哪些技术？请以小组为单位进行创新。 **（二）自主学习，深入探究** 1. 通过资料查询，了解花样跳绳种类，自学1~3种。 2. 根据社区中小朋友们的年龄特点，你认为什么类型的花样跳绳跳法适合他们呢？请为他们挑选2~3种吧。 **（三）组织教学，讨论交流** 1. 运动前准备活动 （1）热身慢跑。 （2）关节操。 （3）跳绳游戏。 2. 单人花样跳绳你来挑战 （1）单人花样跳绳多种技巧教学与练习。 （2）学生自主练习。 （3）个人展示花样跳绳种类。 3. 双人花样跳绳你来创新 （1）学习双人花样跳绳的技巧与方法。 （2）2人一组自创双人花样。 （3）组内展示创新跳法。 （4）小组合作，相互教学创新跳法。 4. 公益服务你来筹划 以小组为单位，交流讨论如何开展社区亲子跳绳公益教学指导活动，如开展流程、准备物品、小组分工等。 公益服务应该如何策划？需要注意什么？请进行系统筹划。 **（四）劳动实践，完成任务** 1. 任务名称：跳绳唤温馨　我在社区做公益 2. 任务实践 详见本书第二章中与"任务名称"相同的"实践任务活动"。 3. 任务指导 教师要对学生劳动实践开展过程给予指导，提出要求。 （1）调查儿童外出高峰时间、地点。 要求：调查充分，结果准确。	通过视频与提问引出本节课主题，同时引起学生兴趣，学生迅速进入上课状态。 通过讲解与练习，学生逐步掌握跳绳技术，并在小组活动中初步体会如何教学，为完成活动任务奠定基础。

续表

设计要素		具体内容	
教学过程	教学环节	（2）制订公益服务计划。 要求：小组分工明确，计划具有可行性。 （3）进行公益服务前期宣传。 要求：协同合作，宣传到位。 （4）准备服务器材。 要求：准备充分，器材充足。 （5）进行亲子跳绳公益服务。 要求：认真负责，热情指导。 **（五）评价交流，总结提升** 运用自评、互评、师评的评价方式，通过以下几个方面对学生完成任务活动进行评价与总结。 1. 社区儿童外出高峰时间段与玩耍地点调查充分，结果准确。 2. 服务计划制订合理。 3. 小组协同合作，分工明确。 4. 前期宣传工作充分。 5. 服务器材准备充分。 6. 现场公益教学活动开展效果好。 教师总结：同学们在本次公益服务中能够体现团结协作、勇于创新等精神，同时每一位小组成员为活动努力贡献出自己的一份力量，能够克服困难，通过思考解决问题，接受锻炼、增强体质、磨炼意志，很好地完成了本次活动任务。希望同学们能够将服务精神继续发扬，并通过自身的公益劳动行为带动他人，做劳动教育的传播者与实践者。 **三、任务延伸，劳动拓展** 你还会哪些运动技能呢？可以教一教你的家人或者亲戚、邻居，为他们进行一次体育教学服务性指导，让大家都运动起来。	用亲历体验提升体育与劳动技能，促进学生正确劳动价值观的形成。 完成任务并进行评价，进一步深化本节课内容，提升精神内涵。
教学追踪		1.请总结一下在本次活动中的收获，并反思本次活动中还有哪些地方可以改进。 2.请调查一下参与本次活动的家长对此次公益服务的评价。	

271

第十三节　初中美术　妙笔丹青　绘就美好劳动

七年级教学设计

珍惜水资源　节水展板设计

设计要素	具体内容
教学案例与所选劳动教育融合的适切性	**教材出处：** 人美版《美术》七年级下册第8课《“节约水资源”宣传展板设计》 **学科教学与劳动教育融合：** 　　生产劳动和日常生活都离不开水资源。目前水资源短缺、污染等问题已经是世界性的难题，全民节约用水非常有必要。通过本节课“节约水资源”宣传展板设计的学习，学生掌握宣传展板设计的方法，以小组合作的形式运用图表、海报、绘画、图片等设计节水展板，并将设计好的展板带到社区进行宣传，号召人们在生产劳动和日常生活中节约用水。同时通过设计和制作节水展板的服务性劳动，促进学生的职业启蒙，使学生在掌握设计技能的同时提升社会责任感和社会担当，培育积极的劳动精神。
所选主题活动设计关键策略	通过让学生独立思考，自主绘制节水展板草图，学会节水展板的设计方法，并在教师帮助引导下发现并纠正设计上存在的问题，通过分析展板设计的标题、色彩、版式三要素，查阅水资源问题的相关新闻、数据，收集图片、图表、文字等素材，小组合作讨论，完成展板的设计，并将展板带到社区展示，宣传节水知识，提高人们的节水意识，养成勤俭节约的习惯。
学情分析	七年级学生对节约用水的话题非常熟悉，接受过节约用水的教育，对节水的重要性及节水措施有一定认识。学生在以往的学习中有设计黑板报或学习小报的经历和经验，具有一定的美术设计基础，然而对一些基本设计原则，如版式、色彩、标题字体字号的要求并不清晰，展板缺乏设计感。本课教学通过让学生在自主绘制展板草图，探究节水展板的设计方法的基础上，在教师的指导下，通过欣赏分析展板案例，探究展板的版式、色彩和标题设计，对设计原则与方法形成一定的认识，完成富有设计感的展板。
教学目标	1.学习展板设计的三要素——标题、色彩和版式，运用图表、海报、绘画、图片等素材设计节水展板。 　　2.欣赏优秀的展板范例和形象化的图表设计范例，能说出图表传达的意图。 　　3.感受水资源的珍贵和节水的重要性，培养勤俭节约的劳动品质。
教学重点	学会运用标题、色彩和版式三要素进行展板设计制作。
教学难点	设计大方美观的节水展板。

设计要素		具体内容	
课时		2 课时	
	阶段	教学活动	教学意图
	教学准备	搜集节水展板设计和形象图表的优秀案例,查阅与水资源短缺、污染、浪费等相关数据图表,初步规划展板所用资料,打印或手绘,准备耗材、工具等。	提前补充必备的学习资源,提前进入学习情境。
教学过程	教学环节	**一、创设情境,导入新课** 出示学校洗手间水池安装的专利节水肥皂。 提问:为什么我们要安装节水肥皂? 预设回答:水资源短缺严重,用节水肥皂比用洗手液更容易冲洗,相对节省了水。 课前请同学们查阅了水资源问题的素材,今天我们就要小组合作学习设计节水展板,向社区群众呼吁节水的重要性。 **二、聚焦问题,学习新知** **(一)提出问题,明确任务** 你想设计什么样的节水展板?你会考虑哪些设计要素? **(二)自主学习,深入探究** 1. 独立思考,每人设计一个节水展板,绘制草图,小组内比一比讨论谁设计得好,为什么。 2. 小组推举设计得最好的展板进行班级展示,设计者说说思考了哪些设计要素。教师总结学生发言,归纳展板设计的三要素:标题、色彩和版式,并进行讲解。 3. 学生欣赏搜集来的优秀节水展板设计,从展板设计的三要素入手,对比自己的设计,尝试分析还有哪些提升空间。教师纠正学生展板设计的普遍问题。 **(三)组织教学,讨论交流** 任务 1:小组合作,从展板设计的三要素入手分类整理搜集的节水素材,为重新设计展板做准备。 任务 2:欣赏课前搜集的形象图表,尝试说出形象图表传达的意思。 任务 3:小组合作,重新绘制展板草图,要求涵盖展板设计三要素,并且设计至少一幅形象图表。 任务 4:小组展示展板,汇报展板的设计三要素和形象图表的设计构思。 **(四)劳动实践,完成任务** 1. 任务名称:珍惜水资源 节水展板设计 2. 任务实践 详见本书第二章中与"任务名称"相同的"实践任务活动"。	用学生身边真实的案例创设学习情境,激发学生学习兴趣。 先独立思考再小组合作,发挥学生每个人的主观能动性,培养独立思考的习惯。 小组合作,加强对素材的归纳整理,有序安排,巩固展板设计三要素的知识。

设计要素		具体内容	
教学过程	教学环节	**3. 任务指导** 教师要对学生劳动实践开展过程给予指导，提出要求。 （1）明确组内分工。 要求：充分沟通，氛围融洽。 （2）设计美观的版式。 要求：有版式意识，体现对称型或均衡型。 （3）设计和谐的色彩搭配。 要求：有使用对比色或和谐色的意识。 （4）设计醒目的标题。 要求：字号最大，字体最粗。 （5）进行形象图表设计。 要求：图形简洁生动，数据准确。 （6）对展板进行完善。 要求：整体完成度高。 （7）进入社区宣讲。 要求：学生全员参与，争取最好的宣讲效果。 **（五）评价交流，总结提升** 小组展示展板，汇报学习成果。运用自评、互评、师评的评价方式，通过以下几个方面对学生完成任务活动进行评价与总结。 1. 小组合作氛围融洽，沟通协商有序。 2. 小组活动参与积极，投入度高。 3. 节水展板标题突出。 4. 节水展板色彩和谐。 5. 节水展板版式美观。 6. 至少设计了一幅形象图表，且意图传达准确。 教师总结：节约用水有赖于我们每一个人的努力，在日常生活中，我们不仅要自己做到节水，更要担任节水宣讲员，发现身边好的节水办法，积极主动向身边人普及节水措施。通过我们每一个人的努力，为可持续发展做出贡献。 **三、任务延伸，劳动拓展** 课下小组合作设计垃圾分类的宣传展板，与同学互相交流。 要求： 1. 充分搜集垃圾分类的图片、政策、新闻等图文素材。 2. 从展板设计的三要素入手进行设计，且至少设计一幅形象图表。 3. 尺寸 100 厘米 ×150 厘米，版式美观、色彩和谐、标题突出。	依照任务流程开展展板设计活动，综合运用美术知识与技能，提升美术素养。 展示展板，汇报学习成果。 评价为设计提供依据。
教学追踪		通过宣传展板的设计，你在日常用水中有什么显著变化？你对节水和节俭有了怎样新的认识？	

八年级教学设计

名画动起来　定格动画制作

设计要素	具体内容
教学案例与所选劳动教育融合的适切性	**教材出处：** 人美版《美术》八年级上册第9课《定格动画》（选修） **学科教学与劳动教育融合：** 　　定格动画的拍摄是一项综合运用美术知识和技能的教学活动，通过本课"名画动起来"的定格动画拍摄，让学生体验动画创作的每一个环节；通过欣赏优秀名画改编动画的案例，感受名画动起来的优点；通过道具设计、场景设计，使用定格动画软件逐帧拍摄，到后期制作、修改完善，体会动画带来的成就感，培养学生的劳动意识和设计、操作能力及团队合作能力。在以往的教学中，教师往往更注重夯实动画拍摄的技能基础而忽略了对学生进行动画制作的职业启蒙教育，而加强学生动画职业体验的意识，有利于学生对未来职业的规划。
所选主题活动设计关键策略	定格动画制作是一项需要团队合作的工作，是非常考验合作能力、团队精神、集体荣誉感的项目。同学们通过一起拍摄定格动画，结成学习小组，在生生之间、师生之间形成学习共同体，学生在各小组分别承担相应的分工和职责，保障定格动画制作的每一个环节都能顺利进行，完成定格动画制作的每一项步骤，通过合作将动画拍摄完成，培养学生的劳动精神，提升动手能力，养成良好的劳动习惯和品质，体会合作劳动的成就感及共享劳动成果的意识。在以往的教学中，小组合作侧重于"每人做一事"，即把动画制作的各个环节安排给相应的同学完成，然而实践发现与其"每人做一事"，不如"每人管一事"更能引导所有学生投入动画制作的每一环节，培养学生的领导能力和合作能力，促进团队精神的形成。
学情分析	八年级学生对动画感兴趣，有学习热情，在自主学习能力、动手能力和软件使用能力等方面具备一定基础，且部分学生曾经尝试过用其他软件拍摄、制作简单的手绘动画，具备一定的实践经验。制作有剧情的定格动画时间耗费较多，学生单人完成有畏难情绪，有合作学习的意愿，教师要创设学生合作学习的氛围，可以更好地保证作品的完成度及制作效果，在动画制作中培养学生的合作能力，以及设计制作和展示能力。
教学目标	1.通过欣赏名画改编定格动画的经典案例，了解动画的基本原理，能说出名画动起来的优点，培养图像识读、审美判断的美术核心素养。 　　2.通过小组合作，选取名画制作定格动画，了解定格动画的制作方法，按照道具制作、场景制作、动画拍摄、修改完善等步骤，做出画面稳定、动作流畅的动画视频，培养美术表现、创意实践的美术核心素养。 　　3.通过展示交流，感受动画的独具匠心，能表达对美术名画的认识，培养文化理解的美术核心素养。
教学重点	了解动画的基本原理，掌握动画的制作方法。
教学难点	能做出画面稳定、动作流畅的动画视频。

设计要素	具体内容		
课时	2 课时		
	阶段	教学活动	教学意图
教学过程	教学准备	1. 提前一周预习平台发布的学习资源： （1）动画通识及定格动画自主学习资源（含动画原理、种类、分镜、动画软件使用微课及往届学生作品等）。 （2）完成调查问卷（含喜欢的动画种类及倾向的分工等），确认分组，每组五人。 （3）安装"定格动画工作室"App。 2. 线上平台预习课程，完成如下工作，组与组之间根据预习作业情况，互相点赞： （1）收集适合改编成定格动画的绘画名作。 （2）收集适合学习的优秀定格动画作品及分镜头画面。 （3）规划定格动画拍摄所需的环节，规划每一个环节所要完成的任务，对小组成员的分工有初步规划。 （4）小组收集纸箱，用卷尺测量 iPad 摄像头焦距，制作动画摄影棚。 （5）收集定格动画所用的资料，打印或手绘，准备耗材，在手机上安装软件等。	有助于学生自学，对课程和拍摄做到心中有数。
	教学环节	**一、创设情境，导入新课** 展示绘画名作做成的动画： 马远的《踏歌图》； 葛饰北斋的《神奈川冲浪里》； 凡·高名作连缀成电影的《挚爱凡·高》。 提问：将艺术名作做成动画有什么益处？ 预设回答：动态的画面赋予了作品新的生机，更彰显了作品永恒的艺术魅力。动图能通过微信等网络传播出去，让沉睡在博物馆中的作品以更有趣的方式呈现在观众眼前，让文物"活"起来。 **二、聚焦问题，学习新知** **（一）提出问题，明确任务** 1. 定格动画在和其他动画形式相比，在制作上有什么特色？ 2. 怎么制作定格动画？ **（二）自主学习，深入探究** 1. 独立思考，观察定格动画和三维动画，思考在制作上的区别，小组成员互相交流。 2. 每人体验"定格动画工作室"App，思考定格动画的制作方法，组内交流。 3. 在教师给定的几幅名画中选择一幅，进行动画制作，讨论步骤。	欣赏熟悉的美术作品改编成生动的动图，给人亲切的感觉，激发学习兴趣。 分解任务，强调先独立思考，再小组合作，培养独立思考的习惯。

设计要素		具体内容	
教学过程	教学环节	**（三）组织教学，讨论交流** 任务1：小组合作，讨论接下来要拍摄的"名画动起来"定格动画分为几个步骤，班级汇报。 任务2：教师归纳学生汇报的步骤。 任务3：小组讨论，按照道具制作、场景制作、动画拍摄、修改完善的环节，各小组确定每环节的人员。 **（四）劳动实践，完成任务** 1. 任务名称：名画动起来　定格动画制作 2. 任务实践 详见本书第二章中与"任务名称"相同的"实践任务活动"。 3. 任务指导 教师要对学生劳动实践开展过程给予指导，提出要求。 （1）确定一幅要制作的名画。 要求：讨论过程中氛围融洽，沟通顺畅。 （2）确定合理的责任分工。 要求：分工有序，人人都要有任务，为小组做贡献。 （3）使用彩泥等进行道具制作。 要求：体现较好的美术造型能力，制作精美。 （4）设计丰富的场景画面。 要求：有远景、中景、近景多层空间。 （5）拍摄定格动画。 要求：画面稳定，动作流畅。 （6）认真修改完善。 要求：听取意见和建议，二次修改。 （7）物品各归各位。 要求：将所用物品有序归位。 **（五）评价交流，总结提升** 首次展示： 各组展示视频作品，分享制作过程中的经验和心得。 其他组点评，继续修改完善作品。 二次展示： 在线邀请著名动画制作人，组织小组轮流展示作品，对作品进行点评。 展示投票结果和组间评语，选出最佳作品，按照投票名次，分别为各小组记分。 运用自评、互评、师评的评价方式，通过以下几个方面对学生完成任务活动进行评价与总结。 1. 组内沟通顺畅，合作氛围好。 2. 活动参与积极，投入度高。 3. 道具、场景制作精美。 4. 动画视频画面稳定，动作流畅。 5. 作品进行了多次修改与完善。	小组合作，在教师的引导下确定制作步骤，确定各环节的监督员。 邀请著名动画人点评，提升课程的专业度，对学生进行职业启蒙。

设计要素		具体内容	
教学过程	教学环节	6. 物品摆放有序。 教师总结：动画制作一般按照道具制作、场景制作、动画拍摄、修改完善的步骤完成，工作量大，我们分小组完成体验，提升了同学们的合作能力、团队精神，增强了集体荣誉感。 **三、任务延伸，劳动拓展** 1. 各组同学在课下时间合作为本组视频配音，将完整的动画视频完成。 2. 线上平台开放留言板块，建立话题，如： 如果你有机会再拍一部定格动画，你希望怎样组建拍摄团队？在本次合作学习中，你觉得哪个小组的合作特别顺畅？在与同学的合作相处中，有没有遇到什么摩擦？是如何解决的？你认为在小组合作中怎样才能保证合作愉快？	活动拓展，促进劳动素养的提升。
教学追踪		你觉得通过本课学习，你在与人合作方面有哪些进步与提高？你对未来的职业有什么构想和计划？	

九年级教学设计

绘制策划书　校园活动策划

设计要素	具体内容		
教学案例与所选劳动教育融合的适切性	**教材出处：** 人美版《美术》九年级上册第4课《校园主题活动美术策划》 **学科教学与劳动教育融合：** 　　在本课教学中，学生学习了校园主题活动美术策划的方法。通过校园艺术节的主题活动策划，引导学生学会综合运用色彩、图表、文字等元素绘制一目了然的活动策划书，以及设计一整套的校园主题宣传品，如海报、黑板报、请柬等，为校园主题活动设计整体美术视觉形象。美术策划作为一项服务性劳动，还有助于学生形成初步的职业启蒙，引导学生在服务性劳动中掌握基本的劳动知识和技能，正确使用劳动工具，增强体力、智力和创造力，具备完成一定劳动任务所需要的设计、操作能力及团队合作能力。		
所选主题活动设计关键策略	为校园主题活动进行美术策划是学生在真实情境驱动下的学习，往往遇到真实的问题，而解决真实的问题能够帮助学生学得更好、思考得更深入。校园主题活动的美术策划同时也是一项复杂的工作，在实践中学习能够培养学生对学校的热爱和责任感。在以往的学习中，学生学习过色彩、汉字装饰设计、版式以及招贴设计等，而本节课通过综合性实践活动，将设计方法、设计元素综合运用在校园主题活动策划中，既可提升学生的美术设计能力，又锻炼其团队协作、沟通交流能力。		
学情分析	九年级学生对学校文化等方方面面都非常熟悉，这就为校园主题活动美术策划打下基础。校园艺术节策划考验学生的综合能力，这要求学生不仅要具有较好的团队协作和综合实践能力，还要具有一定的手绘基础，能够运用色彩、图形等要素进行宣传策划设计。在以往的学习中，学生已经在色彩的对比与协调、汉字的装饰设计、版式设计、招贴设计等设计活动中积累了经验，并且做出了比较完整的作品，本课校园艺术节美术策划活动作为一项综合活动考验着学生的设计水平，尤其在电脑软件做图等方面需要教师进一步指导，以完成美观的美术策划书及设计方案。		
教学目标	1.能够运用视觉形象，如图形、图表等元素设计表现策划方案，体现视觉效果的统一。 2.小组合作设计一整套艺术节策划图表和宣传方案。 3.策划和设计的艺术节活动能够体现校园文化。		
教学重点	掌握设计一整套校园艺术节策划图表和宣传方案的方法。		
教学难点	在艺术节的宣传设计方案中能够做到视觉形象统一，体现校园文化。		
课时	2课时		
教学过程	**阶段**	**教学活动**	**教学意图**
	教学准备	1.线上投票：在学校接下来要组织的校园活动中，你最想要策划哪个活动？课上公布得票最高的活动。 　　2.预习工作： 　　（1）搜集校园活动策划书，了解策划书包括的内容。 　　（2）搜集与校园活动有关的招贴、黑板报、舞台设计等校园活动宣传展示方案及设计形式，打印或手绘，准备耗材、工具等。	用设计作品提升视觉效果。

设计要素		具体内容	
教学过程	教学环节	**一、创设情境，导入新课** 1. 公布"你最想要策划的校园活动"。 投票结果：校园艺术节投票最高。 2. 提问：如果你来策划一场校园艺术节活动，你需要规划哪些内容？ 预设回答：需要规划有哪些活动项目，在哪举行，以及设计海报、邀请函等。 **二、聚焦问题，学习新知** **（一）提出问题，明确任务** 校园艺术节可以说是校园最热闹的节日之一了，活动取得良好的效果离不开整体活动策划和宣传方案的拟定。本课我们就要策划校园艺术节，完成整体策划图表并拟定宣传方案。 如果你是艺术节策划总监，要用一张图表一目了然地向别人展示你的整体策划方案，你会怎么设计这张图表？ **（二）自主学习，深入探究** 1. 自主阅读搜集的校园活动策划书，思考校园艺术节策划书中要呈现的内容，如有几个活动项目或节目，每个活动有多少观众参加，需要多大的场地，以及配套设备、整体艺术设计，等等。小组内讨论确定。 2. 观察搜集的图片、海报、舞台设计等，思考艺术节宣传策划的整体艺术氛围，小组讨论绘制草图。 **（三）组织教学，讨论交流** 任务 1：小组合作，用一张图表呈现艺术节的活动项目，每个项目人数、所需场地、设备等，图文并茂。 任务 2：确定艺术节宣传方案包含的设计形式，如海报、请柬、板报等。 任务 3：小组合作，综合运用色彩、图表、文字等设计绘制活动策划书以及校园主题宣传品。确定策划和设计活动的成员分工。 **（四）劳动实践，完成任务** 1. 任务名称：绘制策划书　校园活动策划 2. 任务实践 详见本书第二章中与"任务名称"相同的"实践任务活动"。 3. 任务指导 教师要对学生劳动实践开展过程给予指导，提出要求。 （1）确定艺术节主题。 要求：过程中沟通顺畅，有序、有效。	用校园真实的艺术节创设学习情境，激发学习兴趣。 明晰任务，指明美术策划的意图。 先独立思考，为小组讨论提高效率。

设计要素		具体内容	
教学过程	教学环节	（2）确定合理的责任分工。 要求：每个人都积极投入，做出贡献。 （3）用直观的美术语言进行整体策划。 要求：使用图形图标，形象直观，一目了然。 （4）设计和谐的配色。 要求：凸显校园文化。 （5）设计统一的宣传方案。 要求：方案翔实，宣传品种类丰富。 （6）统一设计制作的效果。 要求：效果统一、美观，有一定的设计感。 （7）认真修改完善。 要求：虚心吸取同学们的意见建议，二度修改完善。 **（五）评价交流，总结提升** 各组携带艺术节美术策划方案进行竞标，充分表达艺术节整体视觉效果的构想，检验策划书呈现效果是否到位。其他各组分别提出意见建议，选出中标小组，进一步完善方案。 运用自评、互评、师评的评价方式，通过以下几个方面对学生完成任务活动进行评价与总结。 1. 学生之间沟通顺畅。 2. 活动参与积极，全情投入。 3. 策划书设计形象、直观，宣传品统一、美观。 4. 能对作品反复修改，得到满意的成果。 教师总结：为了举办热烈而隆重、文化氛围浓郁的艺术节，前期的美术策划至关重要，它能够为活动整体的视觉效果定下基调。在策划活动中同学们认真负责、吃苦耐劳，设计出了富有创意的作品，从中体会到劳动创造美好生活的价值，增强了服务意识和担当精神。 **三、任务延伸，劳动拓展** 在艺术节策划方案的活动中积累了经验，如果班级要策划传统节日，你打算如何策划？ 要求：小组合作绘制传统节日的活动策划书及宣传品，体验电脑软件做图并印刷出来张贴在班级和校园内，邀请任课老师参加。	分解任务，小组合作，提升团队意识。 用投标激发组间竞争意识，促进各组取长补短，共同提高。
教学追踪		你在本次校园活动策划的体验中积累了什么经验和反思？如果你有机会再进行一次活动策划，你会怎么做？	

参考文献

[1] 新华社 . 中共中央国务院关于全面加强新时代大中小学劳动教育的意见 [N]. 人民日报，2020-03-20.

[2] 中华人民共和国教育部 . 大中小学劳动教育指导纲要 (试行)[Z]. 2020.

[3] 曹飞 . 中小学生劳动素养评价指标体系探析 [C]// 中国劳动关系学院教育中心 . 劳动教育评论（第 1 辑）. 北京：社会科学文献出版社，2020.

[4] 程俊英 . 诗经译注 [M]. 上海：上海古籍出版社，1985.

[5] 斯诺 . 红星照耀中国（青少版）[M].2 版 . 董乐山，译 . 北京：人民文学出版社，2017.

[6] 奥斯特洛夫斯基 . 钢铁是怎样炼成的 [M]. 周露，译 . 北京：人民教育出版社，2018.

[7] 李蕊花 . 如何在数学教学中培养劳动技术 [J]. 科学教育，2012，18（2）：63-64.

[8] 廖云丽 . 以舞言欢 随劳而舞——土家"摆手舞"与劳动的关系 [J]. 大众文艺，2011（11）：165-166.

[9] 柳夕浪 . 建构完整体系解决突出问题——《中共中央国务院关于全面加强新时代大中小学劳动教育的意见》解读 [J]. 中国德育，2020（7）：7-10.

[10] 刘炜煜 . 初中音乐课堂中民族音乐的融合 [J]. 北方音乐，2020，11（22）：112-114.

[11] 吴岫明 . 中国民歌赏析 [M]. 北京：高等教育出版社，2006.

[12] 邓光华 . 中国民族民间音乐 [M]. 北京：高等教育出版社，2002.

[13] 李天义 . 中国民族器乐经典作品欣赏 [M]. 北京：民族出版社，2009.

后 记

2020 年 7 月 7 日为落实《中共中央 国务院关于全面加强新时代大中小学劳动教育的意见》，教育部组织研究制定并印发了《大中小学劳动教育指导纲要（试行）》，值此一周年之际，我们的学科劳动教育融合教育教学成果《中学劳动教育实践经典案例》也得以付梓，在此要感谢很多领导、专家的大力支持与学术引领。感谢教育部基础教育司原副司长金学方从理论政策方面给予我们的精心指导；感谢中国教育学会教育管理分会综合实践活动研究与管理学术委员会（理事长）主任陶礼光在学科劳动教育融合定位上打开了我们的视野；感谢北京教育科学研究院教育督导与教育质量评价研究中心副研究员曹飞在课题研究中提出的诸多宝贵建议；感谢北京师范大学班建武教授在百忙之中为本书撰写序言；感谢各位学科专家对教学设计进行的专业指导和引领年轻教师专业成长的无私奉献精神，所有书稿都经过了他们的指导和质量把关；感谢各学科教师所在学校领导对课题研究的支持及指导，他们是教师开展教科研的强大动力；感谢参与课题研究的各学科教师在推进学科劳动教育融合教学实践中所做的探索。

全书由庞孝瑾提出总体设计思想、统稿及审校定稿，各章节内容均体现了编著者的教学思想及对学科劳动教育融合的深度思考。第一章由庞孝瑾完成，部分教师提供了相关案例。第二章、第三章具体分工如下：沈萍完成初中语文第二章第一节七年级实践任务活动和第三章第一节七年级教学设计；白玉梅完成初中语文第二章第一节八年级、九年级实践任务活动和第三章第一节八年级、九年级教学设计。王洪梁完成初中数学第二章第二节和第三章第二节的内容。樊筱楠完成初中英语第二章第三节和第三章第三节的内容。朱旭辉完成初中物理第二章第四节和第三章第四节的内容。李玲完成初中化学第二章第五节和第三章第五节的内容。张伟伟完成初中生物第二章第六节和第三章第六节的内容。房敬文完成初中信息技术第二章第七节和第三章第七节的内容。杨丽慧完成初中道德与法治第二章第八节和第二章第八节的内容。魏龙环完成初中历史第二章第九节和第三章第九节的内容。文蓉完成初中地理第二章第十节七年级实践任务活动；胡晓丹完成初中地理第二章第十节八年级实践任务活动和第三章第十节的内容。徐瑶、王娟完成初中音乐第二章第十一节和第三章第十一节的内容。侯雪萌完成初中体育与健康第二章第十二节和第三章第十二节的内容。吕源完成初中美术第二章第十三节和第三章第十三节的内容。

本书在课题研究和写作出版过程中还得到了很多人的支持与帮助，在此一并表示衷心的感谢。

庞孝瑾

2021 年 6 月于北京

版权声明

根据《中华人民共和国著作权法》的有关规定，特发布如下声明：

1. 本出版物刊登的所有内容（包括但不限于文字、二维码、版式设计等），未经本出版物作者书面授权，任何单位和个人不得以任何形式或任何手段使用。

2. 本出版物在编写过程中引用了相关资料与网络资源，在此向原著作权人表示衷心的感谢！由于诸多因素没能一一联系到原作者，如涉及版权等问题，恳请相关权利人及时与我们联系，以便支付稿酬。（联系电话：010-60206144；邮箱：2033489814@qq.com）